生于山野　绽于风雨

——我90年的人生历程

李慕真◎著

世界知识出版社

序

作者李慕真，女，生于1924年7月22日，中国河北省遵化县人。她自幼聪颖，渴望知识，勤奋好学，14岁就离家外出上学。1946年考入北京师范大学地理系，从此以一个热血青年的身份加入学生运动和救国革命工作，并于1948年24岁时加入了中国共产党。她在解放初期积极参加中国共产党的基层党建设工作。1953年，她进入中国科学院地理研究所工作，并任业务处处长。1966年，她随丈夫西下甘肃，任职于兰州冰川冻土沙漠研究所。1970年，她任河北省地理研究所副所长。从1979年直到她退休前，任首都经贸大学人口研究所副所长，副教授。她和她的丈夫，著名的经济地理学家孙敬之教授一起参与了我国最初的人口学开拓和研究工作，还一起编写了《经济地理学导论》《运输地理学》《中国各省区域经济地理》《中国人口》丛书（中英文版）、《人口科学论集》和《中国20世纪80年代人口变动分析》等著作。她是我国少有的老一代女科学家。退休以后，她依然积极参加各种人口学的研究和编写工作，还担任《北京地方志》和《北京人口志》的主编，直到她80岁高龄时，才住笔告退。

2017年，李慕真已经是93岁的老人了，依然思路敏捷，对往事记忆犹新。她的一生，记载了将近一个世纪的中国近代史，她亲眼目睹和经历了民国时期、军阀混战、抗日战争、国共合作与内战、救国学生运动、解放战争、新中国成立、“大跃进”“三反五反”“反右倾运动”、三年自然灾害、“文化大革命”的十年动乱，直到打倒了四人帮、改革开放、发展经济等历史阶段。就在这风风雨雨里，她从一个乡村女孩成长为一名新中国的经济地理学家，而且科研成果累累。她沧桑的一生，是中国老一代知识分子命运的真实写照。她十分感慨一生的多风多雨，跌宕起伏，饱含酸甜苦辣咸。现在，像李慕真这一代的老年学者已经不多了。因此她挥笔著述，记录下了这将逝去的沉重缤纷历史，希望能和她的儿女们，以及现在的年轻人分享她的人生经历。她希望历史能够重新给予中国知识分子应有的地位、尊重和荣誉，使科研领域永远后继有人。她希望年轻的一代能从中记住我们中国人民过去的贫困和忍耐，痛苦和耻辱，挣扎和不屈，贡献和牺牲；重温我们中华民族浴火重生，走向光明的路；能够从中找到一些做人做事的启发，能够通过这本书，从一个不同的角度再看物质生活，富有和贫穷，理想和追求，成功和失败，幸福和苦恼，看这个世界，看历史，看我们人生。

女儿　孙晓陆

2018年写于美国加州

目录

作者李慕真。

作者的青年照（1949年摄于北京师范大学）。

作者和丈夫孙敬之的结婚照（1950年摄于北京）。

作者和丈夫及一岁的大儿子（1952年摄于北京西单）。

作者与丈夫和两个儿子，左起：大儿子、丈夫、小儿子和作者（1954年摄于北京）。

作者与丈夫和两个儿子，左为作者的丈夫抱着大儿子星，右为作者抱着小儿子河（1954年摄于北京）。

作者的野外考察照（1956年摄）。

作者（前一）和同事们野外考察（1956年摄）。

作者和丈夫及四个年幼的孩子（1962年摄于北京中关村科学院宿舍楼）。

作者和她的四个孩子（1963年摄于北京紫竹院公园）。

作者（1975年摄于西安大雁塔）。

作者和丈夫及四个孩子在离开兰州市之前。后排左起为大女儿、小儿子、大儿子；前排左起为小女儿、作者、丈夫孙敬之（1975年自拍于兰州市家中）。

作者和丈夫及四个孩子。后排左起为小女儿、大儿子、小儿子、大女儿。前排左起为作者、丈夫孙敬之（1977年摄于河北省石家庄市）。

第1章

我的家乡和童年

(1924—1932)

(一)回忆童年:李家大院,淳朴温馨

1924年7月22日,夜半子时,华北的冀东山区,莽莽的燕山在黑夜中朦胧静卧,幽幽的山谷里渺茫无声,四外万籁俱寂。河北省唐山地区遵化县的赵庄子村里一片寂静,劳累了一天的人们都已熟睡。这时在村中的李家大院内,突然传出了一个婴孩的哭声,划破了寂静黑暗的夜空,一个小女孩呱呱落地了。夜深人静,她的哭声清脆响亮,传得很远!我的祖母在大院上房的炕上听到了,高兴得拍着大腿说:"中,中,听着嗓音挺有劲,这孩子兴许能活下来,甭管是男是女,能活下来一个就好。"我的父亲李国田是李家的长子,和我母亲成亲多年,已经生过了四五个孩子,但都因病夭折在襁褓之中,无一生存,至今还膝下无子。所以全家人都对我这个新生女婴寄予了莫大的希望,希望我能生

存下来，这样李家终于就可以有三世同堂的喜庆，也希望我能给李家从此带来人丁兴旺的好运，所以全家人都如获至宝，如众星捧月，对我百般呵护。

1924年的古老中国，正像一条百孔千疮的旧船，风雨流荡之际漂摇不定，摇摇欲沉。虽然辛亥革命推翻了清朝政府，结束了统治中国几千年的君主帝王专制制度，可中国还处于半殖民地半封建的社会，国弱民穷，政局不稳，各系军阀混战，东征西伐，政变、战乱、兵变不断，是个风雨欲来的沧茫之秋。我就出生在这个动荡不安，新旧交替的年代，安危难断，前途未卜。可是在偏远闭塞的燕山脚下，这个默默无闻的小山村，像是被喧嚣的世道遗忘了的一个角落，生活暂时还算安定，人们依旧与自然和土地为伴，按照千年祖传的老习惯，厮守着自己的一方净土，日出而作，日落而息，过着传统淳朴的农家生活，与世无争，有着一番难得的平静和安宁。

七月份的山村，夏日炎炎，天气闷热难耐，农舍简陋，屋里更是闷热难熬，加上农村坐月子的习俗，产妇不能出屋，不能见风，让年轻的母亲产后吃尽了苦头。可是失去了前面几个婴孩，让我的父母战战兢兢，不敢有半分松懈，母亲大部分时间是把我抱在怀里，小心翼翼地照顾着我，用她的话说，是捧在手里怕碎了，含在嘴里怕化了，月子里她根本没有睡过几个安稳觉。夏天屋子里很闷热，为了不让我中暑，一到傍晚，父亲就抱着我在村里井沿旁的树荫下走来走去，他时常要走到半夜，天气凉快下来才进屋。在父母精心的照料下，也好在夏天里没有风寒感冒，在燕山脚下的这个小小村落里，在家人的呵护下，我平平安安地度过了人生最初的日子。

好不容易熬过了炎热的三伏天，我终于满月了，当母亲把白白胖胖的孩子放在我祖母的怀里时，祖母那沧桑的老脸乐成了一朵花，她抱着她的长孙女爱不释手，眯着眼睛怎么看也看不够，她的信心也更大了——“中，这孩子有希望能活下来，她就是咱老李家的希望”。祖母是个瘦瘦的有着高额头的老人，她慈眉善目，梳着一个发髻，缠着一双小脚，平时很少出屋，总是坐在正房里的炕上，不是喃喃地念佛拜神，就是依依地吩咐着家人们做事，俨然是一家之主。自从我满月以后，她每天就更加用心地祈祷，几乎天天都要面对佛龛，口中念念有词：“老佛爷，您就发发慈悲，把这个孩子留给我们吧，就当我们全家用诚心向您赎来的，等她长大了，要她一步一个头到庙里给您还愿去。”因此，祖母就给我取了个乳名叫“赎子”。我祖父有些耳聋，当祖母大声地把孩子的乳名告诉他时，他错听成了“犊子”，他连声称道：“好！好！这个名儿起得好，咱家里的牛犊子都很壮实，这个孩子一定好养活。”因此，在祖父那里，我的乳名永远是“犊子”。

20世纪20年代的中国农村生活非常贫困落后，特别是偏远的山区，缺医少药，卫生条件差，加上蚊虫叮咬，孩子们常常生病，发烧拉肚子，长疥疮。在抗生素出现之前，孩子们常因为感冒转成肺炎，这在当时即为绝症，人们束手无策，所以那时婴儿和儿童的死亡率很高。我的祖母，一个年迈的旧式农村妇女为了让自己的孙女能够活下来，想尽了办法。她除了天天向老佛爷虔诚地求情许愿外，还给孙女认了几个干妈，有乡村医生、接生婆等。认干妈是中国的传统习俗，因为多一个妈，就多一份祈福和保佑，多一份平安，所以我有了很多的干妈。在我众多的干妈中，还有一棵大柳树和一丛马兰草，这两种植物都非常有生命力，就是长在贫瘠的田头和沟边，也能长得郁郁葱葱，枝叶茂盛。祖母真心希望我能像这穷乡僻壤的柳树和马兰草一样，无论在怎样艰苦的环境下，都能顽强不息地生存下来。我小的时候，每年祖母都要带我去给那些干妈们逐一磕头谢恩，感谢她们的祈祷和保佑。我的祖母凭着她的菩萨心肠，为了这个新生的小孙女，真是费尽了心血，想尽了办法。

我的外祖父是当时遵化县内有名的中医，他看到这个眉清目秀的外孙女也非常喜欢，可是外祖父的家在白方寺村，离这大约三十多华里，不能常常来往，于是他就将一些治疗儿童疾病的中成药以及中医治疗方法，一一耐心地传授给了我的母亲。我的母亲虽然是个不识字的旧式妇女，但从小生长在一个中医世家，耳濡目染，加上她自幼聪慧，心灵手巧，尽心地学会了很多治疗儿童病症的中医方法和用药，如中药汤剂，外敷膏贴，推拿艾灸，等等。之后，她不但养活了自己的女儿，也挽救了不少本村和邻村儿童的性命，因为母亲善良温柔，总是有求必应，尽心尽力，善心施医，不求报酬，她还成了附近乡里有名的乡村中医大夫。另外，我出生的年代，接种牛痘已在农村开始实行，所以我也免去了天花之灾，更算是十分有幸。

就这样，在祖母的虔诚祈祷下，在全家人的关爱下，在干妈们的保佑下，在母亲的精心喂养下，我不但熬过了三岁，而且身体还十分健康强壮，还真像一个充满活力的小牛犊子，精力十分旺盛。我两三岁时，就能独自在套院里一层一层的高大石头台阶上爬上爬下，在大院里跑来跑去。四五岁时，我已经是个活泼好动的小姑娘，一刻也不消停，经常搅得李家大院里鸡飞狗跳，不得安宁。因为我是孙子辈女孩子中的老大，家里人都不叫我的乳名，而称我为“大姑娘”或“大丫头”。因为我的祖母、母亲和婶婶们等家中的女眷们都是缠着小脚的旧式妇女，一双粽子似的小脚走路都很不方便，当然很不愿意上下台阶地走动，所以有事她们就叫我去跑腿，“大姑娘，到后场院叫打场的人回家吃饭”；“大丫头，到南边菜园让浇菜的人回来吃饭，顺便挑一担水，拔几棵葱回来”；“大姑娘，到地窖里去拿几个萝卜上来，晌午咱们吃拌萝卜”；“大丫头，到街上去看看货郎担来了没有，我想买点花线”。我正好生性好动好奇，闲不住，也喜欢热闹，喜欢东跑西看，所以很愿意干这种差事，我自然而然地成了全家人的差人和传令兵，凡是跑腿的事，都让我去干，我是有叫必应，小腿跑得溜溜快，可顶用了。可是，并不是所有的差事都是美事一桩，有时我会被母亲早早地从热被窝里叫起来，跑去后场院替换看场院的人回家吃早饭，自己得留在那里看着场院。山里的早晨很冷，露水很重，冷风透骨，小小的我蓬头垢面，衣衫不整，站在场院中，口中哈着气，把手拢在袖子里，在山区清晨的寒风中冻得像一片树叶一样瑟瑟发抖，那滋味直到现在我还记忆犹新。

乡下人逢年过节或改善生活时，都要给同族的长辈们或欠着人情的人家送些食品礼物，这是一种传统的礼仪交往。那时山区农村生活很清贫，交通也不方便，农户们拿不出什么像样的礼品，常常是送些自家做的食物。我们李家在过节时吃豆沙包、小米面黏团、红枣粽子时，祖母总要先送些给同族的长辈、村里的接生婆和屠夫等人家尝尝鲜，这在当时就是人们很少吃到的美味佳肴。所以每逢过节时，家里做出的第一锅食物总要先送出去。祖母把热气腾腾的豆包或黏团放在一个大瓷碗里，用手巾布包好，叫我一家一家地去送，并教我对各家各户说“家里做的不多，请您先尝尝”，我都会照办不误，路上决不敢偷吃。我的腿脚利索，一路小跑，从村东跑到村西，一家一家地送，加上小嘴乖巧伶俐，受到各家的感谢和夸奖，我也挺得意，加上顺带到各家看看热闹，让我干得更加起劲了，跑得也更欢了，真是皆大欢喜。

我从小就好奇，好热闹，不甘寂寞。可是那时偏远农村的生活很单调，除了几个重大的年节以外，生活总是平淡如水。所以我们村里谁家娶媳妇、聘姑娘，做大寿，我知道了就像过节过年一样高兴，忙不迭地跑着去看热闹，在人群里挤来挤去，看新娘子，听爆竹响，和小伙伴们追打嬉闹，真是开心。每当年景好，庄稼收成不错的时候，一到了冬闲，赵庄子村和邻近的村子总是要请戏班子来村里唱戏。最常看的是皮影戏，大多是连续故事，如《薛仁贵征西》《罗通扫北》《孙悟空大闹天宫》《武松打虎》，等等。遵化皮影历史悠久，很有名誉，它起源于明代中后期，皮影戏的人物造型精美多彩，栩栩如生，剧情通俗易懂，加上高昂的唱腔，激烈的锣鼓，很有感染力，深受农民的喜爱，是遵化民间流行最为广泛的一种艺术表现形式。每次村里唱戏，我总是缠着叔叔、堂哥们带我去看，绝不错过。战乱间隙，有的时候如果村里过的兵匪少一些，几个临近的村子就联合起来，搭台子，请戏班子来唱大戏，经常是人们最喜欢的河北梆子，我就陪着祖母去看戏，我们最爱看《大登殿》《宝莲灯》，等等。河北梆子的唱腔高亢嘹亮，悲壮起伏，荡气回肠，加上演员们扮相俊美，穿红戴绿，把人们听得看得是如醉如痴，非常过瘾。戏台多搭在村外的庄稼地里，农民们争着愿把戏台搭在自家的地里，因为地里种了冬小麦，被踩踏的麦子第二年收成更好。迷信的说法是由于神的保佑、老佛爷的答报。其实是秋天种的麦苗不能长得过高，而是根扎得越深越好，有时麦苗长过高了，还要碾压一两次，让根扎得更深。如果在麦地里搭戏台，成几百口人几天的踩踏，比石磙碾压强多了。同时，看戏人几天留下的垃圾，什么花生壳，红薯皮呀，等于给麦田上了次肥，第二年的麦子收成会更好的。

冬天里，特别是春节前后的日子，腊月天是最冷的，都说“腊七腊八，冻掉下巴”，外面天寒地冻，地里也没什么农活，可农家人还是闲不住，我们全家的人都聚在祖母屋里的热炕上，大家一边剥着花生和玉米种子，一边叙着家常，十分的温馨热闹。我当仁不让地也到奶奶屋里来凑热闹。这时，叔叔们就会逗着我说：“大姑娘，看过那么多大戏和皮影，给咱们唱两句听听呗。”才几岁的我就会毫不犹豫地爬上窗台，认真地大声地吼了起来，吼一段河北梆子《大登殿》里王宝钏的唱段，“金牌招来银牌宣，大堂上来了我王氏宝钏……”。唱的是跑门跑调，词当然也不对，可我扯着嗓子唱得非常认真，连唱带比划，惹得大家哈哈大笑，个个前仰后翻，连祖母也笑得合不拢嘴，她总是喃喃地说：“家里有这么个孩子多好多开心哪。”当时的农村连电灯都没有，生活非常单调平淡，我的表演可能是家人们仅有的娱乐节目吧。冬天的屋外冰天雪地，一片寂寥，屋内却温暖如春，欢声笑语。就这样，我不仅给李家一家人带来了希望，也带来了不少的欢乐，和家人们一起，度过了一个又一个寒冷的冬天。

那时的农村，人们都知道，小孩子能熬过三岁，活下来的希望就大多了。1928年，我已经四岁多了，没灾没病，活泼健壮。祖母看着这个欢蹦乱跳的大孙女，天天是感天谢地，认为孙女能活下来，老佛爷的功不可没，她也想着该去给老佛爷还愿了。祖母是非常讲诚信的，老佛爷的人情债可是不能拖欠的。农民们信仰的老佛爷，大多是玉皇大帝和观世音菩萨，祖母一生信仰观世音菩萨，是一个非常虔诚的信徒。在农村，人们拜菩萨的节日有两个：一个是农历四月十八日，一个是农历十月十五日。于是祖母和全家商定，今年秋收之后的农历十月十五日，要去村子东面的迁西县，到香火鼎盛的景龙山，携我去向老佛爷还愿谢恩，我们要坐骡车去，到了景龙山下再一步一个头地磕上山去。迁西县在河北省东部，紧挨着遵化县的东部，迁西县的景龙山风景优美，山上的古刹庙宇很多，是当地一个有名的朝圣拜佛之地。虽然在我家院里向东望去，就可以望见那满眼绿色的景龙山和山上金瓦红墙的庙宇，可走起路来，大约要25华里呢，不坐骡车，我们一天可赶不回来。

1928年农历十月十五这一天，祖母和我起了个大早，梳洗整洁，换上了干净的衣服，吃过了早饭，备好香烛和供品，我们坐上五叔赶的骡车就出发了。从赵庄子村一路向东行进，在路上我们还遇上几个徒步的虔诚信徒，正在一步一磕头地向景龙山行进。祖母在车上搂着我喃喃地说："我们的孩子还小，到山下再一步一个头磕上去，老佛爷会体谅的。"太阳高高升起的时侯，我们终于来到了景龙山下，这里已经是人山人海了。迁西县接近塞北地区，四面八方来这里做买卖交易的人特别多，这天正好是农村的庙会，也是农副产品的交易会。粮食、蔬菜、农副产品、牲畜的交易十分活跃。这里到处都是小摊小贩，人群拥挤，熙熙攘攘，叫卖吆喝声响成一片，十分热闹。在骡车上缓缓而行，我高兴得东瞧西看，看什么都新鲜有趣，看得是津津有味，我的眼睛又不够用了。

下了骡车，我们祖孙二人好不容易穿过拥挤的农市，来到景龙山下，在上山的山路口，祖母指着长长的上山的石台阶对我说："你就从这一步一个头磕上去吧。"我顺从地一个台阶一个头地磕了起来。磕了十几级台阶之后，我已是磕得满头大汗，小脸通红，蓬头垢面。我有些泄气了，望着高高的山顶，长长的山路，我为难地对祖母说："奶奶，这得啥时候才能到庙里呀？"奶奶搭着手眯着眼向山顶望去，又望了望渐渐偏西的太阳，也有点着急了："可不是吗，我们今天还得赶回家去呢。这么着吧，我们走上山去，到庙里再给老佛爷多磕些头也就是了，咱们诚心诚意，老佛爷会体谅我们这老老小小的。"于是，祖母拉着我的手，艰难地迈着三寸金莲，祖孙俩一阶一阶地爬上山去。

秋天的景龙山群峰环绕，山上苍松翠柏，遮天蔽日，满目浓浓的绿色，加上奇峰怪石清涧，景色十分秀丽。这里的禅寺庙宇很多，座座古寺古韵浓郁，香客如潮，香火旺盛，香烟在山间缈绕弥漫，让人如入仙境。因为是庙会，这天山上和庙里进香的人也很多，我们好不容易挤到老佛爷的供桌前，摆上从家里带来的香烛和供品，祖母站在我身后用手臂围护着我，对我说："你就在这多磕几个头吧！"我连忙跪在地上，如鸡啄米一般，卖力地一口气磕了几十个头，磕得我是晕头转向，眼冒金星。这时庙里来进香的人越来越多了，挤得祖母实在招架不住了，就招呼我说："中了，咱们心诚则灵，老佛爷不会怪罪的。"就这样，祖孙二人挤出人群，又是一个台阶一个台阶艰难地下了山，找到五叔和骡车，我们简单吃了些东西，就打道回府了。当我们回到赵庄子家里的时候，天已经黑下来，虔诚的祖母疲惫不堪地坐在炕上，揉着发酸的腿和一双小脚，舒心地长长出了口气说："这个愿咱们今儿总算还清了。"那口气，好似从今以后，这个小孙女也才真正踏踏实实地属于她自己的了，她也是从此无债一身轻了。

乡下人信佛确实是实心实意的，但带有实用主义的色彩。有事时求神拜佛、烧香许愿，没事时，也就两便了。可祖母对菩萨永远是是虔诚如一，她从娘家带来的对佛教的信仰，总是慈悲为怀，好善乐施，善心善行，每天上香拜佛，从不怠慢，真算是个虔诚而仁慈的俗家信徒。我们家里除了每日要为佛祖上三炷香外，佛祖的重大节日还要上供礼拜，家人们要专程到县城里去买贡品，买糕点水果，有时还要买一条我们山区里很难见到的大鱼。当然贡品都是给老佛爷吃的，我们是可望不可及。有一次，上贡的鱼被野猫给叼走了，父亲还得放下手里繁忙的农活，特地赶到县里又买了一条鱼回来，给老佛爷上贡的事一点也不敢怠慢。我们李家因为信佛而从不杀生，因此杀猪宰鸡的事要请村里的屠夫代劳。逢农历初一、初五，全家人都要吃素。祖母的信仰和善良也影响着全家人，全家人都尊老爱幼，相敬相爱，和睦相处。我从小就懂得要尊重老人，爱护弟妹，为人要多存善心、多行善事，要与人为善，多怀同情和宽容之心，要懂忍让，讲诚信，尽量约束自己的行为，要行得端，坐得正，不说粗话，礼貌待人，不触犯佛家的清规戒律，等等。如春风化雨，祖母仁慈的言行对我的一生都有很大的影响。

（二）回忆故乡：逶迤燕山，富饶之乡

人人都觉得自己的家乡最美，我的故乡河北省遵化县赵庄子村，坐落在河北省东部的燕山脚下，的确是个有山有水，富饶秀丽，风景如画的村庄。燕山山脉位于河北东北部，东西走向，和太行山一起是河北省的两大山脉。它西起潮白河，东至山海关，北面是坝上高原，南依华北平原，是河北省的主要山脉。赵庄子村坐落于燕山南侧，在燕山主脉及其支脉环抱的盆地的东部。村子四面环山，村南临着燕山支脉的高固山才有五六华里，坐在屋里的炕上，就可以看到高固山那青翠的山峰。村子北距山峦起伏的燕山主脉只有十多华里，出家门即可看见燕山上蜿蜒雄伟的长城；村东离迁西县境内的景隆山也不过25华里，站在院内即可望见山上郁郁葱葱树木和香火不断的禅林古寺。村子西到遵化县城大约25华里，而遵化县城西面十多华里处，即是有名的马兰峪，那里山清水秀，大概也是个风水宝地，所以清代帝后的陵墓——清东陵就建在那里。清东陵是清朝三大陵园中最大的一座，西距北京125公里，有“京东名镇”之称。这里地理位置重要，自然景色秀美，许多的名山古刹，奇峰怪石，流泉飞瀑，加上古长城横贯遵化县境，又有很多远古遗迹，人杰地灵，山雄水秀，是个英雄豪杰、文人墨客辈出的地方。

赵庄子村，建于燕山脚下南面的坡地上。十几套院落一排都面朝南方，向阳背依燕山而建，家家坐北朝南的院落紧挨在一起，户户仅一墙之隔。每家的大门向南而开，面临同一条大街。

每个院落进去很深，大多是三进或四进院落。整个村子层楼叠院，高低错落，依偎着燕山。因为依山而建，院内坡度很大，每进院落都由低而高要上几节或十几节台阶，而且每个院落都留有后门，通向后山。在那兵荒马乱的年月，一旦有风吹草动，或过兵过匪的时候，全村人都从后门逃到燕山浅山区的山沟里去避难，如头道沟、二道沟、三道沟等地，从而避免了多次灾难。院落南面的正门外，是一条贯通全村的大街，这也是进出山海关内外的主要通道之一。大街道的南边，是各家各户的菜园。全村共有三口水井，分别位于村东、村中和村西，供全村人饮用和浇灌菜园，水质清凉甘甜。村南有一条小溪，清粼粼的溪水，从村旁缓缓流过，用来洗涤衣物，十分方便。再向南不到一华里，就是河面宽阔的南沙河，是滦河的一个支流。由于受山坡地势的影响，东高西低，这一带的河流流到这里大都转向，从东向西而流，流到西侧的平原以后，再转流向东。这里夏季多雨，水源充足。当时赵庄子村里的居民不到60户，据说大多是从山东迁往东北的移民，长途跋涉，走到这里停留下来，就在这个山水秀丽的地方安下了家。当时，村民只有张、李、贾、刘四大姓氏，不到200人口。四大姓属的乡亲们在村里轮流执政，有事的时候，大家就围着水井沿一起和气地商量解决，家家和睦相处，户户相安无事，已经有几代人之久了。

我们李家大院位于村子的中部，是个四间半宽的四进院落。大门也向南开，留有后门，与其他院落不同的是比较宽大。其他的院落多是几家合住，李家院内只有祖父一家。向街的南面正门，只是一个简单的门楼，比较破旧而不起眼，是祖父和父亲有意修建如此的，因为自1911年以来，虽然推倒了清朝的封建统治，可国内军阀混战，政局不稳，老百姓并未过上安定的日子。赵庄子村正位于进出山海关内外的主要通道之一，街上时常有操着不同地方口音的各路军阀的军队来来往往。为了免于被骚扰，大门简单破旧才好。不仅如此，从大院前面看，只能看见第一和第二套院的茅草房。因为进了大门的第一道院子，比较狭小，只建有两个牲畜圈。第二进院落有一层正房，对面有两间厢房，均为茅草建筑，是饲养大牲畜和储存草料的地方。再上台阶进入第三进院落才是全家住的地方。这是两层正房，对面各三间厢房，均为结实的砖瓦结构，院内整洁宽敞，用石板铺的走道与各屋相连，祖父母、父母以及叔叔们和两房婶婶都住在这里。出第三进院落，爬上十几级台阶的第四进院落，是广阔的宅基地，仍可建成一层有正房和厢房的院落，但由于那时家里的房屋已经够住，这片宅基地就留下等以后人口增加时再添建房屋，所以当时只是用作堆放柴草及饲养小牲畜。四进院后面的坡地上种满了大枣树和香椿树，一方面防止坡地滑坡，另一方面每年都有几多收获。我最爱吃家乡的大枣，而母亲的香椿炒鸡蛋，好吃得永远也吃不够。整个李家大院高墙围绕，并留有后门。出了后门再爬上一个高坡，就是与院落等宽的场院，是秋季里翻晒和堆放粮食的地方。场院后面的高山坡上也种满了酸枣树和榆树，一片浓荫融入后山的一片绿色。我小时候，常和村里的小伙伴们在这里一起玩耍，摘酸枣和榆钱，捉蝴蝶，藏猫猫，过家家。这里有我许许多多充满童趣的回忆。

河北的遵化县是个好地方，自古就是个富饶之地，这里有半山地和丘陵地带，地形坡度一般较大，排水的条件好，很少有大的旱涝和其他自然灾害。夏季降雨较多，常有雷阵雨，加上土质好，水源充足，庄稼产量稳定，民风朴实，所以遵化与相邻的丰润、玉田等县一起，被称为冀东地区的“三大粮仓”。遵化县赵庄子村的我们李家，一向以农为本，从自耕农发展到富裕中农，是从我祖父时代开始的。我祖父年轻时，虽有五个儿子，但当时我父亲、叔父们都还年幼，家里没有强劳力。可是我祖母的娘家是东双城子村的马姓大户人家，同辈有兄弟八人，个个身强力壮，而且都是农家好手。于是在春耕和秋收的大忙季节，他们会自己带上种子、农具和饲料，牵来骡马，来帮我们李家干农活，每年如此，我们李家的日子这才逐渐富裕起来，有了储蓄，才盖起了大院。此外，我的祖父和父亲也都是农家里手，他们起早贪黑地辛勤劳动，既吃苦耐劳，又懂得精耕细作，而且非常重视积肥。俗话说“庄稼一枝花，全凭粪当家”，我们家里除了养猪外，还养了一圈的牛。我小时候，自家的牛群已经繁殖达到十几头了。家里养的牛，不用来拉车，也不用于耕地，只为了积肥。春、夏、秋季，牛群在林地里放养，冬季则圈养，吃饲料和植物秸秆，一年能收集大量的牛粪。都说“人勤地不懒”，家人们辛勤劳作，精耕细作，加上地里上的牛粪多了，庄稼自然长得好，收获也颇丰厚。那时家里的日子虽然过得俭朴，但自给自足，自得其乐。

20世纪初，冀东农村由于远离大城市，交通闭塞，农民们基本上还过着自给自足的生活。除了盐、碱等少数东西以外，大多数家用的日用品是农民们自己制做的。比如当时火柴很少见，点火做饭是用火链、火石和火绒。火链和火石碰撞后，发出火星，点燃火绒而生火做饭烧水。我早上醒来，常常听到母亲和婶婶们在厨房里碰打火石声和呼呼的吹火声。闲暇时，家里人用地里艾草或栗绒拧成火绳，作为引火的火种。那时肥皂也不多见，家人们洗脸用的是猪胰脏和碱捣成的胰子。洗衣物用的是灰水，即把灶膛里烧过的草木灰装在大筐里，架在两块大石头上，上面浇水，底下放一个大盆接着，淋下来的水碱性很大，就是全家洗衣物用的灰水。家里人穿的衣服、被褥等，都是用自家生产的棉花，手工织成的土布缝制的，土布的颜色也是自家染成的。记得有一种植物，叫蓝靛草，叶子像柳叶，种在洼地里，夏天成熟后，割下来，浸在水缸里，几天后梗叶腐烂了，将梗叶渣捞出来，缸里的水是蓝色的，加上矾碱或石灰等搅拌后，变成果冻样的胶质，这就是染料。我祖母屋内温暖的炕头上，有个小水缸，放两小碗染料进去，加上水就是小染缸了，就可以把织成的土布放进缸里去染。白布根据下缸染的次数多少，可染出毛蓝色、浅蓝色、蓝色、深蓝色等不同的蓝色。如果染前在白布上扎上线花，也可以染出不同花纹的门帘和被面等。全家人的用布，都是由祖母一人染成的，所以，我祖母的双手总是黑黑的，洗也洗不干净。我们穿的袜子是用白土布加底做成的，鞋子大都是用黑土布做鞋面，鞋底是用旧布打成多层的夹板铰好成鞋底，再缝纳上土布鞋面而成的。晚上家里点的灯，用的是自家轧的棉籽油或麻籽油，和自家做的棉灯芯制成的碗灯。家里的农具、绳、席、萝、筐、笸箩，等等，也大多是祖父自己亲手编制的。

居家过日子，唯有农家最会精打细算，尽量利用土地生产的东西自给自足，尽可能少用银钱去购买，已经成了习惯。我们李家的生活总是力求俭朴，吃饭以玉米、小米为主食，当地没有水田，只能种少量旱稻，叫粳米。小麦在当时产量不高，由于冬季气温低，冬小麦种得也不多，只种些春小麦。家里早饭经常是玉米碴子粥，中午为小米干饭或水饭，晚上也多是小米粥或水饭。水饭就是把煮过的米过了凉水后吃，夏天里吃水饭，清凉爽心，十分解暑。冬季因为天短，家人们每天就只吃早晚两顿饭，早上仍然是玉米粥，下午吃蒸红薯或玉米饼子。大米、白面只有在过年过节或家里来客人时才吃得到。秋末冬初，家里用自家收种的花生、芝麻换些食用油，供一年食用。在集上用粮食或绿豆换些粉条，作为一年的副食。逢年过节，用家里种的黄豆或黑豆磨些豆腐，做好的豆腐炖粉条端上饭桌，就是美味珍馐。我们吃的蔬菜，如白菜、韭菜、萝卜、葱，等等，都是来自家里的菜园。秋季里用自家生产的萝卜丝及缨子腌成一缸酸菜，用白菜、芥菜头、白萝卜等腌一缸咸菜，就是一家人一冬天下饭的菜肴。再用黄豆煮熟发酵，碾碎后和盐水搅拌，然后在太阳下晒过多天后，就成为黄酱。一缸酸菜、一缸咸菜、一缸黄酱，也是要供一家人全年佐饭食用。虽然我们的生活非常简单，但在当时的农村，一家人能吃饱饭，已经是非常满足了，别无他求。

那时在农村，一般的人家除了春节，很少吃肉。我们李家每年春节总要请人来帮忙杀一口猪。春节里做菜和待客要用一小部分猪肉，猪头总是要留给老佛爷上贡，剩下的大部分猪肉切成大方块，煮熟后再过油炸得表面金黄，然后放进一个干净的缸里，一层肉一层盐地码排好，再把炸过肉的猪油倒进盛肉的缸里封好，这样，就是没有冰箱也可以储存很长时间，就是一家人一年的肉食。一年里，除了端午、中秋要吃点肉外，清明、立秋、重阳等节日或亲朋好友来访，都是要吃点肉的。从缸里拿出一块或两块肉，剁成馅包饺子，或者和粉条一起炖了，就算是很体面的菜饭，上边的节日都可以应对得过去。夏秋季庄稼熟了，地里的活也最忙，大家要吃好一点，所以农村的三伏天也是重要的日子。当地的饮食习惯是：头伏包子，二伏面，三伏饺子沾大蒜。或者是：头伏饺子，二伏面，三伏烙饼摊鸡蛋。李家虽是个富裕的中农之家，但全家人人都参加劳动，很少有过雇工，年景好时，家里还能有点余粮。全家人口高峰时，达到18口人。一家人和睦相处，相亲相爱，过着自给自足的生活，日子简单简朴，却十分温馨恬静。但是，这种安宁的生活却被混乱的时局给破坏了。

（三）幼年生活：兵荒马乱，颠沛流离

20世纪初，中国处在跌宕动乱的年代，国家内忧外患不断，战乱频繁。用祖母的话说："自打闹了义和团之后，人们就没过上安定日子。"农民们自给自足的宁静生活被搅乱。从封建腐朽的清末开始，欧洲列强以各种借口入侵中国，在中国的领土上杀人放火，大肆掠夺，一把火把"万园之园"的圆明园烧得只剩下残墙断壁。1911年，孙中山领导的革命军推翻了清朝的封建统治，结束了千年的帝制，成立了中华民国，但接着又有各路军阀割据，东讨西征，争权夺利的内战不断，根本无人顾及天下老百姓的生活，中国人民过着动荡不安的生活。1932年，日本帝国主义又趁机侵占了东北地区，别有用心地将末代皇帝傅仪当作傀儡，成立了伪满州国，作为侵占全中国的根据地，并对整个中国的领土垂涎欲滴，全面的侵华战争，一触即发，让人们忧心忡忡。那真是国无宁日，民不聊生。

我生在民国，长在乱世，从小就饱尝动荡生活之苦。当时中国国内的各路军阀混战不停，你吞我并，争夺地盘和权势，而我

们赵庄子村又位于进出山海关的重要通道之上，所以村里的大街上常有军阀大兵来来往往，或路过或驻扎，乡亲们从此再也没有过上稳定的生活。大兵来时，全家人都得从后门仓惶出逃避难，无论我祖父和父亲将大门伪装得如何破旧，宽阔的李家大院总是大兵们首选的驻地之一。大兵们要吃要喝，每次驻兵过后，把家里储存的油、肉、粮食等全部吃光还不算，还连拿带抢，连门帘、被褥也抢得所剩无几。就这样，一个普通的农家，被一次又一次横抢竖夺，家里越来越穷，使一家老小在兵荒马乱的年代，过着缺油少肉，果蔬不继、缺东少西的日子，那日子可真难过。更麻烦的是军阀大兵还要征用牲畜车辆，用来运送物资和伤员，如若不给，大兵就会破口大骂："老子在前线卖命，你们在家过舒服日子，他妈的，还有良心吗?"有一次，大兵们看上了李家的骡车，一定要征用。那骡车可是李家唯一值钱的财产，地里的农活，赶集买粮，都指着这骡车。我父亲实在舍不得，可又不敢顶撞，于是他把心一横，硬是拼着命咬着牙，赶着骡车，跟着军阀的部队走了二十多天，最后才侥幸把骡车赶了回来。那二十多天里，他的音信皆无，生死未卜，外面兵荒马乱，让一家人都为他提心吊胆，祖母更是天天盼儿回转盼得望眼欲穿。那时军阀的军队给养不足，拿老百姓的东西或抢村民的财物是司空见惯的事情，老百姓没有地方去说理。

兵乱相随的是盗匪盛行，战乱中的社会治安混乱。有一次，我们李家的牛群被盗贼看上了，动了贼心。李家大院的牛圈就在大门里的第一道套院内。一个冬天的夜里，家里的十几头牛，一头不剩地全都被偷走了。这真是屋漏偏逢连夜雨，贫困之中，这牛群可是李家仅有的一笔不小财产，种地施肥都靠着这群牛，因此全家人都十分着急。父亲和家人们马上四处寻找，我祖母无奈地向菩萨许下了大愿："如果能找回牛群，一定要给老佛爷唱三夜的皮影戏。"以谢恩惠。结果因为这十几头牛的目标太大，盗贼一时无法销赃贩卖，终于被李家在一条僻静的山沟里找到了。牛群给找回来了，才真是佛恩浩荡，全家人谢天谢地，孝顺的父亲只好去还了祖母的愿，真的请了个皮影戏班子，在自家的大门外搭了一个戏台，对着第一套院里的牛圈唱了整整三个晚上的皮影戏。孩子们因祸得福，高高兴兴地在自己家门口连着看了三夜的皮影戏，看得可真过瘾。那是我们多年的战乱生活中少有的一段趣事，也还是那个理儿，老佛爷的账是不能赖的。

在1925年，我出生后大约一岁多的一个寒冷的冬天，村里又要过军阀大兵了。漆黑的夜里，可怜的乡亲们急忙从热炕上爬起来，打点了细软，慌不迭地携家带口进山逃难。母亲在忙乱中用棉被把我包好，放在炕沿上，并在我耳边叮嘱说："不要哭、别出声，又过大兵了。"说完就忙着去收拾东西，我的五叔这时跑进屋来，从炕沿上抱起我就跑。一家人摸着黑，高一脚低一脚地跑出了一里多地，已经进入后山的头道沟时，才敢稍微放慢了脚步，五叔这才敢低头问抱在怀中的我："孩子，你冷不冷？""不冷。"奇怪的是我的声音是从包裹下头发出来的，原来走得慌忙，五叔一路上把我头朝下地抱着跑呢！家人们都夸我懂事，一路上不哭也没叫，其实，夜里又黑又冷，我懵里懵懂，也分不清上下，再加上害怕，就没顾上哭了。就这样，我们不断一次又一次离家逃难，成了家常便饭，不安定的生活，占据了我的童年生活和记忆的很大一部分。

战乱虽然不断，社会和生产在纷乱中也不断地发生着变化。自推翻清朝封建统治之后，封闭落后的中国也开始了一些改变，出现了一些新兴的民族轻工业企业。在天津、上海等沿海大城市里，逐渐有了纺织、造纸、火柴、制碱、肥皂等轻工业。日本和西方国家也通过开阜经商，从这些沿海的大城市输进一些“泊来品”，并开始进入农村。起初农民对这些泊来品和机制品是非常抵制的，认为这些东西都是表面货，花里胡哨的，好看但不结实不耐用。但更主要的原因，还是因为这些泊来品和机制品要花大把的钱去买，贫穷的农民们舍不得，所以他们排斥和敌视这些洋货，并给它们冠上了鄙视的洋名，如洋火（火柴）、洋胰子（肥皂）、洋布（机织布）、洋袜子（机织袜子）、洋油（煤油）、洋白面（机器磨的面粉）、洋车（自行车），等等。社会总是在变化中前进和进步的，农民们虽然抵制这些机制品，但这些新奇的洋东西普遍受到青年人的欢迎，不仅好看好用，而且省时省事，所以这些“洋货”逐渐在农村普及开来。有了漂亮的洋布，我们家里的纺车不见了，祖母炕上的染缸也搬走了，不用再染布了，祖母的手也变白了。早上母亲做饭也不再用火链火石了，洋火（火柴）给家人们提供了方便，因而很快就成了家庭必备品。菜油碗灯也变成了煤油罩子灯，明亮多了，也不像碗灯那样摇摇曳曳，忽暗忽明，晚上母亲缝缝补补也方便多了。洋肥皂也成为了家庭必需品，家里人不再做草木灰水了。很快，村里的小孩和青年人穿上了机织袜子和机织布的衣服，逢年过节，年轻妇女们也穿上了洋布做的花花绿绿的衣服，“洋布”鲜亮的颜色和美丽的图案是自织的土布没法比的。这一切变化让我看得眼花缭乱，目不暇接。看来社会的进步是谁也阻挡不了的。

自行车刚刚开始流行时，农民们还不相信，两个一前一后轮子的“洋车”哪能够行走呢？站都站不住呀。茶余饭后，村里的人们常常围着水井沿争论不休，这一个说：“我可在县城里亲眼看见了，人们骑着两个轮的车子走呢。”那一个说：“那不可能，你肯定是看错了，除非两个轮子并排，像架子车一样才行，不然怎么能站得住呢？”另一个说：“别扯了，那也不行啊，除非两个轮子在后面，一个轮子在前面的三轮车，那样才能走呢。”正当人们争论得面红耳赤的时侯，一个骑自行车赶路的人，从村里的大路上骑了过去，正好从他们身边经过，大家顿时看得目瞪口呆，谁也不言语了，还是眼见为实呀。不久，连我父亲也买了一辆自行车回家，叔叔和堂哥们高兴地争着在大街上和场院里练习骑车，很快就都学会了骑这两个轮子的“洋车”。这样，自行车就成为我们家里的主要交通工具了，因为骑着自行车去遵化县城赶集，二十几里路，比骑毛驴或赶骡车方便得多，也快捷得多了。而且这“洋车”既不需要棚圈，又不用放养，更不用喂饲料，当然省事啦。省事省时省料的干活物件，农民们当然欢迎啦，自行车就这样在农村很快普及开来。而当四个轮的大“洋汽车”偶尔从村里的大路上经过时，全村都轰动了，大家纷纷涌出家门，争着目睹这个庞然大物，这可真是又一次大大超出了人们的想象，大家吐舌咂嘴，挠着脑袋，怎么也搞不明白，这大家伙跑得怎么能这么快，也没看见有马拉着跑呀？这世道可真的变了，变得越来越不可思议了。

我幼小的童年就是这样，伴着家人的呵护关爱，伴着不停的战乱，不停的逃难，也伴着社会的不断变化进步而度过的。我在这动荡不安，新旧时代交替中，逐渐成长起来，亲身感受着生活的艰难和危险，也感受着时代变化的新奇，每天都有些新鲜的事儿，吸引着我的注意力，扩大着我的视野，让我兴奋不已。朦胧之中，也想着有一天能看看外边变化无常的大千世界，那里也许有比汽车更新奇的东西和事情。

第2章

我的启蒙教育

（1930—1936）

我自幼年开始，好奇心就很强，对什么都感兴趣，遇到什么都要刨根问底，而且问起来没完没了，有时就连家人也不胜其烦。例如，家里每年都买一本宪书，过去也叫皇历，放在祖母屋里的八仙桌上，家人们除了查看二十四节气，以适时耕作，凡是做事或出门，都要先查查皇历，以择选良辰吉日。虽然那时我还不识字，可家里这唯一的书引起了我的好奇。年纪小小的我常常吃力地爬上太师椅，从八仙桌上拿起这本宪书翻看。宪书的前几页都是椭圆的人头画像，是当时那些军阀们的头像。看着这些陌生人严肃冷漠的面孔，我好奇地问祖母："奶奶，这些人都是干啥的？"祖母没好气地说："都是带兵打仗的，有了他们，咱们就过不上安定日子。"我又问："他们为啥打仗？"祖母一时跟个小孩子也讲不清楚他们为什么打仗，只好敷衍着说："那谁知道，快别问了，出去玩吧。"可我还是被这书吸引着，不肯放下。宪书的后面几页是阴曹地府里小鬼们受苦受难，呲着牙咧着嘴的画图，告诉世人恶有恶报。我看不懂，又问祖母："那些人都是干啥的？"祖母说："那些人活着的时候没干好事，死后到阴曹地府里去受罪。"我又问："啥是好事？啥是坏事？"祖母说："救人行善是好事，杀人、放火、偷盗是坏事。"我还是有许多问题要问，刚刚想要问什么是行善，什么是偷盗？可这时祖母已经给问得实在烦了，就抄起一双小脚，自己下炕出屋去了。我一看祖母给问走了，不太甘心，可也只好作罢。

我的好奇心引起了父母的注意，我的父母虽然没上过多少学，但都非常开明，很看重文化教育。他们觉得孩子好问好学，这是好事儿，说明顽童可教。也是时候了，应该对女儿进行一些基础教育和正确的引导了，使孩子成为一个懂事、有文化、有教养的人。

（一）母亲家教：初临春雨，润物无声

我人生的第一位启蒙老师，是我的母亲。母亲虽然是个不识多少字的旧式农家妇女，但因为她从小生长在一个中医世家，有着良好的家教和熏陶，不但见多识广，而且聪慧能干、心灵手巧。她常用自己通俗易懂的语言和方法教会了幼小的女儿很多常理常识，现在回想起来，可是真难为她老人家的一片苦心了。

冬天里天黑得比较早，农家人为了节省灯油，晚上早早就吹熄了灯，上炕睡觉。熄灯以后，我和母亲躺在炕上一时又睡不着，母亲就利用这段时间，用两只手的十个手指，教会我认识了从一到十的数字，然后又用数窗棂格的办法教我认识100以内的

数字。山区农家的窗户都是用纸糊的，为了防止被风吹破，一般横竖的窗棂做的很多，形成了很多小窗格。母亲住的是两间的大房，共有四扇窗户，每扇窗户约有20多个小窗格子，在外面明亮的月光映衬下看得很清楚。只有四五岁的我，每天晚上躺在被窝里一遍一遍喃喃地数着窗棂格子，“1，2……，11，12，13，20……”，常常数着数着就进入了甜蜜的梦乡。就这样天天如此，很快我就学会了100以内的数字。识数是孩子最基础的学习本领，这也为我后来上小学打下了基础，我一直对算术数学有兴趣，而且熟于计算和心算，可能就是受到母亲最初教育的影响。

接着，母亲又教我对亲属们的称谓。在农村，每个农家都有一个庞大的社会关系体系，七大姑八大姨的亲戚们很多，也很亲近，时常来往走动，逢年过节更是如此。亲戚的往来是农民们的主要社会交往，很受人们的重视，因而对亲戚们的正确称谓，是首要的尊重和礼貌。母亲先从祖父母辈教起，逐一解释了这庞大家族的相互称谓。我祖父的前妻已病逝，他们生有三女一男，三个姑姑都已经出嫁，祖父与他的前妻所生的儿子，即我的大伯父，以及大伯母都因病早逝，只留下一个儿子，是大我八岁的堂哥，后来由我的祖母抚养成人，视若己出。祖父在他们李家排行老二，他还有五个兄弟，即我的大爷、三爷、四爷、五爷、六爷，他们的配偶我要称奶奶，他们的孩子与父亲同辈，我要称为伯父伯母、叔叔婶婶、姑姑姑父。我伯父、叔叔的孩子们与我同辈，称为兄弟姐妹。姑姑家孩子我要称为表兄弟、表姐妹。这些都是我们李家人的至亲。

我的祖母是续弦来到李家的，是祖父的第二任妻子，与祖父共生有五男二女。我父亲是祖母的长子，因为有我大伯父在前，所以排行为老二，我的三叔早逝，现有四叔四婶、五叔五婶和六叔等。祖母的娘家姓马，住在距我们赵庄子村西七八华里的东双城子村。马家是个大户人家，祖母的长辈有四兄弟，都已娶妻，我要分别称大太姥爷和大太姥姥、二太姥爷和二太姥姥、三太姥爷和三太姥姥、四太姥爷和四太姥姥，以此类推。祖母的同辈有兄弟八人，分别是我的大舅爷、舅奶奶至八舅爷、舅奶奶。他们的子女我称为表伯、表叔、表姑等。他们的下一辈，我要称为表兄弟、表姐妹。祖母的两个女儿我分别称为四姑和老姑。

我母亲的娘家姓栾，在遵化县县城南边10华里的白方寺村，门前也有一座大山，叫笔架山，与我们赵庄子的高固山同属燕山支脉。所以赵庄子与白方寺村，虽然相距30多华里，但与我们却是山水相连。笔架山上也建有庙宇，坐在外祖母家的炕上，也可望见山上的树木和庙宇。每年农历四月十八日是庙会，白方寺村总是要唱大戏和进行农副产品的交易。我每年在这个时候，都要高高兴兴地去外祖母家玩，和表兄妹们一起逛庙会，看大戏，吃小吃。外祖母很疼爱我这个乖巧伶俐的“赎子”，常常早早地就给我留起来很多好吃的东西，放在柜子上的大瓷罐子里，别人谁也不能动，只等我来的时候，才拿出来给我吃，都是平时我很难吃到的栗子、瓜子、糖果、糕点。那瓷罐子的肚子挺大，可口很小，有时我用力从罐子里抓了一大把好吃的，可手被卡住了，出不来，我又很不情愿放手，所以就努力和罐子僵持着，有时急得小脸通红，汗都冒出来了，惹得大家捂着嘴直笑。我的外祖父是遵化县有名的中医，每逢农历初一、六日，遵化县城大集日时，外祖父都要被请到遵化县城西街的西仁寿大药房坐堂看病，为乡亲们诊治各种疾病，他医术精湛，仁心仁术，声誉很好。平时外祖父在家也接治各种病人，所以，外祖父家总是人来人往，非常热闹。

我的外祖父母共育有三男四女，我要分别称大舅、大舅母，二舅、二舅母，三舅、三舅母等。舅舅的子女我要称表兄弟、表姐妹。母亲在她的姐妹中排行老二，姐妹们均已出嫁，是我的大姨、大姨父，三姨、三姨父，四姨、四姨父。她们的子女我要称为姨兄弟、姨姐妹。以上这些亲属，都时常往来，是近亲。我的婶婶们娘家的关系称谓，与母亲相同，母亲也逐家逐户，依次对我明确了每个人的称谓。天知道，那时我小小的年纪是怎样一一记住了这浩大复杂的人际关系，明白了这庞大社会关系的称谓，之后无论是家里来客或到人家做客时，我对他们每人都能有正确的称呼，以表示亲近和尊重，我显得十分乖巧伶俐，大家也都觉得这个孩子很懂事、有礼貌、有家教。我母亲的教导由此可见一斑。

母亲还一点一滴地把自己知道的许多常识，都耐心教给了我，如一年有几个月、多少天，一年中的十二属相、十天干、十二地支、二十四节气等，以及一些农谚趣语，都一一教会了这个好学的女儿。我到现在还记得母亲教的节气谚语："一九二九不出手，三九四九冰上走，五九六九河边看柳，七九花开，八九燕来，九九加一九，耕牛遍地走。""一年之际在于春"，强调了春耕的重要，而"开门风，闭门雨"，是指早上开始刮的风和傍晚下起来的雨，一般是要延续很久，提醒农家人要有准备。农民们用他们形象生动的方法总结着自然规律。从"春雨贵如油”“瑞雪兆丰年”中我也朦朦胧胧地懂得了土地和水是农民得以生存之本，“庄稼人靠天吃饭”，恰当地描述了当时人类对自然的依赖关系，人们在大地上生息耕作，与土地和水源是生死相依。我想这大概也是我地理生涯中最早的灵感来源。

母亲还常常讲故事给我听，她讲过花木兰、王昭君、祝英台、孟姜女、穆桂英和杨门女将等中国古代杰出女性的故事，使我知道了这世上还真的有巾帼英雄，女孩子也可以和男人们一样，领兵打仗，保家为国，救朝安民，所以女孩子不能自卑自弃、平庸度日。母亲还特别重视女儿的德操行为，她讲过“孔融让梨”、司马光“砸缸救弟”、“三娘教子”的故事，经常教育我尊老敬贤、孝敬父母、爱护弟妹、与人为善、行为端正、勤俭节约等中华民族的传统美德。春雨润物细无声，这种认真的一点一滴的早期教育，使我受益匪浅。母亲的确是我人生中的第一位老师，我永远感激她老人家。

（二）六叔启蒙：引路之星，命中北斗

我的第二位启蒙老师是我的六叔。我父亲是个开明又有远见的当家人，他认为要使家业兴旺，必须农商并举，家庭经济要多途径经营。于是，他把自己沉着稳重的四弟，送到县城去学习经商，把他聪明伶俐、勤奋好学的六弟，即我的六叔送出去读书，自己则和五弟留在家里务农。那时，农民供一个子女外出读书很不容易，每年都需卖掉大车大车的粮食，才可以支付各种费用，所以家里的负担很重。可父亲宁愿起早贪黑地劳作，全家人省吃俭用，也要坚持供他的六弟上学。我年幼时，六叔一直在外上

学，由县城读到了北京城，只有寒暑假才回来。

1930年，我六岁时，六叔已经到北京上学，每逢寒暑假才回家。六叔少年英俊，气宇轩昂，他留着平头，总是穿着合身的学生装，潇洒帅气。他和我一样，性格活泼好动，浑身充满了青春的活力，回家来每天都在院内跑上跑下，身手矫捷，是全家人的宠儿，更是我崇拜的偶像。因为有文化，又受了五四运动的影响，六叔思想活跃，满脑子都是新观念，满口都是新名词，说的都是外面的新鲜事。他主张学习科学，科学和教育救国，他反对封建迷信，反对妇女缠足、留辫子，主张男女平等，解放妇女。在炕头、饭桌上，在灶房里，他把这些新思想、新观念，反反复复在家里讲解宣传。这是我第一次听到"五四"学生运动，第一次听说女人不必缠足，也应该外出读书、工作，独立养家。他的话让我耳目一新，我都听进去了，而且听着顺心顺耳，因此我对他十分崇拜和敬仰。他从此打开了我的眼界，知道了山沟外面还有一个更新奇更广阔的世界，有另一种新生活，我渐渐开始对出外读书有了憧憬和幻想。他就像一股清新的春风，吹进了一向沉静寂寞的李家大院，吹乱了我平淡的生活和懵懂的童年。

六叔宣扬科学，破除迷信，从自身做起，并常讲要解放妇女。家里人虽都持反对态度，但是母亲和婶婶这些女眷们因为常年生活在山区，足不出户，孤陋寡闻，所以对六叔说的新鲜事就非常好奇。有一天，见六叔从院子里走过来，在厨房里择菜做饭的母亲和婶婶们看见了，就忙搬了个木墩子，叫住了六叔："他六叔，你坐下，给我们说说外面的新鲜事，你说的那些事可都是真的？"六叔坐下，不屑一顾地说："当然是真的，谁还骗你们，北京许多女孩、女学生都是天足，留着短发。”婶婶们的眼睛都瞪大了，连忙插话问：“这样的女人有人要娶吗？”六叔生气地斜了婶婶一眼说：“怎么没人要？当然有人要啦，现在只有你们这样的旧式妇女，才没人要呢。”婶婶们嗤嗤地笑了，忙说：“我们是不中用了，看你今后能娶个美天仙回来。”一个婶婶还笑着打岔：“这美天仙不会做饭可咋办？”六叔气呼呼地说：“天仙也不一定好，也不想要，反正不要你们这样的，肩不能挑，手不能提，脚不能跑，目不识丁的旧式妇女。”可母亲和婶婶们听了，反被逗笑得更欢了，六叔扑哧一下也无可奈何地笑了，灶房里充满了一片叽叽嘎嘎的笑声。其实六叔这些话是说给上房里的祖母听的，想借机表明自己的婚姻观，希望祖母能理解他的想法，能放手让他自己选择婚姻。祖母听了六叔的宣言，心里很不是滋味，她可是一家之主，老脸上有些挂不住，可还是不肯就此罢休，一时只想息事宁人，于是就在屋里喊着：“六头，进屋来！”于是这场新旧思想的论战，也就此暂告一段落。

20世纪二三十年代的中国农村是非常封建和闭塞的，山里的人们还是按照几千年的传统规矩生活着，家里老人们的旧思想根深蒂固，都认为六叔讲的是奇谈怪论，不符合祖规，有伤风化，不能接受。就连一向思想开明的父亲也认为六叔的思想过于激进，常常劝他不能操之过急，不能胡闹，要以孝为先。特别是祖母，更是强烈反对六叔自主婚姻。六叔是祖母最疼爱的幺子，祖母想永远把他留在自己身边，为自己养老送终，披麻戴孝，而且主意已定。当时六叔已近20岁，祖母就想在当地农村为他娶一房媳妇，把他的心拴住。娶妻生子后，或许他就能够收住心，改变偏激的思想，能够踏踏实实地过庄稼人的日子。但受了教育的六叔不买账，他推崇新思想新观念，决心从自己做起，过一种新的生活，找一个精神上的伴侣，决不要旧式妇女。母与子的想法南辕北辙，总是谈不到一起，有时还会激烈地争论起来。

六叔在家里总是陷于孤立无助的境地，无人可以倾心相诉，十分苦闷，只好和不太懂事的我一起游玩散心，他也很喜欢我这个乖巧活泼的小侄女儿。他走到哪里，都带着我这个“小尾巴”。他经常带着我下河摸鱼、爬树摘枣。六叔为了让我破除迷信，还带着我到庙里去，蔑视地拍着佛像的大肚子说：“这些佛像都是人造的，泥塑的，满肚子的糟糠烂泥，对它们烧香礼拜有什么用，真是自欺欺人。”有时晚上他还带上自家的锣鼓，带着我去我们自家的坟地里敲打，去证实这个世界上根本就没有鬼神。夜深人静时，坟地里漆黑一片，月亮时隐时现，一阵山风瑟瑟吹过，树叶哗啦，树影摇曳，影影绰绰，像是隐匿着鬼怪一般骇人，让人汗毛耸立，十分恐怖。一开始我还有些战战兢兢，不敢近前。六叔就鼓励我说：“别怕，这世上本来就没有鬼，鬼都是人们编造出来的，不信，咱把它们敲出来看看。”于是我仗着胆子跟着进了坟地，六叔敲大鼓，我敲小锣，两人敲打得一片叮当乱响，打破了黑夜坟地的寂静。可惜的是，我们除了惊走几只歇息在树上的乌鸦以外，没有把鬼给敲出来，我们自然是毫发无损。我俩人经常从晚上敲到半夜才回家，还十分可惜连个鬼毛也没看见，我的胆子也越来越大。家里人都无奈地说：“大疯魔带着个小疯魔，闹得神鬼不得安宁。”

当时在农村，婚姻都是由父母做主，凭媒妁之言。我的六叔长得一表人才，加上他的学历和人品上乘，十里八乡为六叔说媒的人们络绎不绝，踏破了门槛。祖母已经破例放宽了条件，准许六叔自己挑选媳妇，只要自己相亲看上的姑娘，就可以马上订下婚来。可是在二三十年代的河北山区农村里，要想找一个没有缠足的姑娘都很困难，更不要说受过教育，能和他的进步思想相符相称的人了。所以六叔一个也看不上。他心里也许早有一个洋学生在北京等着他呢，可祖母这边总不松口，家里也没有一个人支持他娶个不会种地做饭的洋学生回来，那日子怎么过呢，实在是不靠谱。六叔的心里很苦闷，但他又不能违抗母命，每次奉母亲之命去相亲，都很不情愿，所以把相亲当儿戏，常常嬉笑怒骂，敷衍了事。一次他带着我这个小侄女去相亲，被相亲的姑娘家院内有一头小毛驴，正卧在地上闭眼休息，六叔身手敏捷地纵身一跳，就从毛驴身上跳了过去，那毛驴这才惊醒，慢吞吞地站起来，六叔回头轻蔑地骂道："这个蠢东西。"他是在骂驴呢？还是骂人家姑娘呢？就不得而知了。六叔用这种玩世不恭的态度，宣泄心里的苦闷，草草地打发着一次又一次的相亲。

这一年，六叔的暑假快结束了，父亲又是早出晚归地赶着大车到县城的集市上去卖粮食，筹足了六叔所需的上学费用，要送六叔回北京上学去了。临走时，六叔摸着我的头叮嘱我说："孩子，长大以后要出去上学，好好读书，学本领，能出去独立工作，不能像你妈妈、婶婶一样，整天围着锅台转。还有，绝对不要缠足、留辫子，谁要让你缠足留辫子，你告诉六叔，我去修理他们。"我听了，一一记在心里，高兴得拼命点头说："我听六叔的话，上学读书。"六叔高兴得笑着说："好孩子，有志气，将来上学找六叔来。"这是那一整个夏天里，我第一次看见郁闷的六叔笑得这样开心。就这样，六叔的新思想，他进步的言行，他的勇气和胆量，不断影响着我，也都深深地印在我幼小的心里。

六叔走了，我又寂寞了下来。托我这“赎子”的福，这时母亲已经又生了一个弟弟凯兰、一个妹妹慕光，家务事也多了很多。我小小年纪，经常要照顾两个幼小弟妹，天天背上背着一个，手里牵着一个，带着哄着他们玩。一天，我又背着妹妹，领着弟弟到村口的小河边去玩，河边有浓浓的树荫避日，清凉凉的河水浅静平缓地流着，那里很凉快安静，是个清净好玩的去处。到了小河边，我刚放下弟弟、妹妹，就看见清澈的小河里有一群小鱼急急地游过，我马上脱下鞋袜，就下河蹚水抓鱼。谁知道年幼的弟弟妹妹还不能离人，看到我走开了，心里非常害怕，就跑过来追我。他们还走不稳，河床里净是大大小小的石头，两个孩子都摔倒在河里了。河水虽然不深，才刚刚没过脚面，但两个小弟妹还是被吓哭了。我这才放弃了捉小鱼，从水里捞起了两个哭哭啼啼的小弟妹，带着他们沮丧地回家去了。当我把两个湿漉漉的小弟妹交给母亲时，母亲可真的生气了，她拿起扫炕的笤帚疙瘩就要打我，我一见事情不好，拔腿就往我祖母的屋里跑，因为祖母永远是我的靠山。母亲怒气不息地追到院子里，挥舞着笤帚疙瘩高声骂道：“这个死丫头，让她看会儿孩子，她把两个孩子都掉到河里了，看我非打断她的腿不可。”这时祖母在上房发话了：“别嚷了，这么小的孩子，照看两个孩子，已经够难为她的了。”祖母说话了，母亲只好偃旗息鼓，悻悻地回屋给弟妹换衣服去了，其实母亲也是刀子嘴豆腐心，对我常常是只骂只比划，很少真打。

见母亲回屋去了，祖母这才回头问我到底是怎么回事，我就把去河边捉鱼，弟妹追我而掉到河里的事情说了一遍。祖母问我捉鱼干啥，我说捉来给鸡吃了，好多下鸡蛋，给弟弟妹妹吃呀。祖母笑了，“你这孩子还是挺护家的”，她搂着我说：“可以后不要到河边去玩了，干发河下来，把你们都冲走了，家里人没处找去。”我的好奇心又发作了：“奶奶，什么是干发河呀？”祖母回答说：“干发河就是咱们这儿没下雨，是大晴天，咱的河里没多少水，是干河，可是河上游的山里突然下了大雨，发了洪水，咱在下边不知道呀，没防备，洪水突然一下子下来了，咱的干河就发洪水了，所以叫干发河，结果那牲口、人呀就都被大水冲走了，家里人也不知道。”我听祖母说了以后，还真挺后怕，以后再不敢到河边去玩了，只好带着小弟妹去屋后面的场院玩，我稍一走得远了，母亲就威胁着说：“你以后再到处疯跑，真的要给你把脚裹起来了。”所以我经常是提心吊胆，生怕再惹怒了母亲，真会尝到缠足之苦。

又是一年的夏天，六叔又放暑假回来了，被祖母逼着又相了几次亲，他心里正闷闷不乐。我可是高兴了，心想自己的靠山可来了，再不怕母亲的威胁了。一天，我和六叔独处时，我赶紧向他诉苦，我把母亲要给自己缠足的事情告诉了六叔，并说母亲把裹脚的布都准备好了。六叔听了立刻怒气冲天，拿了把剪刀，冲到我母亲房内，翻箱倒柜找出了缠脚布，嘁哧咔嚓几下剪得个粉碎。这还不算完，他站在祖母堂屋前的台阶上，挥动着手里的剪刀，大声地吼着：“你们这些老娘们都听着，以后你们谁要给李家的女孩子缠足、留辫子，我就把你们的头发簪都剪掉，说到做到，不信你们就试试看！”他的声音在大院里回荡着，他那架势真是威风凛凛，大气凛然，真带劲，可把我给乐坏了。婶婶们则在屋里偷笑着说：“你瞧，大疯魔给小疯魔撑腰了，以后咱更管不了啦。”母亲也在屋里无奈地笑骂着说：“这个六猴崽子，把我这一副包脚布剪得这么碎，连补袜子都派不上用场了。”大概那头发簪是绝不能碰的，母亲从此再也没有提起裹脚的事。就这样，我的六叔身体力行地把进步的新思想带给李家的年轻人，他是我人生的启蒙者和带路人，是我的楷模，他使李家年轻的一代人，看到了知识的力量，也开始向往着这生活新的一面，进而跟上了时代的进步。李家大院后来共有我们堂姐妹七人，没有一个缠足、留辫子，都上学读书，都能够独立工作和生活。“像六叔那样读书，进步，做人”，成为了我们的向往和目标。

这一年夏天，记得是1932年的暑假，六叔又放假回家来了，又被祖母逼着相了几次亲，他真是很烦恼，只能草草地打发着一次又一次的相亲，当然，一个姑娘也没相中。很明显，六叔早已有了自己的意中人，已经选择了自己最爱的新式妇女，作为终身伴侣。六叔受过教育，有自己的婚姻观，坚决反对旧式婚姻，但他又有纯朴的孝心，不愿做出伤害老人的事而彻底与家庭决裂。他之所以每次违心地去相亲，就是因为身上有一条绳索没有解脱，那就是他心存一个孝字。由于母子情深，在婚姻问题未能取得母亲的谅解时，他不愿独断专行。祖母当时真应该让他自由结婚，不去干涉才对。但祖母太爱这个小儿子了，总愿意把他的心拴在家里，用旧式的婚姻把他牢牢地套住。在婚姻问题上，母子话不投机，总是争执不休，谈判不成，老人坚持老的婚姻传统，逼得六叔几乎要发疯了。

当时的农村，特别是像赵庄子这样的偏僻山区，婚姻自古都是由父母包办做主，这股封建势力延续已久，是十分顽固的，也拆散了许许多多有情的恋人们，仅我们小小的赵庄子村，就发生过许多起婚姻悲剧。有的家里为了贪图钱财聘礼，把女儿嫁给呆傻或残疾人，造成女儿一生的孤独和痛苦。还有，我们邻家的姑娘爱上了家里雇的长工小伙子，愿意和他结为连理，但她的父母却因为女儿破了祖上的规矩，面子上过不去，怕别人戳后脊梁，所以坚决不同意，结果那个长工被解雇赶走，姑娘万般无奈，最后被逼自尽，惨死在家里的菜窖里。还有另外一户人家的父母，不允许自己的儿子和相爱的本村姑娘结婚，强逼他另外娶妻，但儿子婚后念念不忘旧情，看不上娶来的媳妇，最后年轻人因绝望而吊死在自家的坟地里。可最不幸的是，这些婚姻悲剧和血的教训，祖母都未能记取，家里的其他人也是掉以轻心，没有意识到六叔到庙里和坟地里去胡闹，是一种内心绝望的宣泄，是对农村封建思想的反抗和嘶喊，他想引起家人们的注意和认同。非常可惜，那时家里并没有人能理解他。现在回忆起来，六叔是个反抗者，最终也是个失败者，他还是未能破除封建枷锁，达到自由结婚的目的。

1932年的暑假好像过得很快，一晃就结束了，这一年六叔说要提前返校上课，于是父亲又是忙里忙外地赶集卖粮食，备足了六叔的费用，又像往常一样，要亲自送六叔上路。临行时，六叔跨出了门槛又停了下来，他回身摸着我的头，语重心长地嘱咐我："孩子，以后一定要上学读书，做能独立工作的新女性，给李家争口气。哦，你快到上学的年龄了，记着，要上学读书！"不知为什么，他看上去有些神情恍惚，脸色疲倦而苍白，语气也很是低沉。我心里想着，也许是因为他不想离开家吧。我点着头一一答应着，把六叔的话牢牢记在心里。我一直把他们送到村口，在夏日的阳光下，依依不舍地目送着骡车上六叔和父亲远去的背影，渐渐地消失在尘土飞扬的大道尽头，我心里像是缺了什么一样空落落的，我可真不愿他走。父亲把六叔送到了遵化县城，照旧雇好马车，目送着六叔上路以后，才回到家中。

六叔走后四五天的一个下午，天气闷热，燕山脚下是暑气熏蒸，皎阳似火，满山的夏树苍翠，却没有一丝的山风。我背着妹妹，领着弟弟在后场院上玩耍。看着远处山后的天上，忽然间飘来了一片厚重乌云，我心里纳闷，奇怪，一点风也没有，哪里来的乌云呢，管他呢，但愿今天傍晚后能下一场暴雨，天气能凉快几天就好了。李家大院后场院的边上，祖父种了几行青麻，青麻在我们乡下可以药用和食用，还可以喂牲口。盛夏里的青麻开着漂亮的小黄花，结的大麻果像包子似的，嫩嫩的籽是白润微甜的，可以吃，青麻圆圆大大的绿叶子，像个大蒲扇，很好看。场院后面的山坡上，高大的榆树撑起大片的荫凉。为了护坡护场院，场院后面的坡地上还种了许多满身是刺棘的酸枣树。我摘了些青麻叶子，铺在树下荫凉的地上，让弟弟、妹妹坐在上面，又摘些麻果和酸枣，就和邻居的孩子们一起玩过家家。我们玩得正高兴的时候，忽然听到坡下我祖母的房内传出撕心裂肺的哭声，像是祖母在哭喊，出了什么事？我慌忙背起妹妹，拉着弟弟跑回家中。看到全家人都惊慌失措地聚集在祖母房内，祖母坐在炕上，拍打着炕席，头发凌乱，哭喊得死去活来。屋里还坐着一个陌生人，家人说是来送信的。送信人说我的六叔在进京途中，在天津蓟县境内不幸落井身亡了，要家人去料理后事。听说六叔突遭不幸，就像晴天霹雳，我一下就懵了，放下弟妹，抱着祖母也大哭了起来，全家人无不惊愕不已，失声痛哭。这时，作为长子的父亲却还冷静，他脸色苍白，声音哽咽地对大家说："咱先不要难过，是不是老六还不清楚，等我亲自看过后，咱们再做打算。"于是，父亲什么也没顾上带，就随送信人一起匆匆地走了。

父亲走后，家里人只能含着泪眼等，盼着父亲早日回来，可又怕他带回噩耗，人人心里都很沉重。母亲和婶婶们只能小心翼翼地安慰着难过得不吃不喝的祖母，说些宽慰的话，谁都在心里暗暗祈祷着，都心悬一线地盼望着出事的人不是我家六叔。可是都说无风不起浪，大家都也有着一种非常沉重不祥的预感，那是一种灾难临头的预感。那天，天上那片奇怪的乌云一直没有带来一场盼望已久的阵雨，只是在头顶上徘徊了不久，在傍晚时分，就慢慢地融入了远方燃烧的晚霞。

父亲一人急急忙忙地赶到了五十多里以外，位于天津北部的蓟县（现在的天津蓟州区渔阳镇），那遗体已经打捞上来，停放在院内，父亲近前一看，不觉两眼发黑，顿时禁不住扶尸失声痛哭起来。那果然是他的亲骨肉，他的六弟，静静地合眼长睡。六叔是父亲最疼爱的小弟，也是兄弟们中最有才华的一个，父亲一直在努力，想把他的年轻有为的小弟弟供出来，以改换李家的门庭，可现在他的希望瞬间陨灭了，人死如灯灭，此时是叫天天不应，叫地地不灵，父亲伤痛之情是无以言喻的。由于当时正值盛夏，天气很热，这里离赵庄子家里有五十几里路，六叔遗体不能再久置，父亲只好决定在当地买了棺木，就地掩埋，让六叔先入土为安，冬天再来起棺运回家乡去。六叔坐的车马和行李还停在那里，父亲就用六叔身上带的钱买了棺木，又用六叔带的干净的衣物把他装殓了起来，就在附近的地边上找了一块地，把他下了葬。父亲在坟前立了一块石头做碑，他扶着石头伤心地痛哭了很久，实在不忍一人离去，把弟弟一人留在了异地他乡，他的心都碎了。

当父亲凄凄惨惨地回到家里，不得不哭着向祖母报告了噩耗，免不了全家人又哭成一团，祖母最后的一丝希望破灭了，她绝望地哭喊着，痛不欲生，人几乎晕厥了过去。我怎么也不愿相信，怎么才分别了几天，我就和我那生机勃勃的六叔天地两隔了，这不是真的，是场噩梦吧，那时我真的希望这是一场梦，当天亮梦醒时，李家一切依旧。可李家大院里从此再也看不到那个英俊青年挺拔的身影，听不到他激昂的声音和朗朗的笑声，他是那样年轻有为，却突然走得这样早，全家人为此都痛断了肝肠，连婶婶们都哭红了眼睛，李家大院里久久地笼罩着悲切沉痛的气氛。

年轻的六叔骤然去世，对祖母的打击无疑是最重，风烛残年却痛失爱子，白发人送黑发人，她的悲痛无法缓解，从此每天都要大哭上两三次，哭天喊地，她的眼睛都哭得更模糊不清了，脸上也从此永远失去了笑容，人也一下变得苍老迟迈了很多。父亲悄悄告诉我，要我时刻跟在祖母身边，以免老人想不开再发生意外。父亲是个忠厚老实又有善心的人，他认为人死不能复生，什么也不能挽回六叔，所以百事不究，人入土为安，并未深究六叔的真正死因。究竟是失足落水？还是被人推下？还是婚姻问题无法解决，没有颜面回去面对情人而殉情自尽？这些问题至今都是个谜。因为他的车辆钱财和行李还在，而且他身无外伤，估计自杀殉情的可能性最大，我的父亲可能早已猜到了。

1932年那个寒冷的冬天，山里下雪了，山风凛冽萧条，外面天寒地冻。父亲和我五叔一起，流着眼泪把六叔的棺椁启运回来，我的六叔终于回家来了，他的棺材停放在大门外三天，摆上香坛腊烛，供亲戚朋友和乡亲们吊唁。祖母和我哭喊着拍打着棺木，一定要打开棺材，再看他一眼，也好和他道个别。可父亲估计六叔的遗体已经腐变，家人看了会更加难过，就推说棺材的钉子已经锈住，打不开了。我们祖孙二人死也不愿相信，怎么走的时候是一个活蹦乱跳的年轻人，回来时却是冷冰冰的棺椁一具呢，一个年纪轻轻的人，怎么说没就没了呢？我们哭着拍打着棺木，喊叫着他的名字，希望他能听到我们哭喊的声音，兴许他能够死而复活呢。我们哭得是肝肠欲断，凄恻哀怨，村里的乡亲们无不动情抹泪。那一年的冬天怎么那么冷啊，冷透到了我的心里。

年轻的六叔是无儿无女，他生前最疼爱我，所以我自愿当他的女儿，为六叔守灵三天，和他灵前的蜡烛一样，三天里珠泪不干。三天以后，我们把六叔埋葬在李家的后山坡上，一个离家最近的地方，但愿他从高坡上能看到他昔日的家，可以依然和家人们日夜相守，在那里一人也不会太孤单。含着眼泪站在他的新坟前，我才真的明白了，我生命中的北斗星陨落了，那个生气勃勃的六叔走了，真的走了，他永远也不会回来了，他不会再和我一起下河上树，和我谈心说趣，为我撑腰鼓气，我觉得一下子非常的孤单冷落。我小小年纪，第一次经历了至亲和良师的离世，尝到了人生的冷酷无情和脆弱，似乎也长大许多。每当我想六叔的时候，他的谆谆教诲就响在我的耳边——一定要上学读书。

我六叔的精神后来被李家年轻的一代人传承了下来，成为李家姐妹多年共同遵守的信念，几年以后，我们都纷纷外出读书和工作。之后的几十年里，我完成了小学、中学和大学的学业，成为独立生活的新型女性，最终成为了一名科学工作者。我觉得现在我终于可以告慰六叔，在九泉之下，你可以放心地安息了，李家的姐妹们，已经踏着你的足迹，走出了愚昧落后和无知，开始了新生活，正在实现着你的理想，你新思想的种子已经开花结果了。

（三）老师指导：循循善诱，亦师亦父

我的第三位启蒙恩师，是我农村初级小学的邢老师。

六叔去世后的一年多里，我一直闷闷不乐，少言寡语，老是想着心事。1933年我9岁时，春节过后，那天一家人正在祖母的房中吃晚饭，我突然挺住筷子，大声地说："我要上学！"全家一时都很惊异地望着我，觉得我在说梦话，谁也无言以对。沉默了一会，堂哥终于搭话了："学校的老师很厉害呢，会打学生的。"我扬起头倔强地说："我不怕，听话，好好念书，怎么会挨打？"叔叔们也忙说："学校里都是男生，你一个女孩去上学，会受人欺负的。"我理直气壮地说："他们敢？谁敢欺负人，我找他们家大人评理去。我就是要上学，我就是要上学。"说着，我放下碗筷，呜呜地哭了起来。父亲回到屋里，几分不解，又有几分得意地对母亲说："别人家的孩子，就是打着骂着，捆着绑着，揪着

耳朵，两个人抬着，都不肯去上学，这个孩子自己哭着闹着要去上学，真个别。”的确，我也见过邻居的小男孩被父亲揪着耳朵，哭哭啼啼十分不情愿地被揪去上学，我还很奇怪，上学有什么不好？

还是母亲最了解我，她对父亲说：“这个孩子的脾气你是知道的，她认准一件事，就一条道跑到黑，九头牛都拉不回来的。”父亲同意地点点头说：“那就让她去试试？”于是，母亲用黑土布给我缝了一个简单的书包，父亲趁赶集时在遵化县城里给我买回来了石板、石笔和笔墨。春节过后不久，学校开学了，我就背上书包，让父亲领着，高高兴兴地去见村里小学校唯一的邢老师。见到邢老师后，我按照母亲的吩咐，恭恭敬敬地给老师鞠了一个90度的大躬。我父亲在村内是学校的校董，专管为老师筹粮筹款，并督促适龄儿童上学，所以和老师非常熟悉。他对邢老师说：“我这个孩子自己要求上学，那就麻烦您怎么给安排一下吧，让老师您费心了。”老师说：“那好，就插班上一年级吧。”坐在教室的第一排，紧挨着老师的讲桌，我终于成为小学一年级的学生了，心里别提多高兴了，虽然是唯一的女孩子，坐在一屋子调皮的秃小子中间，我一点也不怯场，我是李家大院的“大丫头”，我什么也不害怕。

村里的初级小学，设在赵庄子村西的观音庙里，是赵庄子和附近的刁庄子、闫家屯三个村子共有的唯一一所学校。观音庙是刚刚翻修的，中间有五间正殿，正中间供的是高大金身的观世音菩萨，她慈眉善目，轻抬玉手。菩萨身边有威风凛凛的哼哈二将和善财童子，正殿两边的塑像是十八罗汉，形态各异，栩栩如生。大殿的东西各有一间半耳房，东耳房的一间，供的是红脸长髯的关公塑像，两边伴驾的是手持大刀的关平和周仓的塑像，是关公的左膀右臂。可见小庙也是适合农民多元化的需求，既需要菩萨普度众生，也需要正直勇猛的关公守护太平，守卫一方水土。东耳房的另外半间，住着庙里唯一的和尚，负责庙里的香火和环境卫生。大殿的西耳房，住的是小学唯一的老师邢老师。西耳房的另外半间是通往后面操场的通道。庙内东西两边还各有三间配殿，可能因为翻修时经费不足，还没有安装塑像。三个村子的初级小学，就借用了庙里空着的西配殿，作为唯一的教室，东配殿则暂时空着。群山环抱的观音庙内种满了松树，已长大成林，满院树影婆娑，十分肃穆庄严，又很寂静安宁。那时上课前，我常常去庙里看那些菩萨像，把从家里带来的零食，几个山枣或一个小山梨，放在观世音菩萨像的佛龛上，嬉皮笑脸地对着菩萨像说："老佛爷，您先吃着，咱一会见。"等到课间休息时，再来吃我的零食，保证一个也不少，老佛爷还是很守信用的。

邢老师的家在我们赵庄子村东边的闫家屯村，为了集中全部精力从事教育教学，他和自己上小学的儿子就住在观音庙里，只有星期天和学校放假时才回家。邢老师和他已故的父亲，人称老邢老师，都是终生从事农村初等文化教育的教书先生。附近三个村子中，凡是识字或者外出读书深造的人们，都是这两位邢老师的初级小学的学生。当时的小邢老师是子承父志，在贫困和战乱中继续着农村的初级教育，真是文曲星下凡，十分难得。入学后，邢老师给我起了个学名，叫李凯贞，因为凯字是李家这一代男女通用的排名。后来外出经商的四叔，又给我改名为慕贞，到北平上学时，我觉得叫慕贞的同名太多，曾用过穆珍，后来索性改为慕真——仰慕真理，不言而喻，我很喜欢，就一直延用至今。

当时学校施行的是复式教育。一个老师，在同一间教室，同时教四个年级的学生，课堂上秩序井然，每节课四个年级的学生都有收获。邢老师的驾驭能力，至今都让我十分佩服。农村学校的学生都到校比较早，八点以前，早到的学生就已经在教室各自大声朗读着课文。八点钟，老师准时到教室上课，他先用几分钟检查坐在最后面四年级学生的作业，然后布置四年级的功课，比如写作文，在黑板上写出题目。然后再检查三年级功课，留下作业，比如写小楷。再依次检查二年级教过的课文，让学生们朗读课文，然后布置学生在石板上抄写生字若干遍。最后给坐在最前面的一年级上课，教语文或算术。然后给一年级留作业，在石板上写生字或做算术。第一节课就结束了。第二节给二年级上课，第三节给三年级上课，第四节给四年级上课。就这样循环往复，邢老师是运筹帷幄，有条不紊。

正式讲课前，老师都要先检查作业。如果谁没有完成作业，或者在课堂上调皮捣蛋，老师要对学生进行惩罚。当时有体罚，根据所犯错误的轻重，老师用教学用的藤棍打学生的左手掌一下到三下，以示教训，这就是老师的严厉。调皮的男学生左手挨了打，又红又肿，哭丧着脸，还得用右手继续抄写计算，也不敢耽误事，那狼狈的样子很可笑。我是自己想上学的，学习上非常主动自觉，总是按老师要求完成作业，遵守课堂秩序，上课时目不斜视，非常专心。每次考试我都在前三名内，经常受到老师的鼓励，我又是班里唯一的女生，所以从未挨过打和罚。课堂作业完成后，我还能坐在那里，听听别的班级的课程，等于预习了以后的功课，我非常适应这种学习环境。我上学时的课本，已不是千字文、百家姓了，而是白话文课本，记得第一节语文课是“人、口、足、刀、尺”。学习算术也是先学阿拉伯数字，再学加减乘除，简单的四则运算，也学习珠算。学校每星期日休息一天，不放暑假，只放秋假，以便于学生们帮着家里秋收，非常适合农村的农耕作息和生活。学校的寒假和春节连在一起，比较长，每年正月十五以后才开学。由于邢老师教课认真，方法得当，课程安排得当，四年的学习为我以后继续学习深造打下了坚实基础。

邢老师不仅传授知识，个人仪表也在学生中起到了示范作用。老师是个瘦削的中年人，十分斯文，腰板挺直，短短的平头，脸也刮得干干净净。夏天一件竹布长衫，一双布鞋，冬天穿着灰布棉袍和蓝布长衫，虽然都很旧了，但也是干干净净、平平整整。老师的双手除了批改作业染的一点红墨水和粉笔末外，也总是很干净，指甲缝里总是白白的，这在农村是很少见的。有时早上来得早了，我还看见老师在院里漱口刷牙。这些好的习惯，对学生们有潜移默化的影响。农村的孩子多不注意穿戴，有时蓬头垢面，衣衫不整，光脚趿拉着鞋。上学后的我，开始注意衣服的整洁，头发经常梳理，衣服破了赶紧让母亲给补上，夏天也不再光脚穿鞋了，衣服也要抻拽整齐才进教室，而且我也开始学着刷牙了，当时使用的是猪鬃作的牙刷，用盐代替牙膏、牙粉。我可不能再邋邋遢遢的像个疯丫头了，怕老师和同学们笑话，给父亲丢人。

当时20世纪30年代的国内，时局混乱，各系军阀混战，东征西伐，来来往往，村子里经常过大兵。军阀的部队有时路过，有时还在村里住扎几天，人们都得离家逃难，学校只好停课。大兵走后，人们回到了村里，邢老师马上就开学，接着上课，仍然坚持按正常进度教学不断。就这样，在那几年战乱的日子中，我能断断续续完成小学四年的学习，实属幸事。因为我很要强，在学习上自我要求严格，在老师眼里是个听话的好学生，很受青睐，我对老师也很尊重。只是在上三年级时，我和邢老师竟发生了一次冲突，现在想起来，心里仍然非常内疚。

那是1935年，在三年级下学期的一个冬天，课间休息时，男生们在院子里打闹跑跳，全班只有我一个女生，我在课间总是一个人自得其乐，这一天我围着松树转，采集松树干上的松香。松香的用处可大了，可以当作胶水用，毛笔头、书皮掉了，可以用松香粘，不用花钱，而且清香好闻，我很喜欢。这时候，同班邢老师的儿子，一个瘦嶙嶙的小男孩，正是调皮捣蛋的年龄，他闲着无事，觉着一个瘦小的女孩子可能好欺负，就跑过来叫着我的乳名："赎子、赎子！"他叫着、跑着、笑着，挑衅作乐。这一下可犯了我的大忌，这个乳名只有祖母才能叫，如今我有了大名（学名），有人再叫我乳名，等于是侮辱人哪。我警告他说："你再叫，我打趴下你！"男孩不理会，仍然跑着、笑着、叫着，挺开心。我真生气了，几步追了上去，在他后背打了一拳。这一拳下去，打得老师的儿子应声扑倒在地上，摔了个狗吃屎，口鼻都碰出了血，他一脸尘土地在地上吱哇乱叫。打完以后，我挺痛快，还怒气不息地说："看你们以后谁还敢惹我！"我的体质很棒，跑、跳、拳脚都比一般孩子强，小胳膊可结实了。可我在学校从未打过人。这次要不是老师儿子一再挑衅，我也不会出手的。

不久，老师就摇铃上课了，教室的男孩们都屏声静气地等着看热闹，老师儿子被打了，看看老师怎么惩罚这个厉害的丫头。上课后，老师心平气和地问我："你为什么打人呢？"我站起来，理直气壮地说："他骂我。"老师息事宁人地说："他骂人，你可以告诉老师，由老师惩罚他，以后你自己不要动手打人，坐下吧。"本来事情就到此结束了，可我任性惯了，气还没消完，坐下时心里还是有些不服气，随口嘀咕出了一句话："这个老师真护犊子。"当时虽然我的声音很小，可无奈我的座位就在老师的讲台下面，不幸被老师听见了，老师正在黑板上写生字，只写了半个字就停住了，马上回身厉声地问我："你说什么？"我马上站起来，伸了一下舌头，心里想着这下可糟了，怎么让老师听见了呢。邢老师对自己的儿子是最严厉的，他的儿子挨的打也最多，正所谓"爱之深，责之切"嘛，说老师"护犊子"，太冤枉他了。可这只是自己心里的气话，不知怎么给说出了声，被老师听见了。我理亏词穷地站在那里，任凭老师追问，来了个徐庶进曹营——一言不发。如果当时我说一句"老师，我说错了"，问题就解决了。可我的倔脾气上来了，任凭老师追问，甚至用教鞭把讲桌拍得山响，我就是一句话不说，老师始终也没打我这班里唯一的女学生。我们就这样僵持了有十几分钟，老师也累了，也怕耽误了学生的课，于是，老师自己下台阶说："你不说话，就到外面站着去吧。"我收拾了书包背起来就出去了。到外面站了一会儿，我觉得很冷，看着天气阴沉沉的，飘起了雪花，我心想外面站着这么冷，干嘛干冻着，还不如回家呢，于是就径直回家去了。

进了李家大院，家里人看见我就奇怪地问："今天怎么这么早就下学啦？不舒服啦？"我气呼呼地说："和老师吵架了。"家里人都惊讶地说："什么？你怎么敢和老师吵架呢？"祖母也追问到底出啥事了，我才哭着把事情经过说了一遍。父亲在旁边一听，就知道这事不能怪老师，是自己的女儿太任性了，打了同学还骂了老师，还自觉委屈，这还得了。父亲铁着脸刚刚要想教训一下女儿，可祖母抢先一把搂过我先说话了："这几天正冷呢，就让孩子在家歇两天吧。"祖母的话正合我心意，我答应了一声，放下书包就出去玩了。可是在家只歇了三天，我就不自在起来，实在无聊，有些后悔了，我真不愿意中断学习，实在想回学校去上课，可又不好意思提出来，何况与老师的心结还未解开。所以我在家里站也不是，坐也不是，嘴也闭起来很少讲话。父母看在眼里，明白自己女儿的心事。

我们当地的农村有一个不成文的规定，凡是家里有小学生在学校上学的，又办得起酒席的农户人家，每年春节过后，都要请老师到自己家里吃一顿饭，以表示感谢。我们李家因为我父亲是校董，每年春节都要第一个请老师到家里来吃酒席。可那时离春节还有好几个星期。这一天，父亲悄悄和母亲商量着说："咱们把请老师吃饭的时间提到春节前吧，不然会把这孩子闷出病来的。"一个星期天，母亲办了一桌酒菜，农村人家备不起山珍海味，可油炸花生米、炒鸡蛋、豆腐萝卜炖粉条，我们家还是能拿得出来的。父亲去把邢老师请来家里，在屋里陪着老师先抿酒吃菜，母亲在灶房里接着炒菜做饭，我在灶前帮母亲烧火。事先母亲和我已经商量好了，吃饭时我进屋去，给老师行个礼，认个错，就可以上学去了，不然老在家里待着，耽误了功课，我又不高兴。因为我实在想回去上学，所以也就默许了。在堂屋里烧水时，我听到父亲在屋里抱歉地对邢老师说："我们家这个学生，惯得实在任性，嘴没把门的，说话不知深浅，老师您还要多多管教。”又听到邢老师客气地说：“哪里哪里，她还是个孩子，我这么大人了，怎能和孩子一般见识啊。”母亲听到这里，忙催着我快进去给老师行个礼，我自尊心又在作怪，站在屋门口迟疑着不肯进去，母亲急了，猛地在我背后推了一把，把我推进了屋。我一个踉跄地跌进了屋，幸亏我手疾眼快，一把抓住了门帘，不然我也会像老师的儿子一样趴在地下了。身子已经进了屋，进退不得，我不得不害羞地笑着面对老师，十分尴尬。老师也笑了，对我先发话了：“你怎么这几天没去上学呀，还想不想上学了？”这时我不敢再迟疑了，马上大声说：“想。”老师又说：“那明天就上学去吧，快期末考试了，别耽误了功课。”可算是有了个台阶下，我就坡下驴，清脆地答应一声：“哎。”然后给老师鞠了一躬，就跑到院里，上蹿下跳，欢快地嚷着：“我明天又去上学啦。”我和老师的心结，就这样化解了。

从那以后，我也更加尊敬我的邢老师了，而老师对我也更加上心地教导，格外地耐心，师生之间变得更加默契，我也没有再打过同学。可这件事让我在学校里一时树起了“拳威”，我的确打出了女孩子的威风，男生们从此对我是敬而远之，没人再敢惹我了，他们嘀咕着“她连老师的儿子都敢打，谁还惹得起”；“她不来上学，还是老师到她家把她找来的，好大的面子”。从此以后我在学校更加专心学习，始终保持前三名的好成绩。在那兵荒马乱的年代，由于邢老师对教学的坚持，即使在兵匪不断干扰下，我也断断续续完成了四年的小学学业，1936年夏天，我初级小学毕业了，小学的学习生活结束了，我十分不舍地告别了邢老师。

在那个封建和动乱的旧中国，一个出生在偏远农村的女孩子，能够入学读书，是一件非常不容易的事情。我十分有幸，在幼年时能有这三位启蒙老师的领引相助。就是这些普通却不平凡的人，给了我最初的启蒙教育，给了我追求理想的基本信念和能力；传授给我最基本的做人做事本领，使我能够萌芽起步，在以后的学习和工作中，这些无价的财富让我一直享用不尽。一日之老师，终身为父母，我对我的老师们的敬重，从没有因为时光消逝而泯灭，反而越来越强烈，越来越深沉。

可是风云难测，命运难卜。我最崇拜的有着新思想的六叔，志向高远却英年早逝，让人惋惜。我敬爱的母亲，从小把着手，一点一滴地教我，又含辛茹苦把我和弟妹们抚养成人，我还没来得及报答，她就于1965年65岁时因心脏病溘然逝世，让人不舍。我尊敬的邢老师，把毕生精力献给了偏远农村的文化教育，献给了乡村的孩子们。他默默无闻，清苦一生，像蜡烛一样，照亮了他人，耗尽了自己，去世后连个坟墓也没有留下，让人叹息。如今，我的三位启蒙老师均长眠于故乡燕山的土地。多少年以后，我再回到家乡时，真想向他们表达一下我的感恩之情。可是家乡的青山绿水依旧，人却已无处寻觅，无处凭吊。我只能仰天长叹，缅怀思念：“我敬爱的老师们，你们是我生命的启明星，你们的教导和爱心，我会永远铭记在心，愿你们和你们的精神能与这家乡的松柏长青，与这永恒的山岳共眠。”

第3章

抗日战争的磨难

（1936—1939）

1936年的中国乱世更乱，就在那兵荒马乱的年代，在不断逃躲兵匪骚扰的间隙，在赵庄子村观音庙的大殿里，我断断续续地读完了四年初级小学。那一年的夏天，我初小毕业了，我的心也收不住了，有了一些知识，能够读书写字了，也尝到了学习的甜头，我的上学求知欲望也就更强烈了，家里那本老皇历已经远远不能满足我读书的兴趣，加上每每想起我对六叔的承诺，我更加渴望能继续上学读书，想进一步去上初中。但是每次我向家里提出这个要求时，父母都很为难，总是面带难色，沉默以对，不做答复。

我心里也很明白，因为这时的年景不好，加上战乱升级，天灾加上人祸，民不聊生，我家里的经济状况已经大不如前，已经是家穷财尽了。由于我们经常在农耕农忙时节受到兵匪的骚扰，不得不弃家弃田去山里逃难，家里的田地都因无法按时翻耕、播种、施肥而荒弃了，庄稼总是长得稀稀落落，收成当然寥寥无几，家里的粮食屯都空得见了底，李家大院的财产和牲畜也变卖了许多，家人的生活现在是朝不保夕，连吃饭都成了困难，父亲实在拿不出那么多粮食去卖钱，来供我继续上学了。再说，我们赵庄子村附近没有高级小学和初中，我只能到遵化县城去读书，这样吃住和学费的花销当然很大。何况当时我已有了三个弟弟妹妹，最小的弟弟还在蹒跚学步，他们都要有人照顾，家务事繁多，母亲又要经常外出去给乡亲们看病，我是孩子中的老大，责无旁贷要在家照看年幼的弟妹，帮助父母料理家务。

"穷人的孩子早当家"，于是13岁的我，失学在家，每天洗衣洗菜，烧火做饭，擦桌扫地，喂鸡喂猪，从早到晚干起了没完没了的家务活，还要带孩子，照看几个小弟妹，给他们喂饭、洗澡、理发、缝补衣服。农村的饭锅大，灶台高，我个头矮小，胳膊又短，做饭时铲子勺子够不到锅底，只好搬来一个大木墩站在上面，伸长了胳膊费劲地翻炒做饭，天天熬粥煮菜，抱柴烧火，整日烟熏火燎，平日也懒得梳洗，人变得无精打采，蓬头垢面，俨然成了个足不出户的农家小主妇。我很失望又无奈，看起来继续上学的愿望是遥遥无期，真要成了一个难以实现的梦想了，怎么办？怎么办？

（一）动乱生涯：亡国之恨，刻骨铭心

自1931年"九一八事变"之后，日寇一举侵占了东三省，别有用心地成立了"满洲国"以后，进而得陇望蜀，对广阔的中华大地虎视眈眈，很快日本鬼子就野心难按，侵略者的魔爪逐渐

伸向中国的华北。1937年7月7日，卢沟桥“七七事变”的枪声震惊了整个中国，此时日本全面侵华战争正式拉开了序幕，日本侵略者的铁蹄毫无忌惮地开始大举向华北地区践踏，中国的大片土地相继沦陷，天津和北平先后被侵，国民党军队节节失利，日本侵略者长驱直入，直逼上海和南京。由于国家和民族的危机日益加重，内战加上外侵，华夏大地到处硝烟弥漫，中国顿时沦为了人间地狱。

河北省遵化县的赵庄子村，正好位于日本强盗侵占华北地区的通道上，村里的老百姓们从此更是受尽了苦难，家家户户过着提心吊胆的日子。因为日本鬼子兵比过去的内地军阀部队更加野蛮和残暴，他们不只是抢粮抢物，还妄想霸占整个中国，要永远奴役善良的中国人民，要用残暴来摧毁中国人的精神，所以日本鬼子惨无人道地到处杀人放火，奸淫掠夺，无恶不作，凶残无比。他们看到青壮年，不是杀害就是掠走，押送到东北或日本去做苦力，谁都是有去无回，大多都惨死他乡。人们遇到鬼子兵，就如遇到了魔鬼和强盗一样，生死难料，躲之唯恐不及。日寇的野蛮兽性，让人们谈虎变色，小孩子哭闹时，大人吓唬着说：“鬼子兵来了！”孩子们吓得马上噤声。当时赵庄子村里，人人都如惊弓之鸟，每个乡亲都随时备有一个小包袱，包着自己的日用衣物和细软，晚上人人都不敢脱衣服睡觉，只能和衣枕着包袱睡觉，村里轮流派人值班望风，一有风吹草动，就敲钟报警，人们马上起身，抱起小包袱，慌忙扶老携幼从后门逃进山沟里去避难，那时老百姓们真是天无宁日，夜不安眠，日子过得非常艰难。

这时，四亿五千万中国人民面临着残酷的现实，亡国之危就在眼前，救国救亡之急已经刻不容缓了。中国大地上抗日呼声四起，出现了全国抗日救国运动的高潮。中国共产党号召国民党政府“停止内战，一致抗日”，整个中华民族到了最危急的时候，中国人民必须起来共同御敌。很快，在河北省的两座主要山脉，燕山和太行山地区，建立了抗日游击队和抗日根据地。这两座雄山峻岭，自盘古以来就养育和保护着河北的人民百姓，这时又成了保护家园的天然屏障，游击队利用山区的地理条件，借助高山峻岭、险谷雄关、长城隘口和森林、青纱帐，神出鬼没地打击和牵制着鬼子兵。日本鬼子非常惧怕这支抗日的力量，这不仅因为它牵制了鬼子南下的兵力，而且更怕游击队的星星之火将燃成燎原之势，所以他们用比对待国民党军队更加残酷的办法来对付游击队。他们不停地围追堵截，扫荡围剿，不断地去浅山区烧杀清剿，还经常炮击山里。有时鬼子兵在邻村驻扎下来，挖沟修碉堡等，几乎每天都到村里来骚扰抢夺，抓不到人，就抢粮抢物，抓鸡杀狗，十分猖獗。因此，人们已经不能正常生产和生活了，而且村子后的浅山区也已经不是藏身之地了，必须到深山区去避难。所以村里的人们不得不纷纷忍痛放弃了几代人得以生存的家园，逃进了燕山的深山区。

1940年的春天，日本侵华战事越来越严重，我们李家的老小十几口人也都不得不离弃家园，撇下田地，逃到燕山深处我的堂姑家去避难。一家人从赵庄子坐骡车往山里急急忙忙地走了大约二十几华里的崎岖山路，在密林尽处，我们进入了一个宽阔的山谷，大家顿时觉得眼前一亮，这是深山里的羊胡子沟，我堂姑的村子。我们来时正是万物萌生的春天，只见两侧的高山脚下有大片的绿油油庄稼地，山坡上则种满了各种各样的果树，满山遍野的果树正开着各色的美丽的鲜花，梨花雪白，桃花粉红，还有浅红的、深红的花团锦簇，蜂蝶缠绕，在绿色的衬托下点缀着山谷山野，春天新鲜的空气中飘着淡淡清香，清脆的鸟声在山谷中回荡，山谷间还有一条清澈的小河潺潺流过。在那战火硝烟的逃难年代，猛然间看到这鸟语花香的美景伴着清泉流水，我们好像到了另外一个世界，一个人间仙境、世外桃源。我一下就陶醉了，也暂时把战事丢到了脑后。

小小的羊胡子沟村藏在燕山的深山里面，村子依山傍水，只有几户人家，散落地居住在小河的两岸。我堂姑家住在河边的台阶地上，只有几间简单的草房，可有浓浓的树木遮荫，四面是如诗如画的田园山野风光，也是十分的安逸。除了屋后有条小河，门前还有一股清澈泉水从山石中流出来，叮咚不息地从门前流过。堂姑父将泉水引入菜园，在泉水下游依次高低地掘了三个水池，第一个水池，用石板和碎石铺垫，池水清澈见底，是用来做饭饮用的净水，第二个水池是用来洗米洗菜的水，第三个水池是用来洗碗洗脸的，然后这股清泉水再引入菜圃浇菜，洗衣服则是在屋后的小河中，这里水源充足，用水十分方便，水质非常清甜。

我们李家的女人和孩子们逃到羊胡子沟，都住在我堂姑家里，因为人口众多，这里住不下，父亲和男人们不得不带着大牲畜和牛群，住进了另外一条深山沟里。家人们的生活十分艰苦，八九口人拥挤地住在我堂姑家的一间小草房里，用家里带出来的口粮，每天自己起火做些简单的饭食，晚上大家都睡在地上。母亲和婶婶们天天愁眉不展，唉声叹气，有着她们大人的苦衷。虽然她们对外面的国情并不是一清二楚，但是这样不停地逃难，躲过了今天，能躲得过明天吗？这样的日子哪天是头啊？日本鬼子如果长期住在村里，家里的土地荒废，不能适时耕种、收获，明年我们一家人吃什么呀?！祖父和父亲两代人费尽心血营建起来的李家大院，被糟蹋成什么样子了？如果被日本人烧光，以后这一大家子人，老老小小，祖孙三代，到哪里去安身呢？她们忧心忡忡，同时也十分担心男人们住在别的山沟里，不知道是不是安全，是否能维持个温饱，牲畜可还都存活着，等等。大人们的万般家愁一时难解，都是人心惶惶不安，长夜难眠，逃难的日子真是度日如年。

可孩子们却在这里天真得忘却了战乱，学会了苦中作乐，生活得十分快乐。春天里，我带着弟弟妹妹在宁静的绿色山野里摘着山花，剜些野菜，采点蘑菇。夏天里，山上的桃子、李子和杏子成熟了，满山都是甜蜜醉人的果香，我们拿着小筐在果树下捡拾掉落的果子，一边吃一边比赛看谁捡得多，吃得肚子都圆鼓鼓的。篮子装满了，就在小溪里洗把脸，泡泡脚，凉快一会儿，再摘朵野花戴在头上，真是惬意悠闲。山里的秋天更是个多彩的收获季节，满山的核桃、栗子、苹果、山楂都成熟了，整个山谷像童话里的花果山，色彩斑斓，果实累累，果香浓浓。孩子们忙着帮大人收秋，摘拾满山遍野的果实。他们开心地跑着、笑着、叫着、打闹着，完全忘却了时事的险恶，和大人们的心情愁乐两重天。我在这个小山村过得乐不思蜀，真想永远生活在这里，不再回到那鸡犬不宁的赵庄子村。我在想，要是没有日本鬼子，没有战争，我的童年和生活该有多么美好啊。我可真是恨透了日本鬼子，他们害苦了我和我的家人。我也知道，现在只有八路军游击队才能赶走鬼子，是我们唯一的希望，我常常为他们祈祷，愿他们早日得胜。我们藏在深山沟里也时常听到一些外面的消息，当听到日本鬼子又在某村烧杀作恶，人们都愤恨不已，咬牙切齿，当听到哪里游击队打了胜仗，消灭了多少鬼子兵，大家都欢欣鼓舞，一时又充满希望。

我们全家人在深山里生活了有大半年，1940年的秋后，好不容易听说鬼子兵走了，孩子们这才依依不舍地离开了美丽安静的羊胡子沟，和家人们一起走出深山，回到我们的赵庄子村。一路看到自家的田地里荒草老高，家人们都在重重地叹息着，今年看来要颗粒无收了，全家人可能要饿肚子了。所幸的是我们一家老小都幸存下来了，全家人重新回到了李家大院。虽然家院房屋没有被烧光，但院里已经是鸡犬不留，门破窗烂，缸倒坛碎，一片狼藉。圈内的鸡、猪等小牲畜，已经被杀尽吃光，家里值钱的东西被抢得一干二净，连个破门帘都给抢走了，就连家里一直养着护院的两只黑狗也不见了踪影。父亲忙和家人到处去寻找，最后，他们终于在后山山沟的乱草丛里找到了大黑狗。那可怜的大黑狗已经瘦得皮包骨头，不成样子，它见到全家人就过来依偎在我们的腿边，不住地呜呜呻吟，眼神凄惨，像是诉说着离别的痛苦和委屈。但那只可爱活泼的小黑狗却怎么也找不到，我们都很难过，小狗可能已经糟了日本鬼子的毒手。后来家人们在夜深人静的时候，听到灶房后的下水沟里有一丝微弱的呻吟声，那声音听上去有些熟悉，像是小黑狗奄奄一息的哀鸣，父亲和叔叔们马上刨开锅台，挖开下水沟，才救出浑身是伤，仅存一息的小黑狗，家人精心看护疗养了很久，它才能够重新站立起来。这两只以往非常健壮的黑狗是李家看家护院的卫士，是我们的家人，对李家非常忠诚，凡是生人进门，它们就会狂叫不止，岂能容忍鬼子兵进院胡做非为，因而被他们无情地追打，幸好大狗跑到后山上，小狗钻进了下水沟才保住了性命。凶残的日本鬼子连只狗都不放过，真是连畜生都不如，这使全家人对凶恶残忍没有人性的日本鬼子更加痛恨。这一切一切都在我幼小的心灵里埋下了仇恨的种子，这仇恨早晚要报。

我们李家原本是比较富裕的中农，每年自己种的粮食大多是自给有余，由于多年的战乱，特别是日本鬼子入侵之后，不断离家逃难，家人们已经不能对土地进行适时的耕种和收获，造成土地荒废，收成无几，年景越来越差，家道逐渐中落，日子越来越艰难。不但没有了余粮，每到夏末秋初青黄不接时，一家人的口粮都成了问题。所以家里不得不种些早熟的农作物，比如豌豆、糜子、黍子等，能够在秋粮下来之前，勉强接济一下口粮。我也常常带着弟妹们去摘些小叶杨的树叶和杨树花，采些红薯叶和各种野菜，等等，把它们掺在饭里，做成菜饭、菜粥、菜团子、菜饼子，协助全家熬度饥荒。那时家里的厨房里，总是弥漫着野菜和红薯的味道，吃久了，真难下咽，我们已经很久没有吃到米面了。有时一揭锅盖，闻到了那野菜和红薯的味道，家人们就掉眼泪，没了胃口。

那些不幸的年代里，日本鬼子就是这样不断地在家乡一次又一次地侵扰清剿，烧杀掠抢，无恶不做。全家人一方面要不断地离家逃难，一方面还要寻食果腹。一大家子十七八口人，老老小小，照顾起来，实在不容易。作为长子的父亲为了养家糊口，已是筋疲力尽，实在难以支撑了。怎么办呢？全家一起商量了很久，商议的结果，办法只有一个，那就分家吧！一大家人分开过，每家的人口少一些，逃难、藏身、度荒和糊口都可能比较好办一些。于是，李家恩恩爱爱的一家人就在和平的气氛中，分成四个小家。即我父亲、四叔、五叔、堂哥四家。祖父母则由大家轮流照顾，他们的吃用由四家轮流提供。家产分配的原则是：土地、房屋及其他财产，都平均分成四份，不论每家人口多少，一家一份，菜园也划成四条，一家一条。大牲畜和牛群也作价分成了四份，一家一份。分家以后，每家分到20多亩旱地、一块菜地，除了现在的住房外，每家又分得一处厢房。分开过后，我父亲家的人口最多，加上四个孩子已有六口人，而且没有强劳力，年龄最大的我只有14岁，地里的农活也干不了多少，只能喂鸡喂猪，做家务活，那时弟妹们年纪都还小，家穷的我们也雇不起帮工，所以我们的家境最困难。

尽管家里生活艰难，外面世道混乱，可我的心仍旧不在家里，还是天天梦想着出去上学。我又几次向父亲提起这事儿，可父母总是满面愁容，沉默不语，我心里也很是为难。我也知道，父母不是思想保守的人，而且非常注重教育，过去他们能供我六叔上学，不会不愿意供自己的女儿去念书。主要是由于战乱的时局，家庭经济今不如昔，分家以后，日子更难了，更没能力供我外出上学了。当然，我的六叔在上学途中不幸去世，也伤透了父亲的心。一个十三四岁的女孩子外出读书，会安全吗？会不会再有不幸的事情发生呢？这也使父母非常担忧，一时举棋不定。后来我才知道，父亲为我辍学也很自责，他觉得对不起我。他在沉默中其实一直没有停止想办法，左思右想，总希望能想出个安全可行的办法送女儿出去上学。我虽立志出去上学，但眼看着家里一贫如洗的窘境和一群幼小的弟妹们，过度操劳的父母，也不好再坚持自己的意见，我只有耐心等待机会。后来发生了一件突发的险事，才使父母最终下了决心送我出去上学。

（二）历史机缘：父亲舍命，绝处逢生

1942年冬天的一个早晨，山里群峰素裹，野外天寒地冻，燕山脚下的赵庄子村里一片寂静，连鸡还没有打鸣。因为日本鬼子几天都没来村里扫荡了，又恰是冬闲时分，村里的人们一连睡了几天的好觉，很是松懈，这时还都在睡梦之中。这天清早，我父亲早早起身去查看牲口，他披上衣服开了房门一看，不由得倒吸了一口冷气，可坏了，原来日本鬼子在昨夜里已经悄悄地进了赵庄子村，闯进了我们李家大院，住进了三套院前排的四个大房，还在大院前后门都布了岗哨，一个人也跑不出去了。这时情况是危急万分，要大难临头了，我父亲顿时冒出了一身冷汗，他知道李家大院里的年轻人有我五叔以及妻弟、堂哥，年轻的妇女有我的堂嫂和她的妹妹，她们刚巧来走亲戚，还有我待嫁闺中的小姑姑和我，他自己的大女儿。冬季里为了节省烧炕的柴草，家人们都挤在后排三间大房里的热炕上，都还在熟睡。虽然分了家，危难时刻，父亲还是得挺身而出，要拼着性命保护全家生命。他赶紧回屋摇醒了全家人，然后悄悄地把大家招集到厢房的小屋内，把男人们藏在仓房里，用席子盖好。又把年轻的女人们埋在厢房的粮食屯里，每人头上盖上农具和斗笠。父亲又把家里的老人和孩子们都集中在厢房小屋的炕上，然后准备自己出去应付日本鬼子。14岁的我藏在粮食囤里，想到凶残如兽的鬼子就近在咫尺，一家老小恐怕都性命难逃，一场悲剧就在眼前，无辜的

小弟妹们也不能幸免，不由得惊恐万分，全身颤抖。父亲心里也十分忐忑不安，他知道这种藏人的办法，是根本不中用的，如果鬼子端着刺刀搜查，一扎就露馅了，不是血溅大院，就是年轻人都被抓走，也是必死无疑。千钧一发之际，他意识到我们不能坐着等死，要想办法死里求生。

父亲决定孤注一掷，拼上性命，也要救家人死里逃生。他大着胆子，蹑手蹑脚地走到院里察看，只见四外静悄悄的，听不到一点动静。这次来的日本鬼子，不知道在哪里行凶扫荡了一夜，闯进李家三个大房间后，倒头就睡，鼾声如雷，睡得都跟死猪一般，还没有来得及搜查院子，大门口站岗的鬼子也蹲在地上搂着枪打着盹。父亲又扒着围墙看了看周围的环境，只有村子西部几家大院内住有鬼子，大院内，只有前门和后门有鬼子站岗，院内也没有什么动静，鬼子们大概也都在睡觉。父亲这才决定铤而走险，大着胆子先把年轻男人们从仓房里带出来，让他们悄悄地翻跳过大院的东墙，跑到村东头的六奶奶家藏身。然后父亲再把年轻的女人们一个一个地从粮食囤里扒出来，连拉带推，让我们也跳过东院墙，沿着同一条路跑到六奶奶家。最后，父亲再把老人和孩子们一个一个地从这条路都救到六奶奶家。

当一家人都逃到了六奶奶家以后，已经过了中午，大家都还未吃饭，孩子们饿得直叫唤。六奶奶赶紧蒸了一锅红薯为大家充饥，我们刚吃到嘴里，就有人跑来报信，说鬼子兵们睡醒了，吵着要找花姑娘呢。父亲一听，就知道不好，赶紧叫年轻的男人们迅速从后门跑进后山去躲避，又让年轻的女人们由祖母护送，出了后门，去往赵庄子村西北方向十几里外的鸿鸭屯村，去我的二姑家避难。随着祖母一行逃难的有我的小姑姑、我，以及堂嫂子和堂嫂的妹妹。父亲还牵来一头小毛驴，让祖母骑着，我们其他人跟在后边跑。一行人在山里崎岖不平的小路上急急地跑了半天，天快黑时才跑到鸿鸭屯的二姑姑家。二姑姑刚刚要准备生火做饭，我们连口气还没有喘过来，又有人跑来报信说，鬼子兵也往这个方向开过来了，祖母又慌忙领着四个人马不停蹄地又往东南方向的小寨村跑去，将近半夜才跑到小寨村，人人筋疲力尽，饥肠辘辘，脚都磨出了血泡。堂嫂和她妹妹的家就在小寨村，总算把她们送到家了。我和祖母、小姑姑三人暂住在祖母的堂妹家，即我的姨奶奶家里。在小寨村住了几天，等时局稍稳定了以后，得知日本鬼子撤走了，我们一行人才敢返回到赵庄子村的家中。回到家后，人人疲惫不堪，心有余悸，虎口逃生，好险哪。幸亏父亲胆大果断，我们才逃过了一场全家灭门的灾难。

（三）外出读书：少女追梦，背井离乡

经历了这一场惊心动魄、死里逃生的劫难之后，我父亲非常后怕和不安。在那个动乱的年代，他知道以后这样的危险情况还会不断发生，那时就不一定这么幸运了。姑娘大了，留在家里很不安全，于是李家很快就匆匆把我的小姑姑嫁了出去，小姑姑随她丈夫住到了遵化县城里。可父亲自己的女儿呢？虽然只有14岁，但也不能留在这个日寇经常来骚扰的村子里了。因此，我的父母下了决心，无论家中多么困难，也要送我去县城念书，也好让我有个比较安全的去处。在当时的情况下，县城是个临时避难的去处，因为鬼子兵在乡下任意作恶，在县城里，总是表面上装模作样地收敛一些，还不敢公开地烧杀抢掠，以遮人耳目，骗取

人心。所以农村的有钱人大多迁入县城居住。可李家现在一大家人，还有田地和牲畜，实在不忍心丢下，又没有钱全家搬进县城居住，只好想办法先把女儿送到县城去读书。

1943年春节过后，又快开始春耕了，父亲就跟我商量："你不是想出去念书吗？今年开春以后，咱们种上四亩地的花生，如果收成好，你自己再捡些花生，咱把花生卖了，要是能凑足学费，明年春节过后就送你去县城读书。但有一个条件，你必须先定下一门亲事，万一有什么情况，也好有个接济。"显然父亲已经考虑了很久，很周密，父亲说，我可以到县城的亲戚家里寄住，一方面读书，一方面帮亲戚做点家务。这是父母日夜苦思冥想出来的一个救急办法。一听到父亲答应我外出上学，我不禁喜出望外，不要说一个条件，几个条件我都答应。我心里暗暗地想，只要出去上学，一切就都可以自己做主，怕什么被亲事缠住，到时候再说啦，于是我马上就爽快地答应了。我也知道，今年地里种了花生，种的庄稼就少了，家里可能就更缺粮食了，一家人的生活也就会更困难了，我也很不安。现在每当想起这些难忘的往事，我都十分动情，感激我的父母不顾自身安危，在危难之际拯救女儿的良苦用心，也真是可怜天下父母心呀。

花生是河北农村的主要经济作物，花生也是我上学的希望。从春天种上以后，我就天天到地里去看，盼望着花生能茁壮成长，秋季能获得好的收成，实现我能继续上学的愿望。我天真地梦想着，只要自己读好了书，学到了本领，能够独立工作和生活，我就把父母兄弟姐妹都接出去，离开这终年战乱不断，让人失去希望的农村，一家人就能过上安定的日子。这一年还真是天遂人愿，开春以后一直风调雨顺，地里的花生长得不错。秋天到了，我终于盼到了花生的收获季节，每天都到地里帮着父亲收花生，用小镐刨遍了地里的每个角落，希望不落下一粒花生。自家地里的花生收完了，我又挎上小篮子，到别人收过花生的地里去捡剩下来的花生。有时到叔叔或乡亲们的地里捡花生时，他们就会悄悄地把我的篮子装满，对我说："孩子，早点回去吧。"我心里热乎乎的，大家都知道我是为了上学才捡花生，就用这样淳朴的方式对我表示支持，这也是那时贫穷的亲人和乡亲们唯一能为我做的事。

母亲在院子里铺上席子，晾晒花生，一秋的收获还不少呢，我捡来的花生也将近100多斤，连同自家四亩地里收获的几百斤花生一起卖掉，父亲给我凑够了上学的费用。眼看着我的梦想就要成真了，春节过后，父亲就要送我去县城读书了，我高兴得天天乐得合不上嘴，走路都是蹦蹦跳跳的。走前的那些日子里，我看得出父亲很是担心，庄稼人不善言辞，他只是一遍一遍叮嘱着我要注意的事情："要好好学习，别打架，放了学要多干活，别到处乱跑，不安全……"他眼睛里满是忧虑和挂牵。都说父爱如山，母爱如水，母亲则忙着给我翻洗了被褥，缝补了衣服和鞋袜，还夜夜挑灯，飞针走线，给我做了两身新衣裳，蓝底白花，很是素净好看。真可谓"慈母手中线，游子身上衣"，母亲把她的爱都缝在那密密的一针一线里了。

赵庄子村的小伙伴们知道我要去县城上学后，起初都不敢相信，后来个个都很是羡慕，她们跑来问这问那，争着看我的新衣服，非常佩服和羡慕我，可又和我依依不舍。可真是呀，女孩子出去上学，赵庄子村里还没有先例。当时偏僻农村的习惯势力很顽固，非常落后保守，男人都很少出去读书，更别说一个女孩子。要冲破习惯的封建势力和经济上的窘迫，离开温暖的家园，独自走上外出求学之路，这一步走得很是不容易。邻居的伯母婶婶们知道后，都说西道东，还跑来劝我母亲说："姑娘大了，应该学些针线活，学学操持家务，免得将来嫁出去自己受窘受气，老去上学顶啥用？那玩意儿也不顶吃不顶喝的。"母亲则几分自豪又几分无奈地笑着说："女孩子咋了，我还想供出一个女状元来呢，谁说咱这山沟子里就不兴飞出去个金凤凰？"

回想起这些难忘的往事，我觉得真是十分有幸，我的父母很开明而有主见，尊重文化教育，不重男轻女，我才能有这个难得机会。当然，当时的危险局势也促使他们不得不下决心，送自己的女儿到比较安全的地方去读书。我小小的年纪，能够勇敢地迈出这一步，情愿只身背井离乡去念书，也是受了我六叔的教导和鼓励，要读书、独立，做一个新式妇女。六叔现在虽然不在人世了，但我一定要兑现我对他的诺言。

离家之前，我的心情很复杂。看到一直关心自己、疼爱自己的祖父母日渐苍老，心中实在是恋恋不舍；看着破落的家境，憔悴的父母，心里也很是内疚不安；再看看一群幼小的弟妹，嗷嗷待哺，心里更是十分牵挂。可是乱世之际，机不可失，我只有暗暗地下定决心："我一定好好念书，将来一定把你们都接出去，把弟妹们都接出去上学。"我心里暗暗祈祷着："亲人们，请原谅我的不孝敬，你们多多保重，我的弟妹们快快平安长大吧，我会回来接你们的。"就这样，年仅14岁的我，带着纯朴的愿望，带着六叔的嘱托，带着父母的关爱和希望，带着对亲人们的眷恋，带着对日本鬼子刻骨铭心的仇恨，义无反顾地离开了我那美丽却饱经战乱的故乡，开始了只身在外上学的漫长而不平之路。

第4章

我的读书之路

（1939—1942）

（一）读县高小：如鱼得水，初悟人生

1939年春节过后，父亲就亲自驾着骡车，冒着山里的瑟瑟寒风，送女儿到遵化县城去读书。我高高兴兴地坐在骡车上，一路颠簸离开了生我养我的赵庄子村。骡车上的我，虽然冷得发抖，缩着脖子拢着手，嘴里冒着哈气，可依然兴趣盎然地睁大了眼睛东张西望，看着沿路的田野景观，看着什么都新鲜高兴，完全忘记了天气的寒冷。都说初生牛犊不怕虎，那时我才14岁半，又正是战乱时期，第一次一个人离家这么远，很不容易了，可是我心里充满着对未来美好的憧憬和幻想，兴奋得像一只脱笼的小鸟，一点也不胆怯，一路上我一直没有回头。渐渐地，逶迤高伟的燕山在身后离我越来越远了，山的轮廓也朦胧模糊了起来。

河北省唐山地区的遵化县，位于河北省东北部的燕山南麓，遵化县城建于唐朝，是一座历史悠远的千年古县，背靠燕山，西望北京，南临塘津，东通辽沈，北有古长城东西横贯遵化县的全境，自古就是一个地理上的军事要地，所以有着“畿东第一城”之称。“遵化”之名历史悠久，“遵化”二字据《遵化县志》记载含义是：遵循孔孟之道，教化黎民百姓。很有韵味和内涵。遵化县城距离赵庄子村西大约25华里，那是一个有着3丈6尺高的青砖城墙围起来的很有气势的古城。县城的东西南北各有四座城门，每个城门都有高高的门楼和望城，还有角楼和垛口，古韵悠悠，挺有气派的。县城内有东西南北四条主要的大街，每条大街上都有很多店铺。这里是遵化县主要的贸易买卖中心，每逢农历初一、初六是集日，附近来赶集的农民熙熙攘攘，满街的店铺和摊位有各种农产品、粮食、牲畜、鸡鸭、皮毛、蔬菜和日用品等的交易，贸易繁华，非常热闹。可惜的是，现在县城门口已有荷枪实弹的日本鬼子站岗，枪都上着雪亮的刺刀，那杀气腾腾的样子和这个古朴祥和的县城是那么不和谐，他们检查着来往人们的身份证，翻查着所带的物品，有时还要搜身，但暂时他们还假惺惺地收敛着兽性，不敢公开在光天化日之下胡作非为，尽管如此，他们还是使这个安逸古老的县城一时充满了森森的杀机。

父亲送我上学的学校，是遵化县城的玉皇庙高小，这所学校的校址原来也在乡下，由于不堪日本鬼子的骚扰，才迁到了遵化县城内。学校位于县城东北角的火神古庙内。火神庙，顾名思义，是供奉火神爷的庙宇。大概因为神小，庙不大，火神庙占地不多，庙内只有前后两座正殿和两侧的配殿。后面的正殿为老师们休息住宿的地方，东配殿和前面的正殿是教室，西配殿因为空着，就暂时出租了。无巧不成书，承租人竟是我父亲的八舅，也就是我的八舅爷。父亲送女儿投靠的亲戚正好是我的八舅爷，因为八舅爷家就住在学校内，就在火神庙的西配殿，我就近上学，一点路也不用跑了，免去了路途上不安全的顾虑，同时，我八舅爷是我祖母的堂弟，实属至亲，把自己的女儿安排在这里，我的父母真可谓费尽了心思。

我们进了县城，父亲就领着我到了火神庙内的八舅爷家中，与他们客气地寒暄了一番，父亲就诚恳地说："这孩子住她舅爷家，我们放心。她可以一方面帮着她舅奶奶做些家务，一方面就近上学读书，你们就当自家人使，不必客气。"他和舅爷两人又简单道了些家常，就放下我的行李，领着我到火神庙的正殿里学校的办公室，交学费和办理了入学手续，然后就不得不匆匆赶回家去了，因为家里还有一大家人呢，春节过后就快要春耕了，家和地里的活不能耽误。从此，14岁的我便开始了只身一人投靠亲戚的离家读书生活。

我八舅爷家共有四口人，除了舅爷、舅奶奶之外，还有他们的两个孩子，一儿一女，我要称表叔和表姑。小表叔大约十一二岁，也在玉皇庙小学读书，小表姑只有两三岁，还需要有人照看。八舅爷家住在庙中的三间西配殿里，北面的一间是舅爷一家的卧室，南面两间是相通的灶房和柴房，他们在柴房里搭了一个铺板，就成了我的睡房。这柴屋和教室只有一个庭院之隔，我站在柴屋里或睡在床铺上，都可以看见院内老师和学生们来来往往，走动交谈，真是很方便。可这小小的柴房比起我那宽阔的李家大院可差得太多了，没有温暖的大炕，家徒四壁，十分简陋，除了我的床铺外，就是堆满了半个屋子的柴火，灶房里一做饭，柴房里就是满屋子烟味呛人。但不管怎样，我又能够重新坐在教室里上学了，机会难得，生活上苦一点，我不在乎。那一夜，柴屋里寒冷彻骨，我睡在硬硬的铺板上，枕着我的小包袱，冻得缩成一团，不知是因为冷还是兴奋，或许是因为母亲不在身边，我翻来覆去，难以入眠。

因为县高小在夏季就开学了，我是冬季才插班到五年级上学，整整晚了半年，我也有些忐忑不安。一进教室，我抬眼一看，不禁又是一阵叹息，嗨，又是一屋子清一色的秃小子，让我很是失望。可是我非常珍惜这来之不易的学习机会，因为入学晚了半年，我学习更加认真刻苦，加上我原来初级小学的学习基础很牢固，不久就在班里显露了头角，我的成绩十分优异，算术成绩尤其突出。很快我就觉得游刃有余，课堂上的功课已经不能满足我的学习需求了。县高小的老师们教学非常认真，很有责任感，也觉得我这个学生有很大潜力，就给了我许多单独的额外辅导，比如教算术的老师，给我找来一些四则运算题和应用题的课本，要我在课外练习解答。语文课的老师发给我一个日记本，叫我天天写日记，写心得和感受，锻炼我的思维想象和文字能力。无论是课外的算术题还是我的日记，老师们都如同课堂作业一样对待，都收回去批改评判，打分写评语，一丝不苟。我接受着这额外的教育，不断地受到指点和鼓励，心里十分感激，对我来说，这的确是一种特殊的荣誉和关爱。

20世纪40年代的中国，特别是在乡下，很少有女孩子上学受教育，农村里十四五岁的女孩子们大多缠足蓄发，在家学做女红，足不出户，待嫁闺中。所以一开始上高小时，全班同学里还是我一个女学生，我实实在在地感到形影孤单，下课后没有人可以一起说说话，十分无聊。好在开学不久，班里又来了一个马姓女同学，人很聪明伶俐，功课也非常好，我们一下就成了好朋友。我们两人学习上相互帮助，相互竞争；课下，我们互相作伴，一起玩耍，说着我们女孩子的悄悄话，给学习和生活增添了很多乐趣，两人的感情也非常融洽，成了无话不说的好朋友。每次考试，我们两个女生都是包揽第一和第二名，让那些男生们很尴尬。大概是“物以稀为贵”，老师们也都很喜欢我们这两个少有的女学生，总是对我们非常和蔼可亲，有求必应，而且非常看好这两个女生，认为我们很有发展前途，没准还真的能成为遵化县出来的两个“女状元”呢。

开学不久，县高小全校举办了一次学生运动会，由于我活泼好动，从小就天天在家院里跑动干活，追鸡斗狗，在套院的台阶爬上爬下，练就了一个好身体，小腿跑得特别快，所以在学校运动会上，无论田径的跑、跳，还有球类等，我都取得了挺好的成绩。有的项目还取得了名次。就这样，我在县高小的学习生活十分愉快，如鱼得水。在高小一年半的学习中，无论各门功课和体育，我都拔得头筹，自己也得到了很大的鼓舞，再次尝到了学习的甜头，也燃起了继续学习的决心。当时我最大的学习愿望是最终能考进大学，完成学业，大学毕业后，站上讲台当一名教师，像我的老师们一样为中国培养人才，而且能够自立自足，帮助家里养家糊口，提挈弟妹，将来真能如此，吾愿足矣。

我在八舅爷家最初的生活还算是安定的。舅爷和舅奶奶都对我不错，客客气气的，我也很有礼貌，放学后尽量帮忙多做家务，帮着舅奶奶烧火做饭，照看二三岁的小表姑。我事事干得小心翼翼，毕竟是寄人篱下，怎能不处处小心呢。相处的半年多里，我和八舅爷一家处得和和气气，相安无事，没产生过任何矛盾。可入学半年后，当我刚刚升入高小六年级时，八舅爷就不得不搬家了。由于这年学校增加了招生，需要收回我们租住的西配殿，以增加班级。八舅爷不得已只好搬家，在遵化县城里另租了一处三间的民房。也就在这个时候，八舅爷的父母（我的三太姥爷和三太姥姥）也搬来与八舅爷一家同住。两位老人家住在东屋，八舅爷一家住在西屋，由于中间是一间小小的灶房，小得摆放不下一张铺板，我只能和舅爷一家四口挤在一间房内，十分拥挤又很不方便，而且现在去上学，要走很长的一段路。但是为了上学完成学业，我也只好将就忍耐着。

一天晚上我放学后，在灶房里帮助八舅奶奶做饭，我蹲在灶前烧火。这时三太姥爷拄着拐杖，佝偻着身子来到灶房门口。老人家张着几乎没有牙的嘴对做饭的八舅奶奶嘟囔着说："现在过日子不比从前了，从前吃的、用的、烧的都是自家里产的种的，多一两口人不算什么，现在就不同了，搬到城里来，吃的用的都得花钱买，多一个人就多一份消耗，过日子得精打细算，长期养着一口闲人怎么行。"三太姥爷是个辛苦了一辈子的老人，当然十分勤俭节省，他眼花耳聋，也许没看见我，也许看见了，故意说给我听的。这一番话我可是听得清清楚楚，心里顿时承受不了，我在一边上学，一边在这里帮里帮外，帮着做饭看孩子，怎么是个闲人呢？这不是明明白白地在下逐客令吗？我很生气。我在家里一向是受到家人们的宠爱，还真没有受到过这种气。依我的拗性子，我立刻就卷起铺盖搬走，可是这个学习的机会来得真不容易，而且一下子我又找不到别的住处，这事我又不敢告诉我父母，怕他们来接我回家，中断了学业。没办法，我只好忍受、再忍受。我天天忍气吞声，在强烈的求学心与同样强烈的自尊心的夹缝中艰难挣扎，没人可以吐诉，只好天天在日记中发泄自己痛苦又矛盾的心情。没几天我就病倒了，高烧不退。高小的老师们看到我没来上课很吃惊，又从我的日记中知道了我的处境，就赶紧捎信给我父亲。父亲闻讯后立即赶来县城，套了骡车把我接回了家。

我在家里休养几天，在母亲的照料下烧终于退了，病也好多了，但我还是迟疑着不肯马上返回学校。我如果要对父母说了实话，怕从此失去这个学习的机会，如果不说，我可真的不想再硬着头皮回八舅爷家了，我一个女孩子家，脸皮子薄，不想再受三太姥爷的数落和羞辱。知女莫如父，父亲看出我的心思，思忖之后就跟我商量着说："这次回去上学咱不住你舅爷家了，去你堂姑家住吧。"我听了，这才打消了顾虑，长出了一口气，高高兴兴地随着父亲回到遵化县城，住到了我的堂姑家。堂姑家在县城的东南角，是个小康人家。家中除姑姑、姑父外，还有表兄、表嫂，他们比我大了几岁，但因为都是年轻人，也都读过书，我们很合得来。放学回来，我们一起说说笑笑的颇不寂寞。这里的环境也比舅爷家自由多了，我也终于有了自己的睡房。

在堂姑家的时候，表兄还给我借了许多文学名著，如：《三国演义》《水浒传》《红楼梦》《西游记》《聊斋》《隋唐演义》，等等。我第一次见识了中国文学宝库的渊源流长和高深莫测，被深深地吸引住了。特别喜欢《红楼梦》，这部巨著内容丰富浩大庞杂，结构层次清晰精妙，那些栩栩如生的人物和惟妙惟肖的人际关系，那缠绵动人的感情和纠结，那“看破红尘”“坐吃山空”“树倒猢狲散”的结局，涵义深邃无穷，引人入胜，让我为之倾倒。特别是那些俏丽委婉的词语和诗句，凄美绝怨，寓意巧妙，意味深长，一时间感觉得作者真是一个天人，出语惊人，对他崇拜得五体投地，梦想着自己有一天也能出口成章，妙笔生花。后来我也才知道，巨著《红楼梦》的作者，清代著名作家曹雪芹竟是我们河北丰润县人。在河北这个穷乡僻壤里，还出了这样一个名人天才，文学巨将，给社会留下了如此巨大的影响，看来真是事在人为，只有努力，谁也能做出一番事业，我得更加好好学习才行。从消遣的角度讲，一个十几岁的孩子，我更喜欢《西游记》，轻松俏皮幽默，扩大着你的想象力，我常常读得乐不可支。当我读过了四大名著，更加深深感到书山如海，学问无涯，山外有山，天外有天，学习永无止境。

因为生活环境好了一些，心情也好了，我学习也更加专心努力了，上课聚精会神，课下也总是书不离手。从堂姑家到玉皇庙高小，即从城的东南角到东北角，要走好几条街，大约有20多分钟的路程。我就充分利用上学往返的时间，在路上默默预习和复习所学的课程，这样在课堂上，我就更是轻车熟路，使得自己的学习成绩更加稳步提高。那时的高级小学是两年制，我因为是插班生，一年半就读完了。1940年暑假，刚满16岁的我在玉皇庙高小期满，以优异的成绩毕业了。我怀着对学校和老师的深厚感情和不尽感激，告别了遵化县玉皇庙高小。

县高小毕业后，我心里已经有了主意，我不会再回赵庄子村去了，我要继续进入遵化县初级中学学习。当时遵化县城有两所初级中学，一所是河北省省立五中（也称“遵化五中”）的女生部，只有一个女生班，因为那时上学的女学生很少，所以每三年才招一次生，去年已经招过了，所以今年不招生。城里还有一所汇文中学，是所私立中学，我试着去考了一下，竟然以招生榜上第一名的成绩考上了。但是，私立中学的学费实在是太贵了，我不愿意给父母带来更大的经济负担，只好忍痛放弃了。由于想继续学习的愿望强烈，我就四处打听，听人说河北省通县的初级师范学校（通师）招收高小毕业生。通县在北平市的东南部，离北平很近，当时的“通师”是我国历史上最悠久的师范学校之一，师资雄厚，声名远扬，而且已经招收女生。“通师”不但不收学费，而且可以管吃管住，毕业后可以教初级小学。我觉得这很合自己深造的愿望，又不增加家里的负担。我的主意已定，也没有敢通知家里，就向表兄借了些路费，买了一张去通县的车票，准备一个人去通县上学。

当满怀希望的我，带着自己简单的行李，在遵化县城里正在排队，准备登上开往通县的大卡车时，父亲出人意外地突然出现在了我的面前，他不由分说，拿起行李，拉着女儿就往回走，一边走一边说：“省中今年不招生，咱们就等两年再考，你一个人去通县，家里不放心。”我急着争辩道：“不能再等了，现在乱成这样，两年之后不知道成什么样呢，也许就没学可上了。”可是父亲把我的胳膊抓得紧紧的，不容分说就往回拽，庄稼人的大手很有力，我一时无法挣脱。实在拗不过父亲，我只好很不情愿地的跟着父亲回家，一路上我撅着嘴，吵吵嚷嚷，父女两人争论不休，谁也不示弱，傍晚时分，我们回到赵庄子村的家里。

一进李家大院的门，看到一群年幼的弟妹少人照顾，一个个蓬头垢面，日夜操劳的母亲面色憔悴，人更消瘦了，而且家境已大不如从前，我只好强忍着脾气没有发作，只是把自己一人关在厢房里，不吃不喝地生闷气，以示抗议，希望能逼迫父母改变主意。这天下午，我正躺在炕上想着怎么才能逃出去上学，忽然听到房顶篷上有动静，篷纸刷刷作响。厢房的房顶篷是用纸糊的，日本鬼子来的时候，怕顶篷里面藏人，就用刺刀刺了几个洞。通过那洞口，我看见顶篷里竟有一条黑白相间的大花蛇正盘在洞口乘凉呢，我吓得顿时花容失色，马上尖叫着跑出厢房，一头钻到祖母房内求救。山区农村的厢房内有蛇并不奇怪，那里常是用作存储粮食的仓房，家里人见到院内的蛇并不伤害，总是用木棍挑着放进粮仓，因为蛇可以帮助消灭鼠害，进而保存粮食，算是益虫。但是想到在我的头顶上盘着那样一条大蛇，还真是蛮吓人的。从此我再也不敢回到厢房里去了，也只好就此草草地结束了我的绝食抗争。虽然我住到了祖母的屋子里，祖母还是一如既往地疼爱我，但上学的愿望没有满足，我总是心情沉重，闷闷不乐。

谁也没有想到，一天下午，遵化县玉皇庙高小的王校长突然来到家里，见到他，我就像见到睽违已久的亲人一样，激动和委屈得眼泪都流下来了，呜咽着说不出话来。王校长兴奋地说：“孩子，不要难过，我是来接你上学去的。”原来，听说我失学后，玉皇庙高小的王校长和学校老师们，以及马同学的哥哥马大哥，都为我失学而感到万分可惜。他们都很关心优秀学生的前途，为此他们竟找到了河北省省立五中的校长，请求省中女生班今年再招一次插班生，以补充学生来源的不足，也为我和马同学两位优秀女生提供一次上学的机会。省立五中接受了这个建议，决定今年再招一次女生部的插班生，而且王校长已经给我报了名，考期将近，他是专程来接我回县城参加考试的。我听了这突如其来的喜讯，一时竟不敢相信自己的耳朵，明白过来后，就叫着跳了起来，欢喜若狂。父母和全家人都为我高兴，这才真叫喜从天降呢，祖母高兴得一边催着母亲赶紧烧饭待客，一边忙不迭又给老佛爷添了一柱高香。午饭以后，我坐在王校长自行车的后座上赶回遵化县城，一路上，艳阳高照，夏日的田野里庄稼熟了，空气中散发着阵阵庄稼和果子的清香，鸟儿在树梢上叽叽喳喳地歌唱，暖暖的山风轻轻拂着我的面颊，我的心也像小鸟一样欢快，像山风一样轻盈。这才真的是山穷水尽疑无路，柳岸花明又一村。

回到遵化县城后，王校长把我送到堂姑家，他临别时一再嘱咐我考试的日期、时间、地点："不要记错啦，以免失去这难得的机会呀。"回到堂姑家，我的心情好极了，对考试也充满信心，小菜一碟，根本不用准备，只是放松就好。当时我没有日历，手边也没有宪书，只记得离考试还有四天。盼着考试，百无聊赖，时间过得真慢，很难打发。这一天，堂姑同院的邻居娶媳妇，缺少一个搀新娘子的姑娘，叫我去帮忙。当地有个习惯，当新娘子到门口下轿后，得有两个未婚的年轻姑娘（也叫正轿贵人）搀着进入洞房。我觉得反正离考试还有一天，闲着也是闲着，凑凑热闹也好，于是就答应帮忙。这天早上，花轿到了院门口，我们两个小姑娘把新娘子从轿子里搀出来，刚进到院子里，马大哥就急匆匆地跑了进来，冲着我吼道："你怎么还在这里？省中的考试都开始啦！”我还奇怪地问：“考试不是明天吗？”马大哥没好气地说：“你记错了，就是今天，傻丫头，快走吧！”我慌忙地把不知所措的新娘子丢在院里，跑去拿起文具，坐在马大哥自行车的后座上，二人狂骑而去。

等我们赶到了考场后，已经晚了近一个小时，监考的老师说什么也不让我进去，认为迟到时间太多了，进去估计也答不完了。我站在那里沮丧地想着“完了，这下可全完了”。幸亏马大哥是省中的毕业生，与监考的老师认识，他好说歹说了半天，老师才网开一面，把我放进考场，他发给我一张考卷，还不以为然地说：“那你就试试看吧。”我坐进考场一看，应考的女学生们坐满了一屋子，马同学已经在那里低头答卷，我有些紧张。但一看考题，才放下心来，所有的考题我都会做。本来考试时间限定两个小时，可我只剩下一个小时了，我就飞快地答完考卷，只是龙飞凤舞的字迹显得潦草了一些。三天后发榜，这一期插班生一共只录取了两个同学：第一名是马同学，第二名是我。这样，在王校长和马大哥的帮助下，我有幸成为河北省省立五中的中学生，终于圆了我上中学的梦。

每当我想起这些事，感恩和感叹之心油然而生。在那个落后的旧中国，一个农村女孩子的求学之路是真艰难，但是我能有幸获得那么多好人的支持和帮助，真是不幸中的大幸。我的父母开明大义，不重男轻女，顶着封建势力的压力，省吃俭用支持我求学；学校的老师们尽心尽责地传授知识，惜才如金；王校长不畏社会压力，诚心诚意地培养我们两个女生深造，还亲自为我求学铺路搭桥；马大哥考场救险，挽救了这差点失去的宝贵机会。就是因为这个世界上有这些好心的人，我才能有今天。我的感激之情，真是难以言表。中国人知恩图报，没别的说，我只有使出洪荒之力，完成学业，以报答我的父母和恩人们，不让他们失望，也尽一点我的感谢之情。

（二）读省五中：国难当头，初明使命

1940年的暑假以后，我和马同学以插班生的资格，正式进入河北省省立五中女生部学习，我们比其他学生晚了整整一年，直接跟班在初中二年级上课。河北省省立五中，位于遵化县城西北角的贡院内。贡院也称试院，这里曾是历史上举行历代科考乡试，考举子秀才的地方，由于那时已经废除了科举，贡院闲置了下来，就成了学堂。那是个古香古色的大院，学校的女生部与男生部共进一个大门，进了大门，女生部向右拐，进了垂花门，曲径通幽，经过一个十分典雅的小花园，迎面的宽大院落就是女生部。院落最前面的一排房子，中间有个通道，通道东边是两间老师的休息室和宿舍，西边是学生餐厅。进入通道，是一所高墙围绕的大院，院子最南边有一排厢房，东边的几间是教室，西边是自习室。自习室以北是宽大的院子，也是学生活动的操场。院子的北边有两排宿舍，每排有四间，这大概是过去贡院考试用的单间考场，每间宿舍有三个床位。因为学校的学生们大多在县城居住，所以在校住宿和吃饭的人不多，因而也只有一间洗漱室。省立五中有学生宿舍和食堂，解决了我住宿和吃饭的大问题，也摆脱了我以前心里那种寄人篱下的压力，我很是高兴。但是我父亲还是又赶来县城，亲自安排女儿的生活，安排了住宿，还把从家里带来的口粮交给学校办理入伙。他嘱咐我早晚在学校食堂吃，

中午可以到堂姑家去吃饭，以改善一下伙食。父亲的安排可谓精心周到。

当时的省立五中女生部只有一个班的女学生，大约40人左右。一群女孩子在一起，像一群山雀，总是叽叽喳喳好不热闹，我的朋友一下变得多了起来，大家一起学习，一起吃饭，一起住宿，一起聊天，我也不再感到孤独寂寞，心情舒畅多了。因为女生部每三年才招一次生，班里学生们的年龄差距较大，同班学生中有姐妹同班的、姑嫂同班的、妯娌同班的。由于当地有早订婚的习俗，班里许多同学都跟我一样，在上学之前就由父母订下了婚约。上学之后，有了文化，也有了主见，她们后来纷纷自己退掉婚约，表现出了女同学们学习文化后的独立自主意识和对封建包办婚姻的反抗。同学们之间相处非常融洽，当时盛行“换谱”结义之风，就像是“桃园三结义”一样结拜为义姐妹的意思，要好的同学之间换了谱，就情同姐妹，且同生死、共患难，彼此有更多的照顾。我也和要好的岳姓、徐姓、王姓等同学换了谱，有了至亲的义姐义妹，大家更亲了。

最初在省立五中上学是非常兴奋愉快的，虽然没有上初一，我是直接插班到初二，但是我在学习上很轻松，是由于原来小学和高小的学习基础比较扎实，我在学习上一帆风顺，没有遇到什么困难，每次考试都在前10名以内。在英语、数学、语文方面成绩不菲，都受到了老师们的好评。学习上有了物理、化学、生物、地理等新的课程，也引起我的极大兴趣。省中的老师们都是多年从事教学工作的教育精英，教起课来非常认真。老师们对学生的管理也很严格，除了每天满满的课程以外，早晚学生们还要上自习课，做老师留下的作业和预习功课。生活上也很有规律，按时起床，按时就餐，按时入睡休息。

我住校时的宿舍，紧挨着老师的宿舍，与两个王姓女同学同室。当时自习教室已经有了电灯，但宿舍里还是使用煤油罩子灯，我们三个每天轮流打扫宿舍卫生，还要每天擦亮那熏黑了的灯罩，谁的手重，擦破了玻璃灯罩，得自己掏钱去买，因为晚上没有了灯可是不行的。我的经济不宽裕，所以我每次擦灯罩时都小心翼翼，以避免多余的开销。新的环境、新的课程、新的同学，校园内每个角落都能听到朗朗的读书声，这一切都让我觉得新鲜而兴奋不已，省立五中的生活给我留下永不消失的记忆。如今虽然光阴荏苒，青春不再，可我的记忆犹新。我和有些省立五中的同学至今还有联系。1981年，我和同学们还结伴去看望当时教我们地理的徐老师，徐老师虽然是白发苍苍的老人了，但精神很好，竟然仍然记得我们每个学生的名字。可当时的那些小姑娘们，却都已经成了老太婆了。

可惜好景不长，初中二年级的第二学期，即1941年初，学校的空气变得沉重了，校园里没有了欢声笑语。因为日本侵略者的魔爪，伸进了遵化县省立五中校内，他们亡国先亡魂，要在教育上下手。日本鬼子开始在这里强制推行日本的奴化教育，派来日本教官来学校监视教学。首先把英语课全部取消，改成每周十多节日语课，并派来几个日语教员教课。所有语文、历史、自然、地理课等的教材内容都要全面修改，打乱了学校整个的正常教学秩序。日本鬼子还派人监视老师上课，教地理的老师不能讲华夏大地，长江长城，东三省，只能讲“大东亚共荣圈”；教历史的老师不能讲“五四学生运动”“甲午战争”和“马关条约”；不能讲邓世昌、林则徐，因为他们是我们伟大民族的骄傲；教音乐的老师不能教中国民歌和爱国歌曲。同学们也不容许读有爱国思想和内容的书籍。如果不按照日本人的要求进行或有反抗言行，鬼子兵就抓人，人抓走后，生死难料，凶多吉少。在这个弱肉强食的世道，手无寸铁的老师和学生们都愤愤不平，但敢怒不敢言，更不敢贸然行事。因为老师们不能再使用正常教材教学，教历史的老师只好教情怨缠绵的昆曲，教音乐的老师只好教一些古典京戏，像《贵妃醉酒》《白蛇传》《霸王别姬》等。教语文的老师也只好教《桃花源记》《聊斋》等不痛不痒的避世文章。虽然学校的许多课程内容都变了，只有几何、代数、物理、化学、生物等课程无法改变，课程照常进行。这些也是学生们最喜欢的课程。我就把精力集中在这几门课程上，认真学习，这也奠定了我以后研究自然科学的基础。

在日寇的奴化教育下，年轻正义的同学们是满腔怒火，一触即发。我们只能在宿舍里低声吟唱抗日救亡歌曲，我们常常唱“我的家在东北松花江上”，当唱到“哪年哪月才能够回到我那可爱的故乡”时，大家都唱得心酸落泪。老师们怕出事，怕学生们的人身安全难保，所以总是尽力抚慰宽慰，不断叮嘱。1941年的冬天，县城里的街上，持枪荷弹的日本鬼子兵多了起来，年轻的女同学们都不敢上街，有的也不敢回家了，我也不敢去堂姑家吃中午饭了。同学们都怕鬼子兵行凶闹事，只好一天到晚躲在学校里。日本鬼子还得寸进尺，经常举办全县的日语竞赛，强迫各学校派学生参加。不巧，有一次省中派我去参加竞赛。我的心里早已是怒气满腔，想借机发泄一下，但是被老师们一再叮嘱，不要因小失大，不要闹事，因为如果出了事，不只是个人遭殃，还要牵连到学校。我只好忍气吞声，服从学校安排，去参加了考试。可进了考场，我越想越恨，实在出不了这口气，索性就一字不写地交了张白卷，就算是一个文弱的女学生对日寇侵略兽行的无声抗议。事后，老师和同学们都很紧张，为我捏了一把汗，都劝我回家躲避一下。我也做了最坏的准备，无非就是一死，没什么了不起，你日本鬼子杀我一个16岁的女孩子算什么本事。但还好，这事最后也就不了了之了。

一天晚上，日本鬼子兵开着许多大卡车，开进学校的院内过夜。卡车上满载着被五花大绑的青年农民，这些农民脸上都是伤痕和淤青，是日本鬼子从农村抓来的青壮年，要把他们运往东北或日本去当劳工。同学们说："这已经不只一次了，抓走的人都是有去无回。"这时，被抓农民的亲属们，大多是老人和孩子，循迹追赶到了县城，他们在学校院外黑压压站了一大片，哭着喊着要见亲人一面。这时墙里墙外的人们都明白，这是他们生死离别的一面，他们凄惨的哭声震天。日本鬼子们如临大敌，一群群荷枪实弹的鬼子兵，包围了学校，门前摆起许多机关枪，直接朝着手无寸铁的老弱乡亲们，学校周围的城墙上也都上了岗，防止院内的农民们逃跑。这时院内院外的哭声、喊声响成了一片，在冰冷的寒夜里，震撼着人们的心，也撕裂了我们年轻学生们的心。我们堂堂的中华民族，有着几千年的文明和历史的大国，怎么却让小日本强盗们这样任意宰割和欺凌，这真是天理难容。同学们都难过得彻夜未眠，我们听着那哭声，痛心地思考着，体会着做亡国奴的苦涩滋味和耻辱。那些被抓来的善良农民，如同自己的父兄，我却爱莫能助，那些哭着喊着的家属们如同自己的父母姐妹，可我又无法减轻她们的痛苦。我恨自己的国家和政府软弱无能，才使国民任人宰割，山河任人蹂躏。学生们这时多么希望游击队能打过来，把日寇强盗消灭掉，把那些同胞救走。我躺在床上，想着我们中国的英雄好汉们，祈求着他们能来除暴安良，来把日本鬼子消灭，救出这些善良的农民。我心里祈祷着，“老天爷，你就睁睁眼吧”。可是幻想和祈祷终究没有生效，残酷的事实最终唤醒了我们，第二天早上天不亮，鬼子就开动卡车，强行驱赶开院外的农民家属们，把这些农民兄弟押运走了。街上，家属们追着汽车，他们绝望的哭喊声，又一次惊天动地响起了，真是凄惨无比。女生部两面临着大街，虽有高墙围绕，但是听得非常真切，女同学们都相拥而泣，有人绝望地大声喊着：“天哪，这样的日子还要过多久啊？”

亲眼看见日本鬼子随意抓人的暴行，深深刺痛着学生们善良的心，同时，日本鬼子兵在中国各地的种种强盗恶行，也纷纷不断地传到学校，学生们的心充满了激愤。动乱之世，苟且偷生，现实也迫使我不得不思考，像目前这种状况，国家大难当头，大好山河破碎，我书念得再好，也仍然天天担惊受怕，受着欺凌和侮辱，没有做人的尊严，连生命都没有保障，读书还有什么用呢？这使我真正懂得了国家和个人的命运是息息相关的，国家不强大，个人是不会有好的前途和出路。天下兴亡，匹夫有责，更何况我们知识人士。我的学习目标，不能再仅仅局限在个人的事业有成，我应该关心整个国家民族的命运。虽然现在我一个文弱女子，不能做女娲补天，但至少打好了学习基础，将来进入科学的大门，掌握了科学的本领，有朝一日，国家太平了，也许还能有回馈社会、报效国家的机会。此后，我成熟了许多，学习的目的更明确了，我的爱国心也更强了，不光在学习上争强好胜，我也开始关心国家的时局和未来。

（三）家事连连：乱世失亲，雪上加霜

由于日寇的入华侵略，造成四处交通瘫痪，通信不便，路上也很不安全，所以在遵化县城上学时我也很少回家，时间一长就非常想家，常常挂念着仍然住在乡下的父母弟妹，现在连县城里都这样危险，连学校都人身难保，不知家人们在乡下是否安全，一家老小可有一顿温饱，可有一日的安宁，逃难路上可否人人平安，家里的庄稼可有些收成。看着残酷的现实，想着家里的亲人，让我日日担心。但是思念归思念，我还是无能为力，不能帮父母一把，心里很是不安和内疚。

果然是风云难测，祸不单行，从1940年到1942年的夏天，我在河北省省立五中上学的两年里，我家里不仅更加贫困如洗，而且还出了两件大事。一是我敬爱的外祖母去世了，老人家在战乱中天天担惊受怕，年老体迈，贫病交加，再也经不住这动荡逃难的生活，终于心碎而去。我得到这一噩耗后，赶紧向学校请了假，不顾一路上的危险，只身一人匆匆赶回老家，去白方寺村为外祖母奔丧。我到了外祖母家，就伏在灵前痛哭不已，一泄心里积压已久的痛苦。外祖母是非常疼爱我的亲人，我小时候，每逢过节，我都期盼着去外祖母家串门，享受她淳朴温暖的爱。老人总是给我留着各种各样好吃的，一把大枣，几个栗子，一块点心，都让我高兴。记得有一次我牙疼，吃不下、睡不着，外祖母就把我背在背上，一边慢慢地在院子里走着，一边娓娓地讲着故

事，一直走了很久很久，直到我在她的背上睡着为止。可是现在，这个慈爱的老人走了，在这个乱世上，我又少了一个最亲的亲人，让我倍感凄凉，更没有了安全感。在为外祖母下了葬之后，我在她的坟前跪了很久，才含着眼泪又回到学校继续上学，心里一直有着久久的哀伤。

二是那年学校放寒假的时候，我的五叔又突然因病去世了。五叔和六叔都是最疼爱我的长辈，而且也都没有儿女，五叔才人到中年，是个淳朴开朗的庄稼人，总是笑呵呵的，他和五婶一直把我当做他们自己的女儿。我小的时候，五叔最爱逗着我玩，哄我开心，一有空就把我扛在肩上，惹得我哈哈大笑。多少次在那逃难的路上，也都是五叔一路上背着抱着我跑路逃难，一路上还不时问寒问暖，对我关怀备至，我对他像对父亲一样亲近，所以我也自愿为无儿无女的五叔守灵守孝，在他的灵前哭得十分伤心，为失去另一位至亲的亲人痛苦不已。虽然李家一向是很讲究体面的人家，可是在那乱世之际，家里又没有钱大办丧事，无奈之下，我五叔的丧事办得很简单，在父亲的主持下，在院后的山坡上，在六叔的坟墓旁，草草地安葬了五叔，李家的后山上不幸又添了一座新坟，从此，李家大院也越发凄凉冷落起来。

我可怜的祖母在年老之后，接连失去两个小儿子，我的四叔又长年在外经商，身边只有她的长子——我的父亲，是她养老送终的人了。老年丧子，让她悲痛交加，倍觉孤独无望，加上世道混乱，家道中落，生活不安定，一连串的打击，如同雪上加霜，使我祖父母的身体更加衰弱消瘦，变得少言寡语，人也日见苍老了。

第5章

进北平

（1942—1946）

（一）一进皇城：阅古京都，考北师院

1942年，中国的国情更加混乱。日本鬼子入侵中国，占领了东三省以后，从山海关长驱直入，节节逼近，很快就占据了东北、华北的大片领土，并对冀中抗日根据地进行了空前野蛮的“大扫荡”，实行惨无人道的烧光、杀光、抢光的“三光”政策，到处烧杀掳抢，使得华夏大地一时烽火四起，百姓生灵涂炭。这一年更不幸的是人祸加上了天灾，临近的河南省又发生了历史上最严重的旱灾和蝗灾，庄稼颗粒无收，导致了大面积的饥荒，国难加天灾，人们逃荒又逃难，苦不堪言。中国的大好山河只见硝烟弥漫，逃难人潮滚滚，四处饿殍遍野，惨不忍睹，人民真是处于水深火热之中。

1942年的夏天，在偏远的小县城里，过够了几年担惊受怕的战乱生活，受尽了“亡国奴”的耻辱和心理伤害，我在遵化县河北省省立五中的学习终于结束了，好不容易在这动乱的年代里高中毕业了。这一年我已满18岁了，虽然还是瘦小文弱得像个小女孩，可我的确是个成人了。有了几年独立生活和学习的经历，学会了在日本鬼子的刺刀下顽强地生存，我成熟得多了，也勇敢了，我觉得自己羽翼丰满，可以一个人面对外面的世界，就决定不回燕山老家了，直接和同学们一起商量升学的问题。我还在天真地想着，也许上了大学就有希望了，一切就会好起来了。根据当时家里窘迫的经济状况，我只能先投考师范学校（相当于中专或预科学校）。因为师范学校一般都免学费，而且提供食宿。不仅如此，师范学校毕业以后，毕业生既可以当老师教书，也可以进一步投考大学，这样一来，既减轻了上学给家里造成的经济负担，还可以为我考大学打下基础，所以我下决心投考师范学校。由于师范学校优惠的条件，吸引了许多中学毕业生们投考。恰巧当时我所上的河北省省立五中与北平市立高级师范学校早就有教学联系，省立五中的历届毕业生投考北师学校的人数很多，而且由于学生们的基础很好，声誉也很不错。北平市立高级师范学校于1906年建校，是我国最早的师范学校之一，不仅师资雄厚，名家云集，而且已在1925年就开始招收女生，并设有女子分校，学业为三年，这引起了我的兴趣，所以我决定闯进北京城，报考北平市立高级师范学校，为将来进一步投考大学铺路。

谢天谢地，这一次父亲听了没有阻拦，一是父亲已经看到了我的能力和韧劲，二是他觉得去北平这样的大城市我可能会更安全一点，所以他点头同意了。父亲总是说“在家千日好，出门一时难”“穷家富路”，所以，尽管当时家里的日子过得很艰难，他还是想尽办法，东凑西借，为我筹措了一些钱带上。于是我十分不舍地告别了遵化五中的老师们，和班上一起投考北平市立高级师范学校的六七个同学一起，坐着马车从遵化县向西去往北平。我高兴地带上了自己两件简单的行李：一个被子卷和一个从六叔的遗产中继承来的柳条箱，装着我仅有的几件旧衣服，就和同学们一起从县城出发，向西朝北平市进发，我们坐着马车一路颠簸，途中在天津附近的小旅店住了一夜，第二天上路不久就到达了我们憧憬已久、赫赫有名的古都北平。

北京市位于河北省的西北部，东依着我们家乡的燕山，西临着太行山脉，距离遵化县西侧大约300多华里，是一座有着三千多年历史的文化名城。北京那时已经于1928年在国民党政府迁往南京后改为北平了，但是人们习惯上有时仍称北京。当时我们一行人是从朝阳门进的北京城。朝阳门位于北京内城东垣的正中，城门因每天早晨面迎朝阳而命名，是北京内城的九门之一。远远望去，高大的城门巍耸，城门上还有两层高高的望楼，可以登高眺望，那城楼高梁翘檐，十分壮观。从那高高的城门洞里，我们也车马悠悠地进了皇城，让我又兴奋又紧张。北京内城的街道很宽，沿街有很多店铺，满街的车马来往，有轨电车，还有黄包车、自行车、马车、驴车，车水马龙，很是热闹，混凝土的路面上尘土飞扬，一时让我有些眼花缭乱，热闹的街景也混杂着一些衣衫褴褛和光着膀子的穷人。由同学父母的安排，我们住进北平西城区北海后门的东官房胡同的一个公寓内，六七个女同学同住一室，没有床铺。好在正值夏天，天气很热，大家都打开自己的行李睡在了地板上。第二天，我们一起去北平市立高级师范学校报了名。那时距离入学考试大约还有三四天，同学们都在公寓里紧张地准备考试，我却忍不住被这个大名鼎鼎的皇帝都城给吸引住了，一个人悄悄地溜出去逛街。

北平是我梦寐已久的地方，因为历史上多个朝代在这里定都，北平荟萃了元、明、清几个朝代以来的无数名胜古迹和历史遗迹，是个历史和文化名城，我早有耳闻，现在既然来了，就不能不好好地看一看。所以报了名以后，我就迫不及待地沿着有轨电车的环形轨道，兴致勃勃地徒步绕了北京内城一圈。旧的北京内城是以紫禁城和皇城为核心的北京城池，范围相当于现在的北京西城区和东城区。北京内城四面有高高的城墙环绕，有多座城门，还有护城河和角楼。内城东面有东直门和朝阳门，南有正阳门、崇文门和宣武门，西有西直门和阜成门，北有德胜门和安定门等九门。冒着北平夏天的酷暑炎热，我经北海后门、鼓楼、东四、王府井、西四、平安里，又回到北海后门的东官房。第二天，我又余兴未尽地徒步去了西四、西单、天安门、前门、大栅栏等地。第三天，我又去看了什刹海、北海和护国寺，等等。一个来自偏远农村的孩子，第一次看到这雄伟壮观的古城城门城墙，金瓦红墙的天安门，宁静如带的护城河，金水桥上的五座白玉石拱桥和精美的雕龙华表，浑重威武的座座石狮，飞檐翘壁的宫城角楼，看那古香古色的西四牌楼，等等，等等，我看得真是惊诧不已，目不暇接了，禁不住啧啧称奇，我看得真是高兴。这里可真不愧是中国文化的宝库，处处是皇宫园林，寺院王府，庙坛陵园，古庙古塔，古碑古亭。北平可看可赏的地方可真多，像是一副巨大的历史轴卷，到处都可以感觉到厚重的历史气息，中国漫长历史的解说和佐证，在这似乎触手可及，这里真是一座巨大的博物馆。

回到东官房胡同的公寓后，我兴奋地对同学们比手画脚地说：“北京城可真大，真了不起，比遵化县城可大多了，街道也宽多了，满街是电车洋车，处处是皇宫古迹，真好看！”后来我才知道，其实我徒步三天走马观花所看到的，仅仅是北京内城表面的凤毛麟角，而千年古都的漫长历史、文化内涵和历史底蕴，是远比这些表面的辉煌繁华要厚重和丰富得多，怪不得我的六叔来北京后，看到这里浓浓的文化氛围和丰富的历史韵味，就被牢牢地吸引住了。当我漫步走在北平街头和北海湖畔，我心里还在想，“我终于出来念书了，我来北京找六叔来了，他要知道了该有多高兴啊。可他那时在哪个学校上学我都不知道，该不是北京大学吧”。在北平的街头，每当我看到一个青年学生夹着书本迎面走来，他那年轻的面孔，若有所思的眼神和那似曾熟悉的身影，都让我不由得心里一惊，禁不住想起我的六叔来，可惜的是这不会是他了，六叔早已不在人世了，他永远留在了家乡的山上，我再也见不到他了。进京的兴奋加上失亲的伤感，那几天我一直心绪难平，晚上难以入睡，直到考试的前一天，我才勉强收住了心。

考试那天，我和同学们一起去了位于端王府夹道的北平市立高级师范学校。那天报考的人很多，坐满了好几个考场。进了考场，一看考卷考题，我心里就高兴了：所有的题我都会做。我就很快龙飞凤舞地答完了考卷。几天以后学校发榜了，我的成绩还真是不错，榜上前10名。既然轻松地考上了，我就饶有兴致地参观了学校的校园和环境。北平市立高级师范学校的校本部和男生部一起，位于端王府夹道，端王府夹道位于北京西城赵登禹路祖家街之西处。而学校的女生部则在不远的翊交寺街，是个独立的四合院，与校本部隔着一座端王府，今为教育部胡同，那里当时是北京大学的工学院。位于翊交寺街的北平高师女生部是个平房四合院，也是由寺院改建的。我的小学是一座观音寺，中学是座火神庙，高中上的是贡院，我心里不禁暗暗发笑，看来我这辈子上学要注定和寺院庙堂打交道了。进了寺院门，门口处是三间平房，是门卫和校役们的住处，进门后是个宽阔的院子，种满了果树，十分幽静清新。校园的后面是一排由佛殿改建的教室，共三个教室，分别由三个年级使用。教室后面建有三排宿舍，其中最后面的一排是比较宽敞的新建宿舍，是我们一年级女学生住宿的地方。宿舍的后面还有一个宽大的院子，是男女生共用的操场。操场的北面是钢琴室，是学生们上音乐课和练琴的地方。女生院内的两间西配房，是老师们休息和办公的地方和学生的餐厅。院内没有东配房，东北部有个锅炉房和洗手间。我觉得这里比河北省省立五中的女生部条件更好了，环境也宽敞幽静多了，我很是喜欢。

上学的问题虽然解决了，但那时正是暑假，距离秋季开学还有一个月，我就不准备回家了，一是想节约往返的路费；二是想再去游览北京的名胜古迹，早就听说过著名的紫禁城、天坛、景山、颐和园，还有圆明园，等等，虽然已经在内城里走了一圈，可还哪里都没有仔细看，一定要去好好看看，饱饱眼福。于是我就写信告知了父母。入学考试结束后，大部分同学都回家去了，没考上北师的同学也都另找出路去了。我在北京无亲无故，开学前学校又不收留学生，我发愁这一个月的时间，不知该到哪里安身呢？正在为难之际，我认识的一个王姓女同学也正好不想回家了，她家境富裕，自己在西单大木仓胡同里的福顺公寓租了一间房，正好缺少个作伴的人，所以找到我和她作伴，两人一拍即合。西城区西单大木仓胡同的福顺公寓就在原中国大学（现在的教育部）附近，外出游览闲逛还是很方便的。

住宿的问题虽然解决了，可吃饭还是个问题。在北平一个月的伙食费可不是个小数目。我把自己所剩无几的一点钱点了一下，即使每天我不吃早饭，中午、晚上也只够各吃一小碗芝麻酱面条，这样才能勉强维持到开学。那时一碗麻酱面也就两毛钱，可是一分钱也能难倒英雄汉呀，不然怎么会有“秦琼卖马”的故事呢。麻酱面就麻酱面吧，能填饱肚子就行，我不在乎。当时的老师和学生们都是订餐吃饭，不在外面的饭馆和小摊上吃饭，以保持读书人的面子和尊严。附近的小饭馆每天都派小伙计来公寓里挨门挨户订饭、送饭。北平各种各样的饭食和小吃种类很多，大饼、包子、火烧、打卤面、馄饨，王同学每天变着花样地吃，我却每天都只吃两碗芝麻酱凉面，配着一点细细的黄瓜丝。王同学看着很奇怪，我只好掩饰着说：“夏天我就爱吃麻酱面。”我的自尊心很强，不愿意把这点困难告诉她，而且这对我也的确算不了什么。

就这样我在北京住了下来，等待着开学。每天我都和同学们去游览名胜古迹，虽然京城里满街都是拉洋车的，还有三轮车和有轨电车，我们穷学生们却坐不起，只能徒步去那些不要门票的地方浏览。北平的历史古迹博大精深，让我们忘却了疲劳，玩得很开心，也很长见识。我也出过洋相，记得有一次，我向同学借了一辆自行车，准备自己骑到颐和园去玩，可我的车技实在不行，刚骑出胡同，我就一头撞到了路旁的警察楼子上，还差点撞伤了警察。那个年轻的警察笑着说，“你呀别骑啦，颐和园你是去不了啦，回去吧”。我只好推着自行车，扫兴而归。从那以后，我再也不敢骑自行车了，只好徒步逛遍了京城。这里真是一步一个景，一街一个寺，一处一个王府，几乎每一个古老的建筑和地标都有着一段故事，一段历史，每一块瓦片和路石都讲述着历史上的潮起潮落。每一处景点，每一处古迹，都让我想起那许许多多的久经传唱的历史故事和人物，想象到这个五朝帝都昔日的豪华和辉煌以及今日的衰落和懦弱，不禁让人黯然神伤。

当我们站在圆明园的一片荒草凄凄的残垣断壁前，我从历史的遐想又回到了现实，心又隐隐地痛了起来。北平夏天的郊外，苍天低垂，四野一片瘆人的寂静，夏日的阳光如炽，照得废墟里那些散乱的块块白色的残石如雪如骨，晃人眼目，也让人触目惊心。1860年10月6日，英法联军洗劫了这个华丽无比的圆明园，他们抢掠文物，打砸焚烧，将这个清代举世闻名的皇家园林付之一炬，昔日那个万园之园的辉煌已经不再，就剩下眼前这一片残砖乱瓦，满目疮痍，让我们竟无处可以祭祀一下。想象着那三天三夜的燃燃大火，让我两颊炽热，满面羞色，更是百感交集，也从此记住了这永远的历史耻辱，我们的耻辱，真是国家不强，人民受辱，国土遭劫。北平的荒野，历史的残垣遗迹，默默无语，却如诉如泣，让我了解祭奠着过去，也更担心着未来。眼下，这历史的悲剧正在重演，国家外侵内乱，谁知道我们整个国家，会不会再像这圆明园一样，被日本鬼子烧光杀尽，毁于一旦呢？真是让人忧心忡忡。

在开学前一周多的时候，同屋的王同学突然提出要回家一趟，她的家在河北省天津附近的蓟县，离北平市不太远，那里也是我的六叔往生的地方，我听了有一种不安的感觉。可王同学神态自如，她告诉我房费已经交过了，她的行李请我照看，并说好了开学时她一定赶回来上学。于是王同学拎了一个小包就匆匆地走了，留下我一个人住在公寓里。女孩子家都是胆小，我晚上实在有些寂寞害怕，不敢出屋，只好大门紧闭。因为西单大木仓胡同的福顺公寓内多住的是年轻学生，还有一些来来往往的过客和闲杂人，显得有些乱糟糟的。就在开学的前三天，我在自己住的公寓门上发现了一个纸条，上面写着："想和你交个朋友（小个子）。"我身高仅一米五，这"小个子"无疑是指我了。我看了害怕极了，觉得与这些人交往非常不妥，母亲的教导都记在心头，女孩子家的名声名节很重要，不能让人们说闲话，更不能"一失足成千古恨"，还是以避开为宜。"三十六计走为上"，于是当天我就雇了一辆三轮车，把我的行李连同王同学的行李一起搬到了北平市立高级师范学校。

那时学校虽然还没开学，但已经有老师们在做开学的准备工作了，见到我年轻女孩子，又只身一人，他们就接纳了我，帮助我存放了王同学的行李，而且还给我安排了食宿。几天后，学校开学了，我的几个河北省省立五中的老同学们又相聚了，大家又成了同学，我们都十分兴奋，有着说不完的话。只是一直没见到王同学的面，我很担心，就到处打听。有人说：王同学和她要好的同学私奔了。也有人说：她回家就得了急病，过世了。总之，我一直天天期盼着她回来，但是，直到我北师学校毕业，也再没见到王同学的面。她就像当年我的六叔一样，悄悄地从人间消失了，再也没有回来上学，也音讯皆无，也不知道她的家人知不知道。在那个兵荒马乱的世道，一个花样年华的年轻人就这样销声匿迹了，也无人顾得追究，人的性命真是毫无保障，让人非常心寒和害怕。

（二）北师生活：名校高师，育人育德

北师高校开学的前几天，我们并没有正式上课，学校给我们每个同学发了一堆布料，要同学们自己动手做校服。北平市立高级师范学校的学生要统一着装，女同学夏天穿的是竹布宽袖短衫、丹青蓝绸筒裙子、黑布提梁鞋、白袜子。冬天则是长棉袍、外罩蓝色布长衫、黑布棉鞋、咖啡色长袜。袜子可以由学校统一购买，但长衫、短衫、裙子和鞋子等都要学生们自己动手做，以好合体合身。我过去在家没有好好学过针线活，但母亲缝补剪裁的时候，我也在一旁留心看过，这次在同学们的帮助下，自己动手，量身剪裁，再一针一线地缝制，花了几天的时间，居然做成了统一的校服和鞋子。第一次穿上自己做的衣服和鞋子，非常得体，我特别得意。短衫和蓝裙，配上我小巧的身材，乌黑的短发，很是好看。校服不仅大方朴素，因为人人一样的装束，看不出谁是大家闺秀，谁是小家碧玉，消除了同学们之间的贫富差别之嫌和心理压力，真是一举两得。

在北师学校女生部一座独立的小四合院里，除了每天早操时间，男同学们排队从男生部那面过来，和女生们一起做早操以外，其他的一切教学和活动都是由女生们独立进行的。学校的宗

旨是要培养国家优秀的教育人才，学生们将来要成为教师，要为人师表，所以学校对学生们仪表着装、言谈举止，要求都很严格，人人要衣衫整洁，举止要端庄礼貌，上课要正襟危坐，全神贯注，谈吐要斯文尔雅，行为要端正大方。学校对学习和作息等等的管理也很严格。除了每天满满的课程以外，我们早晚还都加有自习课，还由老师点名并监督辅导，谁也不能缺席。同学们多数必须住校，平时不得外出。只有星期天的白天，同学们才可以自由活动一天，或回家或出去转转，但星期天晚上人人必须定时返校，不容许在校外过夜。

北平市立高级师范学校的老师们，各个教学功底都非常强，都是师范大学毕业的高才生，教学质量很高，讲学特点也各有千秋。例如教我们数学的张老师，是一个像我一样纤细瘦小的女子，可是非常精干洗炼，精力充沛，教课非常认真投入，你可以从她的声音里听到她的殷切和诚意，是北平市的优秀教师之一，她终生未嫁，以校为家，为国家教育事业投入了毕生的精力，十分令人敬仰，她也当之无愧地成为了我的恩师和楷模。教我们地理的张老师，教课时图文并茂，生动有趣，他让我从黑板上初步认识了中国整体的立体地形，高原、盆地、山脉、森林和河流，等等，把原本很枯燥的课程讲得有声有色，一下子引起了我对地理学的浓厚兴趣，真想将来去亲眼看看那里的一草一木，一山一河。后来我报考了北京师范大学地理系，就与张老师的教学影响分不开。教语文的黄老师口才很好，讲课时用词精准，引经据典，妙语连珠，非常引人入胜，老师也非常认真仔细。每一堂课，黄老师都在黑板上写出整齐的课程提要，要同学们抄在笔记上，并且课后要回收笔记，一一进行批阅。有一次黄老师在黑板上写课程提要时，故意写错了一个字。全班大部分同学都原样照抄下来，只有两个同学注意到了，一个同学把错别字改正了，另一个把错字空了下来，其中一个就是我。黄老师特别表扬了这两个同学："学习不盲从，肯动脑筋。"这对我是一点灵犀，提醒了我学习一定要主动和用心。其他老师们教课也都非常认真而有特色，他们都为教学倾注了全部心血，对学生们也是关怀备至，认真仔细，但很少疾言厉色。除了主要课程，如数学、物理、化学、语文以外，学校在下午的课程中，还设有音乐、体育、美术、家政（缝纫、厨艺）等课程。学校的教育方针是：德智体全面发展，提高就业与生活能力。

北师高校的学习环境好，教学质量上乘，同学们如饥似渴地学习着。但外面的世界却很不如意。日本侵略者的魔爪还是如影随形，因为这里培养的是中国未来的老师，影响到中国下一代人的教育，教育也是救国之本，日本鬼子有意"亡国先亡魂"，他们要毁灭我们的国家，还要毁灭我们的精神和自尊。所以日本鬼子更加变本加厉地在这里推行日本奴化教育，比在河北省省立五中时更加猖獗。他们不但取消了英语课程，还专门派来了日本教官和日语教员，每天都要学两节日语课。每天早上，同学们在操场上做早操时，日本教官还凶巴巴地来回巡视，强迫学生们唱日本国歌，见到哪个同学不开口唱或者做操姿势不对时，挥手就打，伸脚就踢，师生们敢怒不敢言，只有愤怒、痛心和羞耻。日本侵略者的奴役恶行，也使同学们的学习情绪一落千丈，大家心情压抑又失望，我们的前途在哪里呢？人人都很失落颓废，也罢，既然自由无日，那就今朝有酒今朝醉吧。星期天，我也不再在学校里用功了，就和同学们一起到护国寺、妙应白塔寺、西

四、西单等地方去闲逛，看看古迹古寺，逛逛书摊、地摊。平时我也学会了看看不痛不痒的闲书，向学校图书馆借些《史记》《资治通鉴》等古书来消遣。看看《西厢记》《金瓶梅》《聊斋》《啼笑因缘》，等等。有时和同学一起作歪诗打油诗，学着掂词弄句，嘲风咏月，借机讽刺一下政府，尽情奚落一番眼下不尽人意的生活和现实，也开开玩笑以寻开心。我的学习成绩虽然仍保持在10名以内，但不再求上进了。

尽管大家这样的消极度日，可我们的心绪还是难以平静，校园外面战火硝烟弥漫，学校里面有刺刀压头逼胸，这个诺大的乱世竟然放不下一张小小的书桌，我们和国家的前途在哪里？我们的心情越来越沉闷。我的同学们个个年轻气盛，中国政府这样软弱无能，让日寇侵略者在中国的土地上这样横行霸道，这口气真是很难咽下。不自由，毋宁死，我们还不如拿起枪来，上战场打日本鬼子去呢！这种气愤的情绪在学校里在同学中蔓延着，似乎一触即发。学校的老师们都很了解我们的心情，他们也一样体验着沦陷区的亡国奴生活的压抑和沉重，为了同学们的人身安全，他们想方设法帮助我们排遣愁绪。我的班主任李老师为了安抚学生们的情绪，每逢周六下午，就带着学生们徒步闲散地走出西直门外，带大家到郊外去漫步散心，俗话说眼不见心不烦嘛。

西直门位于北平内城的西垣北侧，城门外有很多空旷的野地，在那里，天高云淡鸟儿低飞，大地空气泥土泛香，护城河水缓静如明镜，河边柳树低垂如绿烟，四外一野的树绿草青默默无声，雨后夕阳红霞斜照如虹，这一切让人耳目一新，心里一静，可以长长地吐一口气。李老师领着大家一边信步走着，一边给我们讲些历史典故，如“卧薪尝胆”“完璧归赵”“赵氏孤儿”，等等，还随手拈来笑话和谚语，讲“好汉不吃眼前亏”“君子报仇，十年不晚”的道理，以此来驱散同学们心里的愤恨和不平。李老师的安然自得神态，和他不紧不慢的讲述，让我情不自禁地想起了我的祖母和外祖母，在我小的时候，她们两位老人给我讲故事时，也是这种悠闲的神态和从容的音调，我常常在这呢喃的讲述中慢慢地进入梦乡。慢慢地走在郊外，微风拂面，聆听着李老师的和声细语，我的心情也慢慢地平静了许多。记得那时老师带我们去过很多地方，还有高梁河、五塔寺、大钟寺、紫竹院等历史古迹和园林，希望让大自然来缓解一下学生们精神上的压力，治疗心里的创伤。在那样危险的时局下，老师们不顾个人安危，用心良苦，对学生们如此关爱，让我们都感激之至。

在北师学校学习期间，还发生了几件事情，也让我对学校和老师们更加感激不尽。一是有一次我不小心把缝衣针折断在自己的无名指里了。学校要求学生宿舍整齐划一，床单被褥不但要干净平整，而且被子叠得要像豆腐块一样有棱有角。一次午睡起床后，我忙着铺平床单，赶着去上课，急忙中忘记了别在床单上的缝衣针，不知怎么了，针就一下折断在右手的无名指里，一时拔不出来。同学们担心地说，折断的针会顺着血液流到心脏，非常危险。于是她们拿来一块做实验用的磁性马蹄铁，绑在我的右手无名指上，想把折断的针吸出来。经过半天一夜，断针不但没有吸出来，手指已经肿胀起来，而且疼痛难忍。老师们赶紧把我送到西四医院，经开刀取出了缝衣针。二是自己幼小时在农村长大，净用猪鬃牙刷和盐刷牙，又不注意牙齿卫生，上学以后就经常闹牙痛。在北师学校时，有一次我牙痛得不能吃东西，半个脸都肿了起来，老师们又忙送我到西四医院看牙，拔掉一颗坏牙，装了一颗牙冠，从此解决了牙痛的问题。我从小到大还从来没有去过医院，可在北平师范学校就前后进了两次医院，都是学校出的费用，并且有老师和同学陪同，体现出当时学校对学生是非常爱护和负责任的。

在北师学校上学期间，我做的另一件大事是退掉了婚约，我自己写信辞退了家里给订的婚约。在当时旧风俗的影响下，我在离家去上学之前，由父母包办订了婚约。订婚的时候我只有14岁，又急着上学去，所以并未在意这件事情。在河北省省立五中上学的时候，因大部分女同学都有婚约，所以自己也没太在意。随着年龄的增长和不断接触新思想，我意识到包办婚姻不合理。这是限制妇女自由和权利的旧习俗，是对妇女的歧视和不尊重，必须破除，我是不会嫁给这纸上未曾谋面的人。我立志要做一个自由新女性，而且我现在已经成年，能够自己做主了。于是没有和任何人商量，也没告诉我的父母，我就自己写信给男方家里，并签名盖章，推掉了这个婚约。退婚之后我感到如释重负，心情特别轻松愉快，那时，我立志终身不嫁，要以教我们数学的张老师为榜样，终身从事教育事业，希望教育能最终救国。直到那时，我还从没有谈过恋爱。在客观上，因为长期就读女生班，没有接触男生的机会。在主观上，我一心想学好本领，让家庭的生活状况有所改变，因为重任在身，所以也就顾不上了。

（三）返家探望：战乱世混，路遇惊险

入读北师学校后的第一个寒假，1942年的冬天，北京的天气

非常寒冷，西北风凛冽，学校的寒假有好几个星期，我很想利用这个时间回老家看看家人，因为进京前没顾上回家看看，我已经很久没和家人见面了，很是想念。同时，学校在假期也不开伙，吃饭问题不好解决。再者说了，师范学校虽然管吃管住，也不交学费，但是，还是得回家去向父亲要些零用钱。于是，我与几个同班同学一起，从北平坐上大卡车，冒着干冷的寒风，回河北遵化县老家，一路上花了六七个小时才到遵化县城。

由于那时道路简陋失修，坑洼不平，300多里路程，卡车十分颠簸，上车不久，我就晕车了，天旋地转，恶心呕吐不止，也不敢睁眼。就这样迷迷糊糊地坐了一路，都不记得怎样被父亲接回到了家里，在炕上足足昏睡了一天一夜才恢复过来。恰好那段时间日本鬼子在别的地区征剿，没顾上来这山里扫荡骚扰，赵庄子村里还算一时安宁，人们暂时不用离家逃难，我也难得地和全家人过了一个安静的春节。坐在家里的热炕上，吃着家乡的烤白薯，我把在北平的所见所闻，特别是古都的风貌人情、历史文化、名胜古迹，以及学校老师们和教学的情况，向家人们做了一些介绍，我讲得眉飞色舞，有声有色，十分得意。全家人也都感到新鲜有趣，十分高兴，幼小的弟弟妹妹们还都没有出过远门，都睁大了眼睛听得十分入神。我可以从父母那难得的笑容中看出他们很是为我自豪。我毕竟是靠自己的努力，能到北平上学，给弟妹们树立了榜样，也给全家人带来了一线希望。当时家中已有我的四个弟弟妹妹，生活更困难了，家人们吃饭更困难了，但父亲还是勉为其难地四处筹措了点零用钱给我带上。

1942年的寒假比较短，那年过了春节不久，天气还没有转暖，我就要动身返校了，父亲还是亲自赶着骡车，送女儿到遵化县城搭车。由于有了晕车的痛苦经历，我就和同学商量，准备从遵化坐卡车直奔唐山，再从唐山坐火车回北平。因为从遵化到北平大约300华里，而从遵化到唐山只有150华里，那时唐山已经有了铁路和火车，从那里再坐火车去北平会舒服很多，这样至少能减少一半的晕车之苦。于是，我和一位张姓女同学在遵化县一起上了去唐山的大卡车。一路的颠簸使我还是有点晕车，呕吐了一次。那位年轻的卡车司机不但没有嫌弃，还停下车来，说晕车的乘客可以下来坐到司机楼里，可能会好些。大家都觉得这个司机不错，有点人情味，就催促着我坐到驾驶楼里。车又继续行进，我果然觉得好一些，不再呕吐了。我昏昏欲睡地坐了两三个小时卡车，就到了唐山市。我们在唐山火车站附近找了个小旅馆住了下来，打算休息一下，明天一早再坐火车返回北平，以免我再晕车。

当我和张同学正在旅店里休息，白天那个开卡车的司机突然找到旅店来，说要请我们两个姑娘吃饭，交个朋友。战乱时期，治安很糟，我们两人立刻警惕起来，忙推辞着说："我们晕车很厉害，等休息一天，明天我们做东，请你吃饭表示感谢。"那司机看我们两人的态度很坚决，也就扫兴地走了。等那司机走后，我怕节外生枝，说："这个是非之地，不宜久留，快收拾行李，我们马上去火车站，坐夜车走。"于是我们两人立刻收拾了行李，徒步直奔唐山火车站。到了火车站，买了开往北平的夜车车票，就上了火车。夜车上的人不太多，很快火车就开动了，两人这才长长地舒了一口气，还互相自嘲地开玩笑说："我们两人今天可是遇上桃花运了。"奔波和折腾了一整天，我们俩都非常困倦了，于是两人商量好，轮流照看行李，张同学睡上半夜，我睡下半夜。上半夜我强打着精神，睁着眼睛照看着行李，一切平安无事，到了下半夜，我把行李给张同学照看，就睡了，谁知张同学本来就是个好睡的姑娘，下半夜她困得实在支持不住，也睡着了。当时两个人是一人带了一个包袱。张同学的包袱又新又大，我的包袱又小又旧，包袱皮还是母亲陪嫁的嫁妆之一，旧的都看不出颜色来了。次日清晨，火车到了北平的前门火车站，我们两人睁眼一看，行李架上只剩下我那个又小又旧的包袱了，张同学那个又大又新的包袱被人偷走了。我们坐的是沿途不断停靠的慢车，小偷拿了包袱恐怕早就下车了，到哪里去找呀？我们十分的恼火，可是不管怎么样，人没有出事就好，我们两个女孩子还算是平安地回到了北京。

寒假过后，学校照常上课，我们照常受着日本鬼子的奴役，被迫学着日文，过着非常压抑的生活，人人还是郁郁寡欢。好不容易半年过去了，1943 年夏天，因为学校暑假放得比较长，学校假期又停止了供应伙食，为了吃饭，暑假我还得回家去。因为怕晕车，我和同学们约定，这次坚决不坐卡车了，还是坐马车安稳些。那一阵子大概是日本鬼子的大部分兵力已经南下了，所以回家的300多华里路虽然漫长，但一路上还算是顺利，没有遇到什么险情。这次回到赵庄子村里时，我觉得村里的街道窄了，家里的房子围墙矮了，屋子更破旧了，家里更穷了，李家大院也显得更小、更空了。祖父母也更加衰老虚弱了，走路颤颤巍巍的，已经很少出屋走动了。由于家里缺少劳动力，我的父母日夜操劳更显疲惫，人瘦了好多，才四十多岁，两人的头发都花白了。四个弟妹都还小，一窝蜂地从屋子里跑出来，就像一群还未出窝的雏鸟，眼巴巴地望着我这个大姐，可我是两手空空回家来的。家里的状况使我倍感压力，寒假期间，除了尽力帮着父母干些活外，我也暗暗下了决心，尽快学好本领，将来能够独立工作，孝敬长辈，提携弟妹，尽快担负起长女的责任，不辜负父母和弟妹们的希望。暑假结束了，父亲还是想尽办法，东借西凑，又筹措了一些零用钱给女儿，并又一次亲自把我送到县城。

这次回学校，因为怕坐卡车晕车，也不敢再坐火车了，我就和同学们约定还是坐马车走。我们六七个女同学同坐一辆马车，每人的费用在分摊后也少了很多。上车后，同学们久别重逢，叽叽喳喳地有着说不完的话。夏天的燕山很是迷人，远山迤逦蜿蜒，山色浓绿如屏，山坡树上果实累累，道路两旁的庄稼地里一片郁郁葱葱，一望无际，阵阵微风吹过，空气里飘着庄稼水果成熟的清香，沁人心脾，天气十分爽心宜人，夏日里的太阳照得人懒洋洋的，马车的颠簸更让人昏昏欲睡，我们都十分放松。当时正是瓜果成熟的季节，沿途我们买了些水果，桃子、杏子、李子，都是我们这山里的特产，姑娘们一起吃着，聊着，说说笑笑，我们的马车沿着乡间小路缓缓而行，一路上我们很是轻松愉快。

不料想，当我们的马车刚刚进入天津蓟县境内的时候，忽然看见许多老百姓慌忙地迎面跑过来，大家知道情况不妙，赶忙一打听，果然是日本鬼子兵过来了！姑娘们吓得心惊肉跳，马车立刻拐向一条小路，路过一片高粱地，车夫忙催促姑娘们下车到高粱地里藏身，马车夫则赶着马车奔向远处躲藏。姑娘们急急忙忙钻进高粱地一看，可糟了，无法藏身哪，因为当地的农民为了让高粱穗长得好，又为地里能够通风，已经把高粱杆下面的叶子都打掉了，高粱地里稀疏的高粱秆无法遮身哪。在这紧急关头，谢天谢地，好在冀东农民有间作的耕种习惯，就是每三四行高粱或玉米中间，间种两行豆子，这个时节的豆棵子刚好有半人高，姑娘们只好慌忙钻进豆棵丛里藏起来，屏住呼吸，连大气都不敢出。一队鬼子兵还恰好从这条小路过来，姑娘们透过豆棵的间隙，都可以看到那一双双丑陋的军靴，听到嘈杂的脚步声，人人紧张得心都提到嗓子眼了，趴在闷热的豆棵丛里，我们个个都是手脚发软，汗流满面。我心里暗暗想着，糟了，这次父亲没法来搭救我了，只能听天由命了。我们在豆棵丛里一动不动趴了大约一个多小时，听见远处隐隐约约有老乡们说话的声音，才知道鬼子兵过完了，大家这才惊魂未定地从豆棵地里爬出来。躲过了这生死一劫的姑娘们找到了马车，大家上了车继续赶路，可上车以后，人人心情惊惧得难以平静，这一车手无寸铁的年轻姑娘，若真的和鬼子遭遇，岂不如羊入虎口，焉能有命？大家的心里都十分后怕，再没有心情说笑了，我们默默地赶路，一路上大家都沉思不语。

那天晚上我们到了天津蓟县的邦均镇，在一家小店里住下，同学们还在心神不宁地谈着白天可怕的经历。就在掌灯时分，突然有四五个便衣男人闯进了旅馆，进了姑娘们的住所。这些人也都很年轻，自我介绍说："大家不要害怕，我们是游击队员，我们是专门打日本鬼子，来保护你们的。你们不要上学去了，跟我们一起上山打游击，打日本鬼子去吧。"姑娘们对这几个陌生人的来历底细并不了解，不知是真是假，十分为难。俗话说"知人知面难知心"，年纪轻轻的我只知道在戏里面，红脸是忠臣，白脸则奸臣，只要装扮上妆，美丑忠奸，就一清二楚了。可在生活中就没这个理儿了，从他们的外貌和穿着，我们实在看不出他们是忠是奸，况且同学们十分珍惜这来之不易的学习机会，大家就推托说："我们还有一年多就毕业了，你们留下个地址，我们学成毕业后再去找你们。"他们说："游击队哪有固定的地址呀，你们不要再过亡国奴的生活了，跟我们去打游击吧！"谈判就这样进行了两个多小时，见姑娘们始终犹豫着不肯相随，他们也就只好走了。他们走后，关上了房门，我和同学们低声议论起来，如果这些人是真的游击队，我们可就失去了一次打日本鬼子的机会，很是可惜。但他们如果是假游击队，我们盲目地随他们去，那可就惨了，也许就都没命了。想到这一天的经历，亡国奴的生活真是步步如履薄冰，以后遇事还是要谨慎小心。

（四）师专毕业：国乱家贫，自预则立

通过这些亲身的经历，我深深体会到，当国家处于危亡之际，政府无能，社会混乱而无人身保障，一个农村姑娘，孤身外出求学，要时刻提高警惕性来保护自己，才能在乱世中生存。经过两次放假回家的惊险经历后，我非常后怕，这世道也太乱了，处处险象丛生，我从而打定主意，以后学校放假就不再回家了。

其实那时我也回不了家了。当时我的家乡冀东地区已经成为了抗日游击区，日本鬼子对冀东地区进行了更严格的封锁，封锁线内外不但人们不能往来，连书信也不通了。我不但不能回家乡，而且和家乡断了书信联系。我一方面十分担心家里人的处境，一方面又不得不考虑以后的学校假期我该怎么过。家是回不去了，零用钱也拿不到了，学校在假期不开伙供饭，假期的日子

怎么过呢，吃什么呢？同班的同学们大多数在北平有家，假期自然可以回家，其他在北平无家的同学们，也多有亲戚或家人帮助，只有我自己在北平只身一人，无亲无故。我想来想去，孤立无助，只能靠自己来设法解决这个难题。以后两年里的四个寒暑假里，所有的生活费用只有靠自己解决，对于一个只身无助的年轻的女孩子，这是一个严峻的考验，可倔强要强的我没有把生活困难的事情对任何人说。

北平市高级师范学校一日三餐的伙食很简单，都是从校部统一做好后送到学生食堂来。早餐主食有稀粥、馒头，中午和晚上每人每餐有四个小馒头和小米粥，不够吃的同学还有玉米面窝头。进餐的时候同学们排队进入食堂，八人一桌围坐，每桌还有一个老师同桌一起吃饭。吃饭前还要集体起立静默一分钟，静心凝神以后，方可坐下来吃饭。我平时中午和晚上每顿吃两三个小馒头，再喝点稀粥就饱了，剩下的饭菜和馒头就都被食堂收回去了。现在，我从一开学就刻意每顿只吃一两个小馒头，把剩下的一两个馒头扣在自己的饭碗下面，饭后再悄悄拿回自己的宿舍。那时还没有冰箱，只能把馒头放在床下自己唯一的柳条包里慢慢地晾干，这样每天能省下三四个小馒头。夏天里存下的馒头有的有些发霉了，但秋冬季里天气凉爽，馒头就都很快风干了。一个学期下来，我节省的干馒头已经有多半个柳条包了。寒假开始了，我向学校申请了一间宿舍过冬，又找了两个同学晚上和我作伴。我不吃早饭，中午和晚上，每顿从柳条包里各拿出两三个干裂的小馒头，刷洗干净馒头上的霉斑，掰碎后放在搪瓷缸子里，在火炉上用水煮得很软，然后放进些盐和青菜叶，就是一顿饭了。每天吃几个馒头，都是计划好的，这样才能维持到开学。有时在假期里，老师或同学们还介绍给我一些家教的工作，都是为小学升初中或初中升高中的孩子们做短期的功课补习，我因此得到一些微薄的报酬，用来买些蔬菜和日用品。偶尔节余下几个零钱，我就买几个北京特有的一种小点心，叫“糖疙瘩”，一毛钱可以买一小纸袋，是大拇指大的小面团，炸得酥脆，沾着一层白绵糖，又脆又甜，那对我真是一种奢侈的享受。

假期和我作伴的两个女同学，都是我相知相惜的好朋友，每天晚上都来学校和我做伴。我们躺在床上，三个人天南地北地唠着嗑，谈诗作词，开开玩笑，也还开心。白天我在宿舍里，守着炉子看些小说和古书，学着掂词造句，自得其乐。凭着我开朗的心态，苦中求乐的性格，在这种艰苦的环境下，在北师学校最后两年的四个寒暑假期，我就是这样渡过了一个又一个北平的日日夜夜。凡异乡暑雨天，听冷雨打窗，但古都残雪夜，看飞雪掩门，我过得还算是诗意潇洒。由于那时和家里音讯不通，我很是惦念在山区的家人，每逢同学们返校或新生入学时，我就去打听是否有人从我的家乡来，希望能得到一些家里消息。这一年，我从新入学的一个同乡同学的口中得知，我母亲的身体有病，卧床不起，家里更加缺少人手，生活也更加困难了，我的心里很是难过。于是，我利用做家教挣来的一点点钱，买了点儿布料，用自己学会的缝衣手艺，给小弟妹们做了几件小衣服，托人辗转带回遵化县老家，略表自己的一点爱心，也希望借此让家人们不再为我担心。

凡事预则立，不预则废，乃真理也。我很满意自己能够独立解决了四个寒暑假的生存问题，是因为我事先考虑到自己将面临的困难，所以提早就计划想办法，用自己节约的伙食来解决假期吃饭的问题，渡过了难关，好在我从小在农村长大，不怕吃苦就好办。这一段经历也强化了我一生珍惜粮食，生活艰苦朴素的习惯，我也变得更独立自信，更加成熟了。

苍天不负苦心人，1945年夏天，面对着战乱和贫穷的双重压力，我在北平市立高级师范学校的三年学习结束了，21岁的我马上就开始准备报考大学。班上的同学们绝大部分也都准备升大学，也有少数同学想去教书谋生糊口。当时老师和同学们都认为，按照我优异的学习成绩，报考任何北京的大学都不会有问题的。但是因为经济上的窘境，我除了北平师范大学以外，任何其他学校我都不敢考虑。可谁知道，虽然和往常一样，北平师范大学的入学考试我很顺利，考完后自我感觉也很好，但是发榜时榜上却没有找到自己的名字——榜上无名？没考上？不可能，我百般不解地找到招生办公室询问，得到的回答是我的语文卷子不翼而飞了。虽然我其他各科的卷子成绩均很出色，加起来的分数也早已经超过了录取分数线，可是北师大有规定，缺一门考卷不能录取。我想起来了，那天考语文时，我的字迹的确有点潦草，加上天气闷热潮湿，墨有点湮纸，使得卷面不够整洁，可能是被不耐烦的判卷老师给扔进字纸篓了。卷子丢了，没能被唯一能考的大学录取，考试一向百战百胜的我，第一次落榜了，这可大大出乎我的意料，的确让我受了重创。可又没办法，我只能躺在宿舍里生了几天闷气。同学们有的考上北大农学院，有的考上北大生物学院，有几位同学还考上北大医学院，也有的考上了北平师范大学，大家都兴高采烈地搬走了，各奔前程。只有我没学校上，整天在学校的宿舍里生气发愁。怨恨北师大，怨恨评卷的老师，更怨恨自己轻心大意，应了骄兵必败的古训。可最发愁的事是下一步该怎么办呢？生活没有着落，总不能去观音寺里当尼姑吧。正当我升学无望、走投无路时，听到了最大最振奋人心的消息：日本鬼子无条件投降了！

（五）历史转机：日本投降，危亡未解

1945年是中国历史上值得纪念的一年，那年的8月15日，美国的两颗原子弹落在日本的两个城市，日本被迫宣布正式无条件投降了，长达14年的日本侵华战争终于结束了，这也宣告了第二次世界大战的结束。在中国和亚洲横行霸道、滥杀无辜的强盗终于投降了，日本鬼子真的要滚出中国了，中国人不当亡国奴了！不再受屈辱了！这可是中国人民天大的喜事。我无学可上的愁结顿时被这个惊天的喜讯冲散了，我从床上一骨碌爬起来，跑出学校，跑到满街满巷欢庆的人群中，和欢腾的人们一起游行欢庆。整个北京城都沸腾了，人们跳跃狂喊着、相拥相抱，哭着笑着喊着，有人捶胸顿足，有人不能自持地蹲在地上抱头大哭，哭得像个孩子，又像个疯子，人们真是兴奋无比，难以言表。人们也在这欢声中倾泻这么多年积压在心里的愤怒和痛苦，那哭声笑声，有着被囚禁已久的狮虎之吼的疯狂和痛楚，只有真正经历了这种奇耻大辱的人们，才会有这样的哭声和笑声。1945年8月21日，我和欢乐的人群来到前门和西单等地，欢迎国民党孙连仲的部队进城接收北京，亲眼看着一辆辆的卡车载着自己的国军将士们开进了北平城，想着再也不会尝到做亡国奴的滋味了，这亡国的奇耻大辱要留给历史了，华夏子孙又可以昂头挺胸了，我终于可以回家看望父母弟妹了，家人们不用再弃家逃难了，家里的耕

地也不会再荒废了，生活要好起来了，中国有希望了。我高兴啊，把嗓子都喊嘶哑了，那一天我是永远也不会忘记的。

可是万万想不到的是，好景不长，国难未解。日本鬼子投降以后，很快国民党的接收大员们就来了，他们蜂拥进了京城，一下子多得满天飞。这些人不劳而获地接收了北平，可却无心执政理国，安抚百姓，他们只管恬不知耻地抢占房产，抢夺职位，贪污腐败。那时真是无官不贪，他们根本不关心老百姓的温饱和需求。很快北平的物价开始飞涨，市内治安混乱。不久，美国兵们也来了，他们在市内横冲直闯，抱着妓女坐着吉普车或三轮车满街招摇，有时还骚扰和追赶良家妇女。我看见北平老百姓依旧是饥寒交迫，衣衫褴褛；有些人依旧是卖儿卖女，流离失所。我记得那时北平的老百姓们常在自己家门口的屋檐下吃饭，经常是全家老小蹲在地上，捧着个碗吸溜着玉米面糊糊，好一点的人家吃着棒子面的窝窝头和一锅萝卜丝汤，汤里没有一星油花，饥饿的人们骨瘦如柴，依旧吃得狼吞虎咽。我看着真是心酸难过，这哪里是人应该过的生活呀。我开始疑惑起来：这难道就是光复了的北平吗？

1945年日本投降以后，那些迁到后方的高等学校，也纷纷迁回北平，北平师范大学的师生也从西安迁回来了。各个大学又开始重新招生了。我由于经济情况不允许，只能再次报考北平师范大学。这次考试还是很顺利地通过了。但当我参加北师大入学体检时，却因为身高不够而未被录取。由于旧中国的教育部规定，凡考师大的女生，因为将来要做老师站讲台，所以身高必须在1.5米以上，由于我当时的身高勉强才1.5米，结果再次落榜。两次落考，让我几乎陷入绝望。我气得当时就发誓："姑娘我这辈子再也不踏进你北京师范大学的大门了。"气话虽然说了，可这时已经到了1945年的9月中旬，我还住在学校宿舍，愁眉不展，无路可走。老师们连忙来给我做工作说："你的功课很好，今年考不上，明年一定还有机会，不能绝望，不能放弃，我们可以介绍你去小学教书，将来攒下些钱，明年考任何学校都不是问题嘛。"老师们的一席话，提醒了我这个绝望中的人。是呀，我教一年小学，攒下钱来，明年可以报考自己喜欢的学校，实现自己再也不踏进北师大大门的誓言。于是我破涕为笑，点头同意去教一年小学。于是老师当天就介绍我去东单的东观音寺小学教书。第二天，我即搬离了北师宿舍，到东观音寺小学上班去了。

（六）初为人师：大学梦危，教学为生

1945年9月，我正式成为东单区东观音寺小学的教员。东单的东观音寺和西观音寺胡同所在的位置，位于今天北京的建国门附近，如今早已被拆除了。当时的东观音寺小学，是一座观音寺庙宇改成的小学。古老的大门前，有两只活灵活现的大石狮子，很有气势。进门后一排南房，是小学的财会事务办公室。进了垂花门，迎面的第一排大殿，是老师的办公和休息室，每个老师在那里都有一张办公桌。大殿的东西耳房是教员的宿舍和厨房。大殿的前面只有东配殿两间，是女教员宿舍，我和三个女同事住在一起。大殿的后面还有第二排大殿，改建为一年级的两个教室。东西配殿各三间，是二年级教室。后面还有第三排建筑，是一个二层楼房，楼上楼下共四间教室，是三、四年级的教室。院子的西边还有一个跨院，也有一个两层的楼房，楼上是五甲、五乙班

的教室；楼下是六甲、六乙班的教室。我担任五甲班的班主任，教语文、算术等主课。五乙班的班主任，也是北师学校来的李姓女同学，她个子比我高，学校师生为了区分我们两个李老师，管她叫大李老师，管我叫小李老师。全校从一到六年级，每个年级共有两个班，是12个班次的正规小学。我们两个李老师是师范学校的毕业生，所以承担了高年级的教学，其他老师是通州师范学校的毕业生，承担一到四年级的教学。

当时的学校受传统的尊师重教的影响，很尊重老师，倡导师道尊严，无论在校内校外，学生遇到老师都要恭敬地行礼问好。为了维持老师的尊严，老师们要仪表整齐，而且不得在校外的饭馆里和小吃摊上吃东西或买小吃，因为有粗俗不雅之嫌。为此学校设有几个校役，专门为老师们服务。早上买早点，中午、晚上为老师们买菜做饭或订饭送饭。老师们想吃什么饭菜，就写个字条，放在办公桌上，放下钱，校役们很快就能买回来，送到每位老师的办公桌上。中午和晚上的饭菜还要送到老师们的宿舍里，用过的碗筷也不必自己洗，由校役们收去统一清洗。平时需要水果零食、日用品、书墨纸笔等，也不必自己亲自去买，告诉一下校役即可买来。这样，老师们可以全力以赴地集中精力教书教学，生活十分的简单轻松，不用分心，我很喜欢这种生活。

五甲班有40多个孩子，都在十一二岁，正是贪玩的年龄，我上课要非常专注认真，不断提醒，时常提问，经常鼓励，才能吸引住他们的注意力。我非常喜欢这些天真无邪又顽皮的孩子们，他们常常使我想起了自己那远在家乡的弟妹们，也是上学的年龄了，不知道贫穷的父母能不能供得起他们上学，这让我很是担心。五甲班的孩子们在这个战乱不断的年代能有书念，是很不容易，因此我教书非常认真，不能误人子弟。我对学生们十分爱护，总是和颜悦色，从不打学生手板，师生关系十分融洽。对为数很少的一两个怯生生的女学生，我更是关怀备至，尽量予以鼓励。孩子们也很喜欢我这个小李老师，课间课后的时候，小家伙们常常跑过来给我解闷："小李老师，我们给你说段儿相声，怎么样?"北京的孩子们口齿伶俐，模仿能力强，加上纯正的京腔，模仿当时北京著名的相声演员，说得还真像那么回事。那一本正经的样子，十分有趣逗人，让我总是笑口常开，挺解闷。

我学习同事们，星期天常带学生们出城游玩。北平在日本占领时期，为了交通方便，在东观音寺东边的老城墙上，拆除了一段城墙，打开了一个出入京城的缺口，人们都叫它豁口。豁口外那时是一片野地，野地中间有一条河，那是护城河的一段。这里的两岸河堤上是大片草地和许多树木，在阳光下，河水平缓似镜，柳树低垂成荫，鸟儿低鸣有声，很有一番乡间的景致，同学们很喜欢在这里游玩。我也喜欢闹中取静，在这里听凭温柔的微风和淡淡的夕阳抚慰着我心中的不快。有一次，我还带学生们徒步去了位于北平西郊的皇帝园林颐和园，因为当时同学们很少有外出游玩的机会，所以他们玩得十分尽兴，直到天黑我们才回到学校来，还引得一些家长担心。可我认为，不能死读书，让学生多接触大自然，是缓解学习压力的最好方法，可以使学生变得活泼开朗，思想开阔，对此我是深有体会和经历的。

在一年的教书生活中，我一扫心中大学落选的阴影，又重新燃起了生活的兴趣。我下定决心，现在教好我的学生，同时自力更生地筹措学费，明年投考理想的大学，完成自己的大学梦。小学老师的待遇，在当时还很不错。为了抵御飞涨的物价，除了每月工资发现金以外，还发一些白面杂粮等实物。我除了每月的工资外，还有一袋白面和几十斤玉米面和小米等杂粮。在当时这些粮食是可以用来养活一家人的。我一个人生活，应当是相当宽裕的，可是我来教书是为了积攒学费，所以我仍旧过着简朴的生活。我把发的一袋面粉卖掉，每袋面粉大约值5个银元，加上工资和其他收入，每月能结余约8—9个银元。自己乐观地计算着一年下来我可以储蓄100个银元，这样，无论考取任何学校，都有钱交学费，而且维持两三年的生活也不成问题的。我兴奋地憧憬着自己的未来，虽然每天吃着最便宜的炒玉米面疙瘩或小米饭，但这是自己劳动所得，我是为未来而吃，所以吃着也格外香甜。

可是，当时我的工资和卖面粉得的现金都不是银元，而是法币和金元券等纸币，为了使攒的钱能够保值，必须兑换成银元才能对抗纸币的贬值。当时黑市上有换银元的，可以自己去换，但是我一个年轻的姑娘，又没有经验，怕换成假银元，吃亏上当，所以不敢去冒险。于是我找到一位沾亲带故的商人二表姑夫，请他帮助把自己攒下的钱币兑换成银元并且存起来。这位二表姑夫爽快地答应了："没问题，咱们是亲戚，这点小事可以帮忙。"我想既然是商人，他应该知道保值储蓄的方法。所以就放心地把每月的工资和卖面的钱都交给他。

1946年的暑假到了，我就满怀信心地去报考大学了。在报考之前，东观音寺小学的校长换人了，来了一个非常霸道的女校长，她盛气凌人，一口官腔，既不问教学，也不了解员工的生活，而是每人发一张国民党党员登记表，动员大家参加国民党。我亲眼目睹了国民党进城后不顾民生，管理混乱，民不聊生的情况，觉得国民党腐败而没有前途。所以我把表格团成一团，扔进纸篓，心里说："反正下学期老子不在你这里工作了，我要上大学了，你管不着啦。"

（七）好事多磨：三考北师，圆大学梦

1946年暑假，北平的各大学又分别开始招生了。我特别地忙了起来，准备投考自己理想的学校。辅仁大学招生的时间最早，我顺利地以前几名的成绩考取了辅仁大学社会系，这大大鼓舞了我的信心。我又连续考了几个学校，感觉都很好，还未发榜时，我突然想起来，应该盘点一下自己一年到底存了多少钱，这是我上学的唯一本钱和指望啊。我找到了二表姑父那里，二表姑父给了我一张存单，让我到银行去取钱。我到了银行才吃惊地知道，二表姑父根本没有给我换成银元，仍然存的是纸币。这对我来说简直是当头一棒，我惊呆了，当时的纸币金元券在一天天地贬值，我一年的积蓄已经变成了一堆废纸。我抱着这一堆自己省吃俭用了一年换来的废纸，恍惚地走出了银行，绝望地欲语无言，欲哭无泪。自己上大学的梦想，一时间化为乌有，而且这也断了我未来几年的生活来源，这不是把我逼上绝路了吗？我不死心，抱着这堆废纸，走进一家商店，店员点了点纸币说："按照今天的物价，这钱只能买一磅毛线，你还得赶快买，明天可能连一磅毛线都买不到了。"我狠了狠心，买了一磅深绿色的毛线。我拿着毛线，眼含着泪走出了店门，这是自己教了一年的书，整

天吃玉米面疙瘩攒下的钱，就值一磅毛线，这是什么世道呀？我真的是被逼得走投无路，万念俱灰。

大学是不能考了，连眼下的生活也没有着落，家也回不去，这真是“山河破碎风飘絮，身世浮沉雨打萍”，怎么办？怎么办？我恨自己托付了不该托付的人，恨这个狡诈的商人根本不在乎这个穷学生来之不易的救命钱，连举手之劳都不肯作为。我更怪国家政府腐败无能。那天，我漫无目的地在街上失神地走着、怨着、骂着，不知不觉走到了前门火车站，就索性买了张去天津的火车票，去找在天津教书的好朋友秦同学，她是我北平市立师范学校的同班好友。我在秦同学的宿舍里住了两天，总算找到了可以倾诉的人，我足足发了两天的牢骚，从这个不平的世道，到腐败的政府，我也骂了个痛快。秦同学一直在静静地听着，和我一起叹息着，最后她劝我说：“骂也骂了，可是你今后打算怎么办？既然其他大学不能上了，还是回去考北平师范大学吧，总能有个吃饭住宿的地方呀，不然怎么办，和我一样教一辈子小学呀？对你是太可惜了。”我冷静下来想想，可也是，我现在是身无分文，头无片瓦，面前也只有考师范大学这一条路可走了。于是我无可奈何地返回了北平，咬咬牙，第三次报考了北平师范大学。

都说事不过三，1946年的夏天，我第三次顺利地通过了考试，考取了北平师范大学地理系，踏进了我曾经发誓不再踏进的北平师范大学的大门。这也是因为当时师资非常缺乏，教育部对身高也不再苛求了，我才最终被录取。我用那一磅深绿色的毛线织了一件毛背心，穿在身上很多年，最后都掉色脱线了，我也一直不舍得丢掉，因为那是中国的一段可悲历史的见证，记载着深深的国耻民恨，穿在身上，让我刻骨铭心。

回想这段不平的经历，我心里总是百感交集，一个山区农村的女孩子，生不逢时，小小的年纪就已经经历了军阀混战的年代和日本侵略者的黑暗，加上国民党政府的无能腐败，使这求学的道路走得这么艰难。我之所以能够坚持下来，靠的是我的前辈们和父母的影响，我的每一位老师的教育和引导，我的同学们的关爱和帮助，以及自己对知识和教育的渴望和追求，也是因为我的倔强性格，能吃苦和自力更生的能力，从而熬过了这些坎坎坷坷。生活不相信眼泪，世道不怜惜弱者，人生只能靠毅力，希望只能凭韧性。我知道在任何情况下，我都不会轻易放弃自己的理想，无论在多么困苦的环境下，都能坚持到底。很多年以后，我的孩子们总是问我，为什么我的命运坎坷，备受各种政治运动的折磨，可我对国家依旧忠诚如一，信念这么执着？我对他们说，我的人生经历，我的坎坎坷坷，我在黑暗中的摸索，我的所见所闻，让我明白了这些道理，有了一个强大自由的国家，个人才能有希望，有前途。对此，我就是见证！

第6章

就学北京师范大学

（1946—1949）

“沉舟侧畔千帆过，病树前头万木春”。1946年的夏天，是我生命中的一个灿烂亮点，是另一个值得记忆的年头。我也从这里开始了真正追求真理，最终走向革命的道路。

北京师范大学是中国最早成立的大学之一，当时名为“国立北平师范大学”。1902年建校，那时是“京师大学堂”的师范馆，从建校一直到现在都是全国师范大学的首府。那时的北京师范大学设有教育学院、文学院、理学院和研究院。这是一座底蕴深厚的百年名校，学校的历史悠久，人才济济，名人辈出，曾有过鲁迅、李大钊、梁启超等许多名师先贤，还有一大批著名学者和教授在这里执教育人。学校的校训是“学为人师，行为世范”，正气浩然，铮铮有声，所以我一直就对北师大非常地仰慕。北京师范大学于1937年卢沟桥事件发生后迁往西安，后来又迁往兰州。于1946年春天抗日战争胜利后迁回北京，当年10月份就正式开学复课了。我辞掉了小学教师的职位，依依不舍地告别了小学里可爱的孩子们，搬进了北师大的学生宿舍，在北平那一个天气清爽的秋天里，在这个著名的北平学府里开始了我的大学生活。

我入学时，北京师范大学的校址是在和平门外的新华大街，可一年级的新生们都在石驸马大街的分校上课。当时上大学的女生少之又少，用我的话形容是“寥若晨星”，而这里的女学生们大多学习文学、教育、历史等。我对地理一直就很有兴趣，又一向我行我素，就报考了地理系。结果那年地理系就我一个女生。对此我已经习以为常了，我就和教育系、数学系的三个女生共居一室。她们三人都是很有文化学识的才女，各个知书达理，很有修养。我们四个女同学很谈得来，相互关心，相互照顾，情同姐妹，关系非常融洽。经历了好一番的坎坎坷坷，我终于又重新坐在了教室里，实现了多年上大学的理想，而且学习环境更好了，不再做亡国奴了，我的心情变得特别舒畅愉快，学习上也更得心应手。我和同学们一起上公共课，下课以后，我们一起参加学校的各种课外活动，周末一起办聚餐，我们和大家还经常开联欢会，以丰富校园生活。

虽然那时抗日战争已经结束，可中国依旧国难当头，因为国共两党相持不下，各执己见，饱经战乱的国家一时内战阴云笼罩，人民依旧生活在饥寒交迫之中。由于国情和未来都不明晓，我就和几个有共同理念的进步同学创办了一个学生读书俱乐部，取了个雅名为“东风社”，取“东风破晓”之意，也希望“东风一夜催春到”，使得大地乾坤得以晴朗。每逢课后或周末，在读书社里，我们一起读书读报，吸收新思想新观念，大家相互讨论，交流心得，解析时局，了解国情，探讨未来，对我很有帮助。我一下课就往读书社跑，我们广泛阅读进步刊物，不仅知道了康有为、梁启超、李大钊等民族先驱，更知道了孙中山、毛泽东、鲁迅、老舍等人和他们的主张，使我打开眼界。在读书社里，非常博学而有抱负的同学大有人在，聆听着他们犀利的解读和阐述，我知道了大家也和我一样，都在忧国忧民。我也明白了很多道理，知道了为什么国民党政府腐败无能，一个国家怎样才能自强自立。知书的确是可以明理明念，渐渐地，我对当时的国情看得越来越清楚了，我的爱国心也越来越强烈。为了启发和吸引广大的同学，我们还出黑板报，宣传新思想新理念，欢迎同学们参与探讨，我们的思想十分积极活跃。

在读书社里，我们常常一起吟诵屈原的《离骚》和岳飞的《满江红》，读得贴心贴切，心潮澎湃，壮怀激烈，希望有一天，我们少年有志，可以收拾旧河山：

怒发冲冠，凭栏处，潇潇雨歇，
抬望眼，仰天长啸，壮怀激烈，
三十功名尘与土，八千里路云和月，
莫等闲，白了少年头，空悲切。
靖康耻，犹未雪，臣子恨，何时灭，
驾长车，踏破贺兰山缺，
壮志饥餐胡虏肉，笑谈渴饮匈奴血，
待从头，收拾旧河山，朝天阙。

（一）参加北师大的学生运动

1. 忧国忧民：反美抗暴，反对内战

1946年12月，北师大开学不到两个月，也就在新年前夕的时候，发生了美国大兵在北平东单广场侮辱北大女学生沈崇的事件，激起了全市学生们的愤怒，由此引发了一系列轰轰烈烈的学生运动。“沈崇事件”发生后，全北平市的大学生们愤怒地上街游行抗议，谴责美国鬼子的暴行，北师大的同学们义勇当先。学生运动很快就得到了全国学生的响应，形成了声势浩大的全国“一二·九运动”。人们对美国大兵早有不满，他们胡作非为，扰乱民风，还在中国的土地上行凶强暴了中国大学生，欺人太甚，这岂能容忍！于是，我激动地跑回宿舍拿上围巾，准备去参加学生运动的游行。同宿舍里年纪较大的一个女同学，站在门口，用手挡住了我的去路，她担心地说：“小妹妹，不能出去乱跑，那里是很不安全的。”我气愤地说：“自己的同胞被强暴，咱们能坐视不管吗？大家要是都不管，那就真的要亡国了。”我说着，毅然拨开同学的手，不顾一切地跑了出去，边跑边回头说：“放心吧，我跟大家在一起，我会平安回来的。”

12月的北平，寒冬凛冽，天气阴暗寒冷，地上的残雪未化，塞北的寒风卷着阵阵沙尘，长驱直入，扑面而来，呼啸着扫过古城的街道，刮在脸上像刀子一样疼痛。冒着北平凛冽寒风，在浩荡的学生游行队伍里，走在同学们中间，我举起臂膀大声呼喊着口号“严惩凶手”“赔偿损失”“美国鬼子滚出中国去”，把积压

在心中的不满都宣泄出来，感到特别痛快和解气。冷风吹拂着我的围巾，吹乱了我的短发，穿透了我薄薄的棉袍，我冷得发抖，手冻得麻木，脸冻得通红，可我的心却是热的。第一次觉得我不再只是一个愤世嫉俗的文弱书生，不再只会多愁善感，也能为我的国家尽一份能尽的力量，那就是告诫政府，唤醒民众，以救亡救国。孟姜女能哭倒长城，我们也能唤醒中国这个沉睡的雄狮。就这样，我终于找到了自己的价值和救国的方式，我的血脉和我的国家连在了一起。这次的学生运动声势浩大，进而形成了席卷全国的学生运动，我们喊出了中国人民的心声，让国民党政府看到了我们的力量。

通过这一次学生运动，北京师范大学的大学生们表现出明显的不同的政治态度。大部分年轻正义的同学们，积极参加学生运动，我们大都有着爱国热情，对同胞的同情，对国民党政府现状的不满。一小部分同学持着观望态度，两耳不闻窗外事，一心只读圣贤书。我十分惋惜，真是“商女不知亡国恨，隔江犹唱后庭花”。极少部分同学反对学生运动，多是国民党三青团的骨干分子和一些既得利益者，不惜做被万人唾弃的秦桧。就这样，在这个历史的十字路口，就形成了进步同学、中间同学、反进步同学三个群体。后来随着学生运动的逐步深入，中间阵营的同学渐渐受到影响，看清了国情，也加入进步同学的阵营，我们进步学生的队伍越来越壮大，少数反对学生运动的同学被孤立了起来。后来我入党后才知道，北平的历次大学生运动，自始至终是在中国共产党的地下组织领导下进行的。每次运动都有计划，都能取得胜利，学生运动未遭受重大损失。中国共产党的地下党组织也通过运动，发现和考察了一批积极进步的学生，逐渐吸收他们加入了中国共产党，使共产党地下组织的队伍不断扩大。

自1947年的“反美抗暴”学生运动之后，全国的经济形势更加恶化，物价飞涨，物资匮乏，国内一片混乱。广大老百姓的生活陷入更加困难的境地，而国民党政府没有把精力放在保障人们基本生活方面，而是倾注全部的精力去围剿解放区和游击区，一心要消灭中国共产党。抗日时期形成的抗日统一战线早已破裂，内战的形势已经在西北、东北、华中等地形成，全国内战一触即发。

1947年的春夏之交，天气逐渐回暖。皇城古都北平见证了多少朝代的起起落落，经历了几千年的风风雨雨，如今依旧红墙绿树相映，白塔碧湖交影，护城河水缓缓流淌，故宫角楼金碧辉煌，这里的风光依旧美丽如画，诗意盎然。可是这时全国的政局形势却是扑朔迷离，大有风雨欲来风满楼之势，天空战云密布，城内气氛低沉。在北师大的“东风社”里，我和同学们又在一起分析着时局，大家早已清楚地看到全国内战将临，又将是一场厮杀流血的劫难，而且是同胞相残。我们都很气愤和着急。我们要抗议，要让政府顾大局，救人民，不做千古罪人，救人民于水火之中。有同学大声朗诵着：

煮豆燃豆萁，
豆在釜中泣。
本是同根生，
相煎何太急？

1947年5月，就是在全国内战危机将临的紧急形势下，全国爆发了“反饥饿”和“反内战”的大规模学生运动。北平的大学生们首先上街游行抗议，反对内战，要求国民党政府关注民生，救百姓于饥寒交迫之中。我和北京师范大学的同学们义不容辞地积极参与，我们又一次走在了千年古都的长安街头，踏着八国联军留下的残瓦碎石，踏着“五四”运动的足迹，踏着抗日战争血染的街石，走来了我们一队队穿着校服长衫，戴着眼镜，文质彬彬的年轻学生们。我们的呼喊声和呐喊声，使这个千年古城猛醒了，顿时有了勃勃的生机。因为事关广大老百姓，我们的游行引起了很多市民们观看和赞许，街边人头攒动，“好!”“好样儿的!”“有种!”有人在市民的人群里大声喊着。

这次“反饥饿”“反内战”学生运动很快就波及全国，运动声势浩大，影响很大，引起了广大人民的共鸣。这次学运受到全国社会各界的支持，也喊出了全国人民的心声和期望，声势越来越大，持续时间也很长。但我们的抗议和呼声并没唤起国民党政府的良心。1947年5月，北平、上海、南京等地学生举行了以反内战、争民主为内容的“五四”纪念活动，上海的学生们在上街宣传时，遭到了国民党军警的无理殴打和拘捕。5月20日，由北平、天津、上海、南京等地学生组成的学生请愿团，在南京进行“反饥饿”“反内战”“反迫害”大游行，又遭到了国民党政府的残酷镇压，一百多名学生被打伤，二十多人被捕，造成震惊全国的“五二零血案”。血案发生后，如星火燎原，愤怒的学生和市民们在全国各地掀起了更大规模的“反饥饿”“反内战”“反迫害”的群众运动，就这样，学生运动形成了反对国民党反动统治的第二条强大的战线，使国民党后院起火。

国民党政府见到此起彼伏的学生运动非常恐慌，为了维持现状，缓解学生们的激愤情绪，就把美国援助中国的一些剩余物资，如面粉、奶粉、旧衣物等分发给各个大学，想借此笼络和稳定人心。北师大的同学们在一起讨论，决定是否要接受这些物资。学生运动的领导人决定接受这些物资，并对大家说："大家吃饱穿暖去游行不是更有劲吗？我们游行示威不是为了自己，而是为了全国人民都能吃饱穿暖！"于是我们接受了这些物资，而且干得更有劲了，学生运动也更加轰轰烈烈。

我们北师大学生运动的内容和形式真是丰富多彩，同学们各个都是多才多艺。为了团结更多的同学和市民加入救国运动，北京师范大学的同学们组织成立了两个合唱团，一个是文学院和教育学院的"黄河合唱团"；一个是理学院的"群声合唱团"。每周有几个晚上，合唱团一边排练，一边教大家唱革命歌曲和民族歌曲，吸引了很多同学。这两个合唱团还参加了北平学生组织的声势浩大的"黄河千人大合唱"，北平各个大学的同学们都参加了演出，有独唱、合唱、连唱等，地点就在北京大学的红楼广场。观看的学生和群众是人山人海，我有幸亲身参加了这次演唱活动，也有机会一展歌喉：

风在吼，马在啸，
黄河在咆哮，黄河在咆哮……

我跟同学们一起唱得心绪澎湃，唱得热泪盈眶，亲身感受到了中国有识之士的先觉和敏锐，觉悟者义勇当先的精神，领悟着我们的历史使命，见证着众志成城的效果——这才是我们的力量。这次千人大合唱活动，进一步唤起了同学们和市民们的爱国救国热情，是一次历史性的庆典，在当时有着很好的社会影响和感召力。多少年后，每当想起那次大合唱，我仍然心情激动。

1947年的中国，时局动荡不安，国家前途未卜，为了进一步了解探讨中国的何去何从，北京师范大学的学生们还成立了进步的“行知图书室”，地点在师大文科楼二层的一间房子里，摆满了上几届毕业生们捐赠的进步图书、杂志，报刊，以及在校学生们捐赠的进步图书，共有几百余本。每天下午开放，图书室由3—4位同学作为管理人员，轮流值班，越来越多的同学们对新的进步思想有了浓厚的兴趣，因此常来这里借书和阅读的人很多，常常座无虚席，有时比校图书馆的人还多。因此，国民党特务们对“行知图书室”恨之入骨，几次进行破坏，但仍然被我们坚持下来。“行知图书室”在内战时期一直坚持照开不误。我当然是“行知图书室”的常客，有时还帮忙整理图书，更多的时间是在那里如饥似渴地阅读。

就这样，我在北京师范大学的生活中一点一点地成长，头脑越来越清晰，从一个只埋头读书，单纯青涩的女孩儿，成长为一个忧国爱国的热血青年，看到了自己的力量，找到了人生的价值，跟上了时代的脚步。我十分感激和热爱我的母校北京师范大学，这里确实是一个传播知识和真理的殿堂，还是一个革命的熔炉，使我浴火重生，这里是我的第二个家。

2. 承载使命：助学复校，义不容辞

20世纪40年代，由于混乱的时局，物价的飞涨，人民生活十分艰难，北平有许多学生也因此失学。因为有着亲身经历，对于失学学生的难处和痛苦，我自己是有着深切体会的，我懂得教育救国的道理，为失学学生而难过惋惜。为了使失学的学生们能继续上学读书，北京师范大学的同学们组织了向社会募捐活动，我积极热情地参与了为失学学生们募捐的活动。利用课余时间，我和同学们拿着捐款箱，步行到西单、前门等地去募捐。尽管当时人民生活穷困，许多市民还是慷慨解囊，热情地支持学生们的求学愿望。为了募捐活动，同学们还举办多种形式的文艺助学演出。记得我们北师大学生在长安大戏院演出了多场的歌舞文艺专场。有大合唱、独唱、舞蹈，还演出过歌舞剧《达阪城的姑娘》，等等。演出的所得，全都转交给有关单位，用以资助失学的学生。我们还办了免费夜校，给失学的学生们补课，北师大的师生们轮流为夜校学生上课。大家都愿为失学的同学们尽一份微薄之力。

当时北京师范大学的学生自治会是决定学生运动和重大事宜的学生组织，自治会委员是经过班会、系会的层层选举而当选的。各院各系的学生都努力地争取席位，加上同学们多才多艺，选举活动也就成了花样百出的推举候选人的热闹场面。为了推举进步同学当选学生自治会委员，我们地理系的同学采取了唱京剧的办法，把京剧《龙凤呈祥》中的一个唱段“劝千岁杀字休开口”，换了新词儿，改为宣传有关候选人的内容来唱，大家唱

得有板有眼，我们唱出了候选人的长处和优点，因为形式非常喜闻乐见，效果果然不错，我们的推荐人顺利地当选为学生自治会委员。我自小就喜欢河北梆子和京剧，经常和同学一起闲暇时哼唱着玩，不想这唱戏的本领也在学生运动中派上了用场，让我也过了一把戏瘾。在北京上学的时候，20世纪40年代的京剧四大名旦、四大须生都活跃在京城舞台上。我很喜欢戏剧，都说人生如戏，戏如人生，戏剧是人生哲学的经典和提炼，给人启发，我从戏中懂得了很多道理和哲理。我最喜欢的戏有《穆桂英挂帅》《杨家将》《宇宙锋》《抗金兵》《昭君出塞》等，我很喜欢戏中勇敢和令人传颂的中国女性。我最喜欢梅兰芳的梅派，唱腔委婉玉润，如珠走玉盘，百转千回，久听不厌。但当时是穷学生的我，哪有钱买票看戏呢，所以我几乎没有进过戏院听戏，现在想起来真是很遗憾。

北京师范大学当时叫北平师范学院，1928年国民党政府迁往南京，北京由此改为北平。抗日战争时期，北平高校迁往内地后，北师大改名北平师范学院。抗战胜利后，各高校陆续迁回北平，北师大的学生们要求恢复原校名：北京师范大学。由于当时的国民党政府设在南京，对我们屡次申请恢复校名的要求均未给予答复。由此北师大的学生们爆发了复校运动，并汇入了当时北京学生运动的洪流。1947年下半年，为了恢复校名，北师大的同学们决定徒步从北京去南京请愿。学生们正在整队准备出发时，传来消息说：南京政府的教育部长朱家骅正在北京，于是队伍转向朱家骅的驻地。赶到那里时，据说朱家骅已经从后门溜走了。同学们不甘休，继续不断地在街上游行请愿，北师大的老师们也出面向朱家骅申诉、谈判。最终教育部同意并下文，恢复了北京师范大学原校名，我和同学们亲眼看着工人们把校门上的“北平师范学院”换成“北京师范大学”校匾，大家一起鼓掌来庆祝这次师生们一起努力迎来的又一个胜利。

3. 见证历史：四九血案，静坐长安（1948年4月9日）

1948年，中国正处在黎明前夜，由于国共两党的内战愈演愈烈，最终导致了解放战争的转折。很快，中国人民解放军开始在各个战场捷报频传，而国民党则是连连失利，只能固守城池，死守北平。随着全国革命形势的不断进展，国民党政府镇压学生运动的手段也更残酷了，北平的斗争形势更加尖锐复杂。

1948年4月9日深夜，北平在晚春的深夜里沉睡着，黑色的天空晚星稀疏，一弯明月低垂，北京师范大学的校园里是一片漆黑寂静，同学们都在熟睡。突然间校园里连续响起骇人的警钟，打破了黑夜的宁静。学生们都从沉睡中惊醒，衣冠不整地跑到院里，相互询问“出了什么事”？只听有同学高声地喊着说：“特务进校行凶了，砸了‘行知图书室’。”他们在南斋打伤了同学，还抓走了几个同学，赶快去救人哪。”同学们震惊了，愤怒了，大家咆哮着蜂拥到“行知图书室”，只见那里门窗已被打坏踢开，书报被撕毁，满地的纸片，屋内一片狼藉。大家又赶到南斋的学生宿舍，看到屋门被打破，地上床上到处是血迹斑斑，几个学生已被抓走了。同学们被激怒了，哭泣着、怒吼着要人，于是很快大家有组织地排好队伍，同学们手挽着手，一起前往当时国民党驻北京的行辕主任李宗仁的住处中南海去要人。

中南海在北京西城区的长安街上，是当局政府的标志。天刚蒙蒙亮时，北京师范大学的学生队伍已最先到达了中南海的新华门前，我们的队伍一字排开，所有的共产党员、共青团员们都站在了最前列，他们手挽手铸成一道人墙，保护着大家，也防止后面的人群涌动。这时的新华门内，国民党的军队已经摆上了机枪，长枪短炮已经对准了手无寸铁的学生。为了防止学生冲动带来伤亡，学生队伍的领导人一再告诫前排的同学，一定要站稳脚跟，要以理服人，不能让同学们冲过去，以免造成不必要的损失。后来，大家就索性一排排地坐在地上，振臂高喊口号，要求政府放人。有几位同学还登上新华门外的石狮子，慷慨激昂地控诉着特务们的暴行。微风吹动着他们的头发和长衫，迎着晨曦，他们年轻的面孔充满了激情和愤怒，显得那样的大义凛然，气宇轩昂，和他们身后的石狮一样雄猛威武。那历史难忘的一刻，也就永远定格在了我的脑海之中。这时，北京大学的同学们来了，清华大学、燕京大学的同学们也来了，全市所有大学的学生们都来了，浩浩荡荡的学生队伍，把长安街围阻得水泄不通，声势十分壮观。大家有序坐在地上唱着歌、喊着口号。各个学校的教工们非常支持学生的行动，按时为学生们送水送饭，学校的教授们还派了代表进入中南海与当局谈判要人。学生们在新华门外坐了整整一天，晚上天黑的时候，好消息传来：被抓走的学生终于被放出来了，并已送到医院治疗养伤。于是各校的学生队伍派代表去医院查看，得知情况属实之后，学生们才结束了静坐。我们相搀着从地上站起来，揉着发麻的腿，大家禁不住互相拥抱庆贺，拍肩鼓励，我们谈笑着像一群英雄一样凯旋而归。我们长达一天的千人静坐，终于赢得了胜利，我又一次体验到了我们学生众志成城的力量。

1948年夏季的一个中午，北平天气闷热，当午阳光如炽，北师大的同学们像往常一样，正在食堂里用餐，食堂里突然进来了一个陌生人，他站在那里，指点着饭桌上的饭菜，摆出了讲演的架势说：“同学们，你们不能没有良心，吃着政府的饭，还反政府，这一定是受了共产党的煽动。”刚说了几句，同学们就听不下去了，大家放下碗筷围了上来，开始和他辩论。他显然心虚有鬼，拔腿就跑。同学们去追，那人跑出去不远，慌不择路，被石头绊倒，同学们赶上来把他抓住了。可文人君子只能动口，不能动手。同学们便把他押到大操场开批斗会。大家纷纷就势上台控诉国民党政府的腐败和国民党特务的卑鄙罪行。北师大的同学们不愧是当老师的材料，各个口才很是了得，他们用这个反面教材，控诉怒斥，挖苦取笑，引古喻今，生生地批斗和演讲了一个下午，让国民党政府搬起石头砸了自己的脚。到了晚上，学生领导人发愁了，学生组织没有专政机构，把这个人怎么办呢？只好以扰乱学校秩序之罪，送交附近的警察所。但据说很快就被放出来了，因为他们本来就是一丘之貉。

1948年秋天，全国的革命形势发展很快，中国人民解放军在辽沈和淮海两大战役胜利结束之后，大军南进，形成对京津两地的包围圈，眼看北平的解放就在旦夕。就像黎明前的黑暗，北平城内的局势变得更加严峻残酷。这时北京师范大学的学生运动形式已经转变得更为隐蔽，中国共产党地下党组织要求同学们保存实力，做好准备，迎接北平解放。我们一般不再上街游行了，而以在校内做群众工作为主，以免遭受人员损失。

但是这时国民党特务分子是困兽犹斗，狗急跳墙了，他们组织了一次反游行，到各个大学去挑衅闹事，妄想打击进步学生的势力和影响。这是国民党政府临死前的最后挣扎，特务这次游行队伍的人数有几百人之多，而且配有全副武器，很是嚣张。北师大学生运动的领导者给大家下达了指令，手无寸铁的学生不能和全副武装的特务们硬拼，我们需要坚固防守，以减少损失，要保存实力。于是，地下党号召各个学校的同学们，把全校的学生集中于一些坚固的楼内固守。北师大的男生和女生都集中于原男生宿舍的丁字楼里，关紧了门窗，大家捡些砖头瓦块和木棍子用以自卫，以防万一。这次活动的核心机构有学生们组成的情报组，不时地有人把特务的行进路线和在各个学校的所作所为报告给情报组，情报组马上编写、刻印成简报，分发给全校同学。让大家了解情况，做好防备。那天下午3点左右，特务们在北京大学、清华大学等学校游行示威过后，出了和平门，最后来到北京师范大学。他们闯进了学校的大门，只见校园里空空如野，人影皆无。特务在院内绕了一圈，就像是历史上的“空城计”再现，特务们做贼心虚没有敢闯进丁字楼来，他们只得无事生非地砸了“行知图书室”和院内的告示牌，在院内放了两声空枪，一个同学也未见到，就结束游行，作鸟兽狐猴散去。特务这次组织的游行，在各校的情况大致相同，跑了一天，一个进步同学都未见到，企图进行挑衅和武力威慑进步同学的举动，不但没有起作用，反而激起了同学们的愤慨，我们明白，现在要采取不同策略，与特务进行黎明前的最后周旋，我们也更清楚，“冬天已经到了，春天还会远吗?”

4. 生命里程：入共产党，临危不惧

自从考入北京师范大学以后，北师大的各种学生运动，我都积极参加，想着为国为民尽一份薄力。我追求进步，单纯正直，又积极热情，从一个不谙世事的女学生成长为一个有思想的新青年，因此受到了中共地下党组织的注意。有一天，地下党组织派了一个叫沈芳的女同学，来学校宿舍找我谈话，两人在宿舍里低声地交谈。沈芳肯定了我的进步表现和救国热情，并向我介绍了中国共产党的性质和目标，希望发展我加入中国共产党。最后她一再叮嘱，是否加入党派，需要个人认真考虑，不要急于决定。我已经不需要再考虑了，经历了军阀混战、日本侵略、国民党政府的执政，亲眼看到社会的混乱无章，政府腐败无能，曾经颠沛流离的我，早已经对国民党政府丧失了信心，我何曾不在天天考虑中国的出路在哪里？什么样的政党和国家能让老百姓过上安稳的日子。我那时已经很明白了，现在只有中国共产党才有希望拯救旧中国，所以我毫不犹豫地选择了加入中国共产党，加入真正改造社会的阵营。于是，带着让全国的老百姓都能过上好日子的朴素愿望和梦想，我先加入中国青年联盟（中国共青团的前身），1948年我正式加入了中国共产党。

当时由于形势严峻，共产党在北平进行的都是地下工作，对党员的选择和发展手续非常严格，绝对不能马虎。在北师大，我的入党手续不但层层把关，而且保密手续也十分严格。党内，党员间都是施行单线联系，每个党员入党时要有两个介绍人，可我只知道沈芳一人，一切党的工作均由沈芳传达给我。入党时，党的上级领导派人找我谈话。上级党的领导人和我扮成一对情侣，

在城南的和平门和宣武门之间的胡同里挽手散步。我们漫步在弯曲幽静的胡同里，趁着四下无人的时候，他低声地向我讲解了党的性质、任务，党员的权利和义务，以及在地下状态保守党的机密的重要性。我们边走边谈，谈了近三个小时，最后他与我握手表示祝贺，这就是我的入党仪式了。1948年入党后，我的生活目标更明确了，我现在不只是为了我和我的个人前途而拼搏，不是为了一个李家大院、为我的父母和弟妹，而是要为了全民族的解放而身体力行地努力，我也不再觉得孤单了，我有了组织、同志和战友。

由于地下党组织周密，我们的学生运动每次均能达到目的，多以胜利结束，而且造成了很深远的社会影响，成了国民党政府的心腹之患。他们想出各种打压手段，想扑灭学生运动的星星之火。在解放前夕，在这苟延残喘之际，他们使出了杀手锏，要抓尽北平各个大学的共产党员，以瓦解学生运动。于是，他们通过各学校的国民党、三青团提供的线索，汇集成一个各大学共产党员的黑名单，在报纸和各校公布，限令名单上的人于9月18日以前到国民党专政机关自首，逾期不投，就将派宪兵到各校搜捕捉拿，想把各校的共产党员一网打尽，这就是“九一八”大搜捕。其实，共产党地下组织早已通过内部线索知道了这个黑名单，地下党立即决定：黑名单上的人，一个也不能落入国民党的手里。凡是上了黑名单的同学，都要马上送出北平城，送到解放区的共产党的华北联合大学去。北京师范大学上黑名单的有十几个同学，大多数均已很快被悄悄送出了北平。在校的地下党员里，包括我在内，还有六七个同学没上黑名单。由于我是为数很少的女生，瘦小纤弱，很少引人注意，加上我很少出头露面，保密工作做得好，没有暴露身份。我们的任务是继续留在学校坚持工作。可是万一我们的消息不准确，而国民党留有二手的话，留在这里，的确有着生命危险，但我们在所不辞地坦然受命。可是有的同学虽然不是共产党员，却错上了黑名单，我同年级的胡同学就是其中的一个。地下组织几次动员他去解放区，但他稚气地不以为然，天真地幻想着国民党政府会知错就改呢，不会把他怎么样，所以他书生气十足地坚持赌气不走。

离期限只有一天了，1948年9月17日上午，地下党组织找到我，要我出面去说服胡同学，并尽快把他送出北平。我临危受命，马上去找胡同学。我和胡同学是同乡，都是河北省遵化县人，还是“东风社”的社友，又在同一个年级读书，所以我俩平时也比较熟。到了胡同学的住处，推门一看，见他和衣躺在床上正生着闷气，我就半开玩笑半认真地说：“怎么，想当英雄啦？”胡同学气呼呼地说：“我非得看看国民党把我这个非共产党人抓去怎么办不可。”我说：“怎么办？很简单，先灌辣椒水，再打个半死，然后拉去枪毙。你应该听说过国民党宁可错杀一千，也不放过一个共产党员。现在送你去解放区，你不去，难道非要去坐国民党的监狱不可吗？”胡同学听了，不说话了，沉默了一会儿，他坐起来说：“那好，听你的。”我高兴地说：“这就对了，你准备一下，下午我亲自送你走。”于是有的同学帮他理发化装，有人帮他做假学生证，改名换姓，相片也改了模样，很快就一切准备就绪。

下午4点左右，我与胡同学出了宿舍楼，一前一后地准备走出北师大的校门，胡同学走在前面，我在后面接应，以防万一出事，我们也做了各种准备。校门口已经有四个国民党宪兵把守，各个荷枪实弹，核查着每一个进出的人，他们手上都拿着黑名单对照着。我在后面紧张地等待着，看见宪兵对胡同学上下打量核对了好久，才终于放他出了校门，我这才松了一口气，也随即出了校门。我们两人在离校门不远的地方，立即各自雇了一辆三轮车，坐到了王府井南口，然后又换了车赶往北平城东的朝阳门，出了朝阳门，过了八里桥，继续向东到了北平郊区通县的关厢，再走不远就是庄稼地了，我们就下了车，徒步转入了乡间小路。那时北平市东邻的通县已经是解放区了，我们总算喘了一口气。

临行时，党组织交代给我的联络点在朝阳门外关厢的平房小学，说出暗号即可将胡同学送去解放区。我们在乡间小路上急急地走着，遇到了一个赶大车的农民，我们向他打听去平房小学的路，并谎称我们是新来的平房小学的教师。那农民老乡一听是小学老师来了，非常热情，让我们坐上马车，一直把我们送到平房小学门口。到小学后，找到联络人，对上暗号，立即把胡同学送过封锁线。那天半夜，联络人回来说，胡同学已经顺利到达了解放区，我心里一块石头才算落了地。那时天色已晚，当晚我就住在了平房小学，恰好有两个和我一同在河北省省立五中读书的女同学在这里教书，我们几年不见，大家都十分兴奋，有说不完的话题，我们几乎一夜都没睡。

第二天起一个大早，我又按原路赶回了北平城内，那正是1948年9月18日。我本来是完全可以不再回到学校去了，假如我也不为人知地上了那个黑名单，回去是必死无疑了，可是我还得冒着风险回去，因为我是留校的党员，我的任务是在学校继续工作，绝对不能临阵脱逃。我毫不犹豫地匆匆忙忙赶回到学校后，向党组织汇报了完成任务的情况。当我回到系里时，校内的“九一八”大搜捕已经开始了。

这时，北师大地理系主任黄先生和系里的老师们正在为我担着心呢。他们虽然不能确定我是不是共产党员，但是看到我积极参加学生运动，无疑是个进步学生。今天国民党宪兵队要来学校搜捕共产党员，他们怕我有危险，就都勇敢地站出来，要保护我的人身安全。黄先生见到我后，马上决断地对我说：“你今天哪里也不要去，就待在系里，搜查时，我说你是我的新绘图员，不会有问题的。”他在系办公楼的绘图室里给我安排了座位，给了我一张图纸去绘制。国民党宪兵队很快就气势汹汹地冲进了系里，他们荷枪实弹，四处搜索，在绘图室内搜查时，宪兵们在我面前停下来，盯着我仔细地打量了很久，这时室内的空气顿时变得紧张起来。我沉住了气，装作聚精会神地绘图，不慌不忙，眼也不抬，不予理睬。就在这个紧急关头，系主任黄先生不顾安危地又站了出来，他拍着胸脯担保着说：“这是我新来的绘图员，不会有问题的。”他神态自若，非常镇静，宪兵们这才悻悻地走开。

感谢黄先生和老师们舍生忘死的掩护，我平安地躲过了“九一八”大搜捕。这次大搜捕正如地下党计划的那样，一个共产党员也没有落入国民党的手里，北平学生中的地下党组织保存了实力，没有受到重大的损失。

（二）迎接北平解放

1. 身体力行：发展党员，输送干部

1948年冬天，全国的形势变得很明朗了，经过国共两党的一番较量，中国共产党赢得了民心，解放军80万大军从东北南下，几大战役，一路凯歌，已经团团包围了北平城，北平的国民党守城军队陷入了绝境，这时的北平城内真是四面楚歌，解放的大局已定。听着城外那隆隆的炮声，北平地下党员和进步学生们都兴奋难抑，天天在期盼着解放那一天，我们也在更加忙碌地进行着各项迎接解放的工作。

"九一八"大搜捕之后，大多数的学生党员已被送往了解放区，北京师范大学，包括我在内，只剩有六七个党员留校在坚持工作。为了适应解放后新形势的要求，发展新党员成为了我们迫切的任务，所以对新党员的发展和教育成为当时的首要任务。我们的任务就是在理学院五个系中发展新党团员。经过大量的周密的了解和观察，秘密谈话，介绍党的性质和宗旨等工作。也是由于这时的时局更加明朗，人心更有所向，在这个时期，我们至少发展了十多个新党员和一批共青团员，使得北师大地下党组织的人员恢复很快，甚至超过了"八一九"大搜捕以前的规模，这才真是"野火烧不尽，春风吹又生"，北师大革命的星星之火，又有了燎原之势。

就在北平解放在望之际，共产党地下党组织认识到现在不仅

北平需要很多干部，解放区也更需要大批有知识有文化的干部。我们北师大地下党组织接到的任务就是向解放区输送文化青年。无论校内或校外的青年，只要有党团员介绍，而且本人愿意去解放区的，都可以由党组织安排去解放区工作。因为去解放区的通道、联络地点、联系人、暗号都是绝密的，一旦被特务知道，不但会牺牲许多年轻人的性命，而且对地下党和解放区也会造成很大的损失。所以我们的工作是秘密进行的，一般联络接头工作是在僻静的和平门的城墙上进行。

和平门位于北平内城南城墙，因为不是北京的传统城门，没有正式的城楼和瓮城，只有两个城门洞，附近多是贫民区，这里比较僻静冷清。和平门两侧破旧的老城墙因多年战乱，无人管理，城墙的砖墙多已风化破碎，城墙上面长满了荒草树丛，酸枣棵子，这里是一片荒凉，所以十分隐蔽。在那里，我们与去往解放区的同学们见面，我们口头讲述联络地点和暗号，让对方背诵几遍，记牢之后才放行出城，我们都是一对一地单独进行的。那段时间里，我们大概输送了十几个青年人去解放区工作。我们还利用学地理学的专长，帮助绘制各种北平的市区地面图，并向解放军传送城内情报。我们每天汇总城内情况一两次，内容包括：北平重要的文化遗产的位置，需要保护的各类学校居民区的位置，国民党守军的动向，以及驻军情况、兵力部署等。每天都有同学冒着生命危险，专人来汇总情况并向城外传送消息，以帮助解放军早日解放北平，这一工作，我们一直持续到北平和平解放。解放军在战时还关心着古城的人民、文物和古迹的保护，让学生们十分感动。

2. 忠贞报国：参加护校，挽留教师

1948年底，解放军打赢了辽沈和淮海战役，天津市已经解放，解放大军随即包围了北平，国民党大势已去，北平解放近在眉睫。当时，中国共产党地下党组织对解放北平做了两手准备，一是和平解放，这当然是最好的方案，可以使北平这座历史悠久的古都不受战火的毁灭。二是不得已的武力解放，那就将是一场浴血奋战。为了减少各种损失，以防万一，北京师范大学的党团员和师生们一起，掀起了一场护校运动。大家纷纷把学校各系的贵重教学仪器、图书资料、艺术品、收藏品，等等，一一包扎起来，掩埋在地下或放入地下室等安全地方，以免遭受战火的损失。北师大理学院的贵重仪器较多，护校工作也最繁重。大家为这项工作一直忙碌了20多天后，北师大已是坚壁清野。

由于战事在即，北师大有一些教授和教师们为了家人的安危，纷纷准备携家带口离开北平。我和同学们都很明白，教育是这个国家的前途所在，而这些教授们是学校的核心和精华，他们是国家的财富，中国的未来需要他们。所以我和同学们承担了动员北师大教授们留校的工作。学生们一一走访了住在学校附近的教授和教员们，向他们解释，新中国的教育还要大发展，更需要大家为祖国出力。共产党的政策是重视教育和尊重教授，如果他们能留下来，人身安全是可以保证的。看着他们自己的学生们如此诚心实意，有着对复课的强烈渴望，我们让他们感觉到了这个国家的希望，北师大的教授们很感动，很多都因此打消了走的念头，最终的确走的不多，这对解放后的北师大复课办学保存了实

力，我们都感到很欣慰。

就在北平解放的最前夕，学校地下党组织接到了上级的指示，万一和平解放北平不成，就得用武力打下。因此北平城里的共产党党团员们都要发枪，准备上战场，里应外合配合解放大军的行动，并动员大家都要做好心理准备，做好为新中国牺牲的准备。党组织分配给北师大党团员们的攻守地点是和平门外大街南口的一栋楼房，是个制高点，当时那里好像是一处金融机构。北师大的同学们一起去侦察了该楼的地形，研究了驻守地点和进出路线等。同学们摩拳擦掌，兴奋地等待着发枪。我们虽然是一群文弱书生，穿着长袍戴着眼镜，大多数人连枪都没摸过，但是我们不怕，我们有血有肉，像歌里唱的，要把我们的血肉筑成我们新的长城，我们真的准备拼了。很多同学都写好了与家人的诀别书，以防万一。

在这个历史关头，我也在想，是应该抽空给父母写封信，交代一下，万一我回不去，应该让他们知道，我是为我的理想而死的，让他们别难过。可是我不太擅长道别，也不知道怎样开头，那笔真是难以拿起。也罢，人生自古谁无死，就是死，我也是死得其所。

就在那最紧张的历史时刻，北平或生或毁的千钧一发之际，就在这个千年古都和百万北平人民命悬一线的时候，1949年1月，国民党的守城将领傅作义将军，深明大义，他不愿做个历史罪人，毁名城和百姓于一旦，明智地与共产党达成了和平协议并签名，责令25万守城的国民党军队撤出了市区，开城投降了。

北平市终于和平解放了，北京这座古老珍贵的城市被保留了下来，千千万万的北京老百姓免受涂炭，我们的学校、图书馆、教学仪器和图书、古老的校舍，都被保留了下来。我们这才最终松了一口气。1949年1月31日，解放军和平入城，进入前门，成千上万的市民夹道欢迎，盛况空前。解放大军也从此全面转入战略进攻，很快就大军南下了。

（三）命运插曲：黎明前夜，舍命救弟

这是在北平解放前夕我的人生经历中的一段插曲。

也就在北平解放前夕，1948年秋冬季，国民党的守城军队已经退缩在北平城外的南口长城一线苟延残喘。正当我和北师大的同学们为迎接北平解放紧张工作的时候，我们积极地护校，挽留教师，给解放大军提供信息等，忙得不可开交。一天，我突然接到一封用纸糊的简陋的信笺，拆开一看，是比我小六岁的大弟弟凯兰寄来的，他在信中说道，他在老家地里种地的时候，被国民党抓去当了雇佣兵，编入北平国民党的守城部队，现在就驻扎在北平的南口地区，希望大姐我能来搭救他。虽然只有几个字，却顿时使我忧心如焚。我和大弟弟很亲，他是我的第一个兄弟，从他一出生，我就一直帮着母亲照看他，背着他哄着他玩，给他喂饭穿衣，看着他一天一天长大，直到我离家外出念书。我们姐弟情深，是不言而喻。现在全国眼看就要解放了，可只有17岁的弟弟却被国民党抓去当了炮灰，国民党的守军已陷入重围，这样下去，弟弟是十有九死，这可怎么办。我急忙去找同学们商量，想办法一定要把弟弟救出来，同学们听了也很着急，都纷纷给我

出主意，我们最后决定，这事只能智取。

第二天，我和几个同学一起赶到了北平城外的南口，找到国民党部队的军部，我要求一定要见弟弟一面。部队就派人把我的弟弟从长城前线叫了回来。一见面，只见弟弟又长高了一头，但是他面黄肌瘦，蓬头垢面，已经被折磨得不成人样了。弟弟见到我后，就伤心委屈地痛哭起来，言语哽咽，他还是个17岁的孩子，还是上学的年龄呀，而且从来也没有离开过家，他的心理我完全明白。看到眼前这种情况，我的心里十分难过，我按照同学们商量好的主意，就对部队的长官说，我们要带弟弟出去洗个澡，吃顿饭，晚上一定把他送回来。当时国民党大势已去，军心涣散，看到我又是个年轻瘦小的女学生，想着大概不会有问题，所以那长官犹豫了一下，就勉强答应了。出了军营的大门，我们就赶紧带着弟弟上了开往北平的火车。回到北平，我们在前门站下车以后，我赶紧把弟弟送进了一个小澡堂，低声对他说："你在里面洗澡，千万别出来。我回去拿衣服再来接你。"然后我马上跑回学校，又在同学们的帮助下，借了男同学们的衣裤、鞋袜和棉袍等，回到前门澡堂，我让弟弟把部队的军装通通扔掉，换上便衣棉袍，他看上去俨然就是个文弱的大学生了。

为了安全起见，我把弟弟凯兰带回北师大学校里，让他借住在男学生的宿舍里，解决了住宿的问题。可吃饭怎么办呢？当时，许多同学已经去解放区了，学校食堂有不少的空额，和大家一起吃饭，多一个人也不成问题，但是当时大家的生活都很困难，我不能占学校的便宜，于是我就和学校的伙食科商议，想解决弟弟吃饭的问题。伙食科说："你交一袋面粉，就算是伙食费，他就和学生们一起吃吧。”这条件很是宽松，但是这袋面却难坏了我这个穷学生。我常常嘲笑自己一生总是贫穷少钱，捉襟见肘，大概是自己从来没去过北平的财神庙上过香，现在现烧香现拜佛已来不及了。我想来想去，一时没办法，只能硬着头皮去找我河北省省立五中最要好的秦同学的嫂子求救。秦同学的嫂子家在北平，生活也很困难，靠着秦同学在天津教书养活着一家人，穷得家徒四壁，只有一袋白面，全家人都舍不得吃，怕给老鼠咬了，就用绳子挂在房梁上。听说我的困难，秦同学的嫂子二话不说，把白面从房梁上取下来，交给了我，“救人要紧。”她说。这一袋面，解决了弟弟的吃饭问题，也救了他的性命。这重重的一袋面的恩情，至今让我念念不忘。

大弟弟凯兰自此就一直在北师大隐身，由于当时国民党的部队忙于奔命，后来撤出市区以后，就被解放军改编了，所以也没有顾上来追究。直到1949年初，北平和平解放以后，大弟弟进入了革命大学就读，毕业以后，他被分配到天津工作。很不幸的是，工作不久，大弟弟就得了病，几经治疗无效。解放初期还是供给制，没有工资，我实在没钱给他治病，他只好因此回了燕山的老家，我也希望母亲能够给他调理治病，救他一命。1951年，才19岁的他，久病医治无效，最后终于在遵化老家去世。这个热爱新生活的青年，生命才刚刚开始，国家刚刚解放，生活也才刚刚好起来，他多么希望他的大姐能再救他一次，可在当时的那种情况下，我却无能为力，这成了我终身的憾事，现在想起来，还常常难过后悔得伤心落泪。

几番风雨劲，几度夕阳红，20世纪40年代，我在北京师范大学的几年校园生活，是我生命中的一个起点、一个亮点。在这里，我开始成长和成熟，我开始真正理解了中国历史和国情，从而明白了我的历史使命，明确了我的人生信念和理想，懂得了如何救国救民，开始了身体力行的救国工作，我的人生从此变得真正有意义了。北京师范大学，我的母校，你改变和丰富了我的人生，我永远感激你！

第7章

北平和平解放

（1949—1950）

1949年1月31日，北平市终于正式宣布和平解放了。

“解放”这两个字对于我们这些长期处于地下工作状态的爱国学生们来说，真是太期待、太珍贵、太震撼了。我们现在终于可以昂起头来，自由地学习和工作，自由地追求信仰，自由地大声讲演和宣传，我们可以自由地生活了，我们的国家和未来有希望了。这一直是我们的梦想和追求，现在梦想成真了，我们欢喜若狂。北师大的同学们在校园里高兴得相拥相抱，喜极而泣，在握手相互相贺之后，我们就一起跑到前门去迎接解放军接守部队进入北平市。我们亲眼见到威武的解放军大部队，步兵、汽车队、装甲车队，浩浩荡荡地从前门进入北平城，战士们虽然军装破旧，风尘仆仆，但各个精神饱满，笑容满面，他们不断地向市民们挥手致意，十分和蔼可亲，大家如同见到了自己的亲人，夹道欢迎，振臂欢呼，盛况空前。经历多少年的风风雨雨，痛苦和艰苦的磨难，我们终于盼到了解放，人民要当家作主了，中国是属于我们自己的了，生活要发生翻天覆地的变化了，那种感觉真是刻骨铭心，那种心灵上的震撼是难以用文字来描述的，我的眼睛又一次被泪水模糊了。

（一）北师大学：建党基石，革命摇篮

刚刚解放的北平市，由于战火连年，加上过去国民党政府腐败，管理混乱，财政空虚，在撤离时又狂取乱夺，连故宫里的文物珍藏都没能幸免，他们留给我们的是一座古老的城市和几百万贫穷的北平老百姓。那时，政府无人办公，市场混乱，国库空虚，物资极缺，北平街头的店铺饭馆关门，学校停课，交通停顿，古都北平的确是百废待兴。可是“儿不嫌母丑，狗不嫌家贫”，不论怎样的贫穷，这是我们自己的祖国、我们的责任。也就在北平解放的一瞬间，我们广大的大学生们已经马上意识到了我们新的历史使命，那就是为建设一个和平的新中国出力。我们学生们的救国热情立刻变成建国的热情和责任。那一段时间，我和同学们每天都提一条小板凳，到前门等地去向市民们宣传解放政策，帮助新政府稳定民心，我们是风雨无阻。冒着早春的寒风，我们站在板凳上，大声地向大家讲解形势，讲读国情，宣传政策，抚慰民心，建议大家放心开门营业，学校复课，恢复正常生活，协助政府维持秩序。我个子小，即便站在板凳上也矮人一头，可是我的嗓门大：“市民百姓们，北平解放了，人民政府会尽快恢复一切正常秩序，保护大家的生意买卖，大家不要害怕，要遵纪守法，要帮助解放军维持治安秩序。”看到年轻的学生们，特别是女学生们在大街上演讲宣传，市民们觉得很亲切和宽心，

我们的确起到了安民的作用。解放后，我们的工作更加繁重了。

1949年，北平解放以后，北京师范大学在校内首先公布了校内中国共产党地下党员的名单。名单是用大红纸、毛笔字写的，像考生发榜一样，隆重地贴在了校园的公示墙上。名单上面也只有十几个党员的名字，其中有一半是在“九一八”大搜捕后新发展的学生党员。全校的师生们围看着名单，都点头称赞说：“真了不起，只有这么几个年轻学生，把学校的学生运动搞得这么轰轰烈烈的，不简单，不简单。”这样使中国共产党的威信也就更好地在学校里建立了起来。其实，学校是铁打的营盘流水的兵，很多党的组织工作都是上几届老党员同学们做的，他们或者已经毕业，或者去了解放区。现在公布的党员名单，只是我们未毕业的在校生党员而已。那些已经离开学校的学生运动的领袖和先驱们，虽然没有出现在名单上，我也记不清他们的名字了，他们都是单薄文雅的青年学生，但他们敏锐先觉的目光、足智多谋的组织能力、一呼百应的号召才能、临危不惧的胆量，以及为追求信仰而宁死不屈的精神，我什么时候想起来，都是历历在目、难以忘怀的。这些年轻人才是我们的开国先驱和英雄，启蒙和榜样。没有人知道他们，他们没有勋章和纪念碑，可我是永远都不会忘记的，我只能借此书向他们致敬，把他们写进历史，但愿他们的功绩永远不会被后人忘记。而我们留校的学生党员后来所做的继往开来的工作，也是在当时的国情和环境下，被时代的洪流推动着，每一个爱国的、有正义感的、热血的中华儿女们都会做的事情，实在不足挂齿。

北平解放以后，随着中国共产党的威信在北京师范大学师生中逐渐树立起来，北京师范大学成立了共产党的党总部，下面设有两个支部，即文学院与教育学院的党支部和理学院的党支部。那时北京师范大学党支部的主要任务是在师生中发展新党员，加快党的队伍建设，以适应新中国发展和建设的需要。解放后，北京和全国都急需要大量的文化干部和党员骨干，做各级政府的领导和管理工作，所以尽快发展新党员成为了我们迫切的任务。我们开始马不停蹄地工作着，日以继夜地找优秀的同学们谈话，了解情况，鼓励他们参加党的工作，为建设新中国出力。好在这个时候，解放了，自由了，申请加入中国共产党的同学们越来越多，党员的发展工作变得容易多了，我们已经可以公开地找发展对象们谈话，我们在校园、教室和宿舍里，随时可以直接找同学们谈话和介绍党的宗旨，公开举行庄重的入党仪式，新党员在红旗下进行入党宣誓仪式，堂堂正正。回想起以前我们地下发展党员工作的经历，今天的工作显得更加得心应手了。这些年轻的新党员学生们入党以后，很快地有些就纷纷参军，随着解放大军南下，有些掷笔从政，成为新中国建设的新的生力军。就这样，建党工作继往开来，北京师范大学成为解放初期建国建党的一块基石，一个牢固的根据地。

北平市刚刚解放时，市里即刻就需要大批的干部补充市属各级政府机关，重新组织建设和管理城市的交通、学校、商业、财经、公安、政府机构等各方面，特别急需能领导会管理的文化干部，年轻的新北平市是求贤若渴。因此，北京师范大学的许多同学还没有毕业，就被学校挑选推荐去了北京市政府、公安局和其他市属各个机关工作，并都委以重任。同学们个个都深明大义，尽管他们都有着自己的愿望和计划，但此时却毫不犹豫地放弃了学业，为国为民，毅然弃文从政。他们先国后己、大公无私的精神，让我十分感动。不久，为了解放全中国，解放军大军南下，解放军又需要大批的部队文化干部。因此许多北师大的同学又被推荐去参军参干，随着解放军大军南下。还是这些年轻文弱，带着眼镜的学子们，坦然投笔从戎，脱去长袍，换上军装，离开家乡，慷慨赴命，那英雄气节和场面真是感人肺腑，也让我为我的同学们和学校深感自豪。那时我也曾跃跃欲试，想去参军或参加工作，可我的个头还没有枪高呢，一个瘦小纤弱的女学生，总是无人问津，没人愿要。这一时期，经北京师范大学党总支部推荐去工作和从军的干部达几十人之多，那时的北京师范大学也名副其实地成为了国家文化干部的摇篮之一，我们的发展工作不加快脚步，已很难满足新时代的需求了。

至此，我也亲眼看到了，无论是战乱年代，还是解放初期和建国时期，中国的广大知识分子都是最早觉醒领悟，为国为民，最先挺身而出，义不容辞。从民国时期，有识之士开办学校，培养人才，到“五四”运动，抗日救国和反内战的学生运动，解放战争中的护校，护国安民，从军从政，到新中国的基本建设，每一个历史阶段，中国的知识分子始终如一地奋斗在救国和建国的第一线，他们的敏锐目光、进步思想和无私奉献，自始至终都是中华古国进步和自强的动力，他们的精神和功绩应该永远被中国历史铭记。

（二）巨龙鼎立：新的中国，新的气象

1949年，解放后的北平市，人们的心情是兴奋和狂热的。

那时的天安门前，总是欢庆解放的人群和集会不断，到处是彩旗、花束和气球的海洋，人们甚至冒着风雨狂欢庆祝，彻夜歌舞不息。

庄严肃穆的天安门位于紫禁城的侧面，这里厚重的围墙高耸，高大的红门紧闭，森严的门洞深邃，还有威严的石狮镇守。这里曾是历代皇帝君王们颁旨下诏的威严圣地，一切都象征着权力的无上和神圣。想起过去的几年，我也曾来过天安门前，因自己和国家的前途无望而失魂落魄地游荡，也因走投无路而在这里切齿痛骂，恨这个外表金碧辉煌而背后龌龊无能的政府。那时，这个高高在上的大门楼是城门紧闭，冷漠无情，毫无怜悯之情。可是今天，这里发生了天翻地覆的变化，这里成了人民的天安门广场，是人民欢庆解放翻身的地方，这里将是为广大人民撑腰做主的地方，普通的老百姓们已经再也不用在这里唯唯诺诺地“肃静”和“回避”，也不用卑微地下跪领旨了。现在这里充满了欢歌笑语和欢乐的人群。想想往日的皇帝君王们若地下有知，不知要作何感受，恐怕会龙颜不悦，慌乱惶恐，可是历史行进的脚步是谁也阻挡不住的。

1949年10月1日，是20世纪中国的第二次历史巨变，毛泽东主席在天安门城楼上，庄严地宣布中华人民共和国成立，升起了五星红旗，中国人民从此站起来了！中国中央人民政府在北京成立，北平市恢复了北京市的名称，并定为国家的首都。共和国的成立宣言中还确定了中华人民共和国国旗、国歌和国都，中央领导人还和大家一起观看了雄伟的开国大典阅兵仪式，解放军海陆空三军人马，整齐威武地列队走过天安门广场，接受检阅，士气轩昂，情景十分壮观，这使得民心大振，也第一次令世界瞩目和震惊。天安门广场成了欢乐的海洋，“中华人民共和国万岁”的呼声不断，震耳欲聋。到了傍晚的时候，天安门广场上的灯笼火把全都点起来，加上万支礼花礼炮射入北京秋天的夜空，五颜六色的火花结成满天彩星彩霞，和地上千万灯火连成一片，整个北京城灯火通明，真真地成了一个不夜之城。

1949年新中国的成立，给中国人民带来了盼望已久的新生活和新气象，建国大会上的每项决定，都使北京市民们激动万分，十分认同。新中国的建国宣言和建国政策中，取消了过去各资本主义列强们强迫中国政府签订的许许多多的不平等条约，新中国强调中国要建立独立、和平、自主的国际关系，不容许任何人的侮辱、蔑视和侵略，强调社会要尊重劳动人民，劳动人民要翻身做主，这让整个国家和民族终于有了尊严，让人们终于可以扬眉吐气，抬头挺胸，我们不再是让人瞧不起，可以任意侵略宰杀的“东亚病夫”和“亡国奴”，我们有一个堂堂正正的共和国，一块自由神圣的土地，从此屹立在东方，让世人瞩目，让我们自豪。

中国人民在20世纪50年代，需要克服战后的重重财政经济困难，逐步恢复全国的工农业生产和交通事业，要首先解决将近五亿人民的吃饭问题。于是在1950年，全国首先实行了土地改革，为的是让耕者有其田，使土地为农民所有，以提高农业生产力，改善人民生活。广大贫穷困苦的农民们经过土地改革后，分得了土地、房屋、牲畜和农具等财物，都欢天喜地。当时他们对毛主席的崇拜是发自内心的，人们把供了多年的神像拿掉，换上了毛主席像。因为供拜了多少年的神仙佛爷，祈祷叩拜了多少年，用了多少香烛供品，可老天爷也没给他们带来过安稳富裕的生活，而是战乱不停，流离失所，缺吃少穿。而今天是毛主席和新中国让他们得到了想要的一切，那时，全国的农民们真是带着淳朴的感恩心情来崇拜领袖毛主席的。我也真正地希望广大的农民们能够很快脱贫致富，过上丰衣足食的好生活，希望我远在燕山的家人和乡亲们也能从此过上他们梦寐以求的好日子。

（三）强化业务：为新中国，学成报国

北平解放以后，1949年初，北京师范大学在老师和同学们的积极努力下，很快就恢复了正常的教学秩序和课程，除了恢复了正常的教学科目以外，还延聘了知名的教授学者，经常在校内组织各种各样的学术活动，以增加学校的学术气氛，这给我们提供了更好的学习条件。虽然在北师大的四年学习中，学生运动占了我多一半的时间，但是，我对学习一直是很重视的，没有敢疏忽，我常常利用学生运动的间隙，抓紧时间自学和广泛阅读。目睹着现在国家的巨大变化，我要学成报国的念头也越来越强烈，而且这是我最后一年的学校生活了，我更加渴望多学些知识，日后好能够服务于社会。

北京师范大学的教学历来都是十分严格和认真的，老师们的教学水准都很高，那时许多教材和参考书都是英文版，很多科目的老师们也常是用中文、英文交替讲授。可是我们这一代人由于经历了日本鬼子的奴化教育，从中学到大学，我只学了半年英

语，英文课就都被日语课代替了，所以我的英文功底很差，显得有些笨嘴拙舌。再选修英文课，还有一年就毕业了，时间也来不及了。面对这英语教学，我可犯难了，但我不是那种轻易放弃目标的人，从小母亲就讲过“笨鸟先飞”的道理。于是每天下课以后，我就在宿舍或图书馆，搬着英文字典读课文，一个字一个字地查，一个词一个词地记。早上早起一会儿，在床上默读英文，利用吃早饭的时间背读单词，走在路上也喃喃自语，睡觉前也背几个单词短句，很快我就可以顺畅地读懂课文，在课堂上也能跟得上了，老师叫我起来读课文，我可以应对自如。这是我利用休息时间换来的成绩，我很高兴，这对我的帮助很大，也增加了我学习的自信心。

我之所以考入北京师范大学地理系，主要是觉得中国地域博大，资源丰富，但农业落后，亟待解决。民以食为天，只有改善了中国的农业，才能解决几亿人吃饭的基本问题，所以改善农业的确是一个天大的问题和课题。那时我们的国家贫穷又封闭，信息和交通也不便，使自己对国情的了解非常有限，所以我想通过学习地理学，来扩大自己对中国风土人情和土地资源的了解，而且学习地理学，要东跋西涉，进山跨水，这很适合我好动和好奇的个性。我想“读万卷书，行万里路”，以便更多地了解中国，了解这一片富饶的土地，了解民生情况，以改进农业生产，改善老百姓的生活，进而将来可以进一步了解世界，所以我对地理学一直是情有独钟。

在大学二三年级时，北师大地理系开了选修课，我马上选修了天文课，想要扩大知识面，同时了解天和地，学习先哲具有广博的知识，应了那句“上知天文，下知地理”的老话。教我们天文课的是中国著名的天文学家刘玉峰教授，他年纪比较大，行动不便，所以他一般都是晚上在他家的四合院里授课。那时北京还没有严重的空气污染，也没有很多的高楼大厦，北京的夜晚十分晴朗，天高月明，我们站在四合院里，仰头望去，夜幕中漫天闪烁的星斗十分清晰。刘教授站在院子里，亲自指点着学生们认识星座的位置，和随着季节变化而发生的星际变化情况，我们从而认识了天河和北斗七星，知道了月亮的阴晴圆缺，海水潮起潮落的起始因由，了解了云相变化和大地气候，湿度及气温变化的关系，等等，使得我们对浩瀚的宇宙有了初步的整体认识，懂得了天地相关相连，相互影响，科学各个分支的独特性和整体性的道理和关系，这让我很长见识。

地理学是一门理论科学，也是一门应用科学，是要通过实践和观察才能认识和掌握的学科。除了课堂教学以外，我们还要常常外出到各地去实地考查实习。在学习地质地理课时，老师们常常带我们出北京城，去野外认识岩石、地层和地貌。我记得第一次野外考察实习，去的是山西省的大同地区。山西省位于太行山脉西侧，不仅地貌类型复杂多样，有山地、丘陵和黄土高原，矿产也非常丰富，而且文化历史悠久，名胜古迹之多，是中国之最，是个地理地质实习的最佳去处之一。这一次我们除了考察各种地形、地层和地貌，土壤和水质情况，采集了各种岩石土样的标本以外，还参观了著名的大同云岗石窟和应县木塔。云岗石窟巧妙地依山开凿，巨佛靠山而坐，与山同高，气势之宏伟，规模之浩大，让人惊叹不已。由于过去战乱不断，缺乏保护，加上风蚀雨侵，石佛已经处处斑驳不堪，很让人担心。这次考察让我们大开了眼界，更觉得中国劳动人民的智慧真是了不起，中国的历史古迹，实在是丰富的宝藏，应当珍视和保护，让后代人也能有机会一睹风采。

刚刚解放的新中国，农村是很贫困的，那次和老师同学们去山西省大同实习，我们吃住都在老乡们的家里，睡在铺着干草的土炕上，吃的和老乡们也一样，每天都是蒸土豆蘸盐巴和酸菜汤，我们很不习惯，大家的胃总是返着酸水，还吃不饱。偶尔改善生活的时候，我们能吃到莜麦面条和莜麦圈子。在黄土高原上，大多缺少树木和水源，农民家里一般做饭都烧干牛粪。做饭时，农妇一人坐在灶前，左手拉着风箱，右手抓起一把一把的牛粪扔进灶膛燃烧，等水烧开了，她一面继续用左手拉着风箱，一面卷起裤腿，用抓过牛粪的右手在大腿上搓莜面条或莜面卷，之间还要不断地用同一只手抓牛粪添火。由于缺水，北方的农民很少洗澡，黑黑的腿上，只有搓面的地方是一块白白的皮肤，黑白分明。好在大家都很理解当地农民的贫困，我们也只当没看见，照吃不误。吃完莜面后肚子很胀，只能吃七分饱，而且吃完很快就又饿了，就是这样，农民们还是很少吃到莜麦面，他们经常是土豆当半年粮。

这次实习，让学生们长了很多见识，亲眼看到了中国疆土之大，地理条件之丰富，的确得天独厚。我们也初步了解到学习地理学的辛苦，也亲身体会到农村生活的贫穷和落后，这更激发了我们学习的热情，希望早日学成报国，能够服务于民，改善广大农民的生活。那一段时间，我们还长途跋涉，到其他的省份去实习考察。教地质地貌的老师们还带着学生们去了西北高原，去辨认高原土层、火山地貌和冰川遗迹，观察沙漠和戈壁滩的变迁，等等。这些实地考察给我的印象非常深刻，地理学从书本上的抽象描述、空洞理念，变成了可触及的多维实体，变得实在、具体、鲜明，看得见，摸得到，用得着。这让我大开眼界，收获很大，使我们更能理解地理学的实用性，同学们都觉得这些实地实习的收获，的确是胜读十年书。

（四）大学毕业：见周总理，留北师大

1950年的夏末秋初，又是一个收获的季节，我在北京师范大学的四年学习结束，正式大学毕业了。当时新中国的建国进程刚刚起步，全国上下百废待兴，各行各业急需大量文化人才，因此国家十分重视这新中国的第一届大学毕业生，把我们视为国家极缺的宝贵的知识人才。为此，在辅仁大学的大礼堂，周恩来总理亲自接见了我们全北京市1950届的大学毕业生。周恩来总理在雷鸣般的掌声中走了进来，他衣着朴素，人很消瘦，一双剑眉，眼睛炯炯有神，气宇不凡。他和大家握手交谈，带着温和微笑，谈吐幽默。周总理登台向大家讲了话。他声音洪亮地鼓励我们这新中国的第一届大学毕业生们，要积极投身新中国建设，解国家之急，为国家立新功。他要求各校都要做好毕业生的分配工作，以充分发挥毕业生的专长和能量。我和北师大的毕业生们一起参加这次大会，亲眼见到了敬爱的周恩来总理，聆听了总理谆谆教诲，感受到了国家对我们的关爱和重视，感到非常荣幸和自豪，大家都很受鼓舞，很兴奋，年轻的同学们个个意气风发，摩拳擦掌，整装待发。

在接受了周总理的接见之后，我直接参加了这次北京师范大学大学生分配的具体工作。按照规定，分配方案制订之后，为了保证每一个毕业生都能人尽其能，学校的分配方案要上报到国务院大学生分配办公室，经过仔细审查后才能施行，充分显示了国家对人才的爱护和珍惜。为此，我前前后后跑了几次国务院大学生分配办公室，一次又一次汇报分配方案，请国家审核。这时，北京师范大学向我提出建议，希望我毕业后能留在学校工作，担任北师大的党组织工作，以及教学组织和学术交流工作，我马上就爽快地答应了。能留校工作，我感到非常荣幸，这几年风风雨雨的校园生活和经历，老师们的谆谆教诲和关爱，教育培养和成就了今天的我，也使我与北师大结下了深深的感情，一种母女般的依恋感情，我当然也很希望能为我的母校尽一分微薄之力，自己想要搞地理学研究的计划要暂时先放一放了，心里难免有一些遗憾，可还是要先国后己嘛，要以国家的需要为重，我还年轻，以后一定会有机会的。

新中国的诞生，带来的气象万千，生机无限，给了我无限的希望和信心，26岁的我，风华正茂，春风得意。我在想，生活终于是苦尽甘来了，新的生活和工作在等待着我，我也非常自信，未来我会有很多机会的，我会做出一番事业的，我满怀憧憬，踌躇满志。

作者出席《中国人口》丛书编委会会议（1982年摄）。

作者在丈夫的书桌前，她身后是丈夫喜爱的君子兰（1984年摄）。

作者出席城市化和城市人口问题国际会议（1987年摄）。

作者的全家福。前排左起：大儿媳、大女儿、外孙女、二儿媳、孙子、作者、孙女。后排左起：大女婿、小女儿、小儿子、大儿子（1989年摄于北京）。

作者在英国做人口研究的访问和考察（1995年摄于伦敦特拉法加广场）。

作者在英国做人口研究的访问和考察（1995年摄）。

作者在法国做人口研究的访问和考察（1995年摄于巴黎埃菲尔铁塔）。

作者在法国做人口研究的访问和考察（1995年摄于巴黎圣母院）。

作者在美国首都华盛顿参观旅游，身后远处是林肯纪念堂（1998年摄）。

作者在纽约参观旅游，身后是世界贸易大厦的双子塔建筑（1998年摄）。

作者在美国首都华盛顿参观旅游，身后是杰斐逊纪念堂和樱花（1999年摄）。

退休后的作者和爱猫在家中小歇（2000年摄）。

作者在美国加州优胜美地国家公园（2003年摄）。

作者于夏威夷旅游，在海滩上看海龟（2005年摄）。

作者于夏威夷，观察火山岩（2005年摄）。

作者在夏威夷Kona海滩（2005年摄）。

作者（右）参加退休老干部合唱团（2008年摄）。

作者专程回国看奥运会，摄于鸟巢前（2008年摄）。

作者（左二）和退休老干部们参观奥运村（2008年摄）。

第8章

遇到我的良师好友和终身伴侣——孙敬之（1949—1965）

1949年，是中国历史上的一个光辉重大的转折点，也是我生命中一个永远难忘的年份。这是我在北京师范大学上学的第四个年头，也将是最后一年的大学生活。

（一）初次见面：地理牵线，学术之谊

1949年，我一边继续在北京师范大学上课，一边在为学校的复课和学术交流工作忙碌着。虽然学校已经恢复了以往的教学课程，可我还计划着要多请些校外的知名学者和教授，来学校做学术报告和讲座，以促进学术交流，活跃学园的学术气氛，也使同学们能扩大知识面。当时正好华北联合大学（中国人民大学的前身）已迁进北京，在华北联大工作的前几届北师大的校友们，也纷纷回母校来看望大家。我以地理系学生会主席的身份，邀请大家来母校进行座谈，以了解一下华北联合大学在革命根据地的

地理教学情况。老校友们一致向我推荐了华北联合大学的孙敬之教员，他多年从事地理教学工作，在解放区教授地理学多年，有丰富的教学经验和第一手资料。孙教员当时的住址在先农坛。于是，为了学术报告会，也为了表示对老解放区来的同志和老师的尊重，我亲自出面去先农坛请他。我到先农坛见到孙教员后，说明了来意。孙教员是一个高个子，非常温文尔雅的中年学者，彬彬有礼，他很爽快地就答应了，并表示他自己以后还要多和母校地理系联系，帮助母校的工作和教学。我了解到，孙敬之教员也是我们北京师范大学的校友，早我很多年毕业。在北师大时，他主科学历史，副科学地理，从预科到本科在北师大学习过几年，后来反副科为主科，主修地理，他在北京师范大学毕业后，多年一直在从事地理教学工作。因为他长期在游击环境里教学，过着戎马生涯，生活很艰苦，而且参考资料和地理教材极缺，就在那艰苦的环境里，他自己编写了全部的地理教材，还写了30万字的《中国地理总论》和《世界地理纲要》，这让我非常佩服他的才华、学识和毅力。

孙教员来北京师范大学做报告那天，报告会也是我主持的。百闻不如一见，孙教员果然名不虚传，不亏是有多年教学经验的老师，他的口才很好，声音洪亮，简单生动地把解放区的地理教学做了个介绍，内容很符合大家要求，讲得很好，我和大家听得津津有味。大家对孙教员的报告反映非常热烈，这更让我对他肃然起敬。报告会后，我亲自把他送出北师大的校门，以表示感谢。初次见面，孙教员人到中年，高高的个子，宽宽的肩膀，天庭饱满，眼神睿智，总是面带微笑，他的性情温和，谈吐非常文雅。因为长期在游击环境下生活，他显得有些消瘦和疲倦。他穿着一身旧灰布棉服，带着一顶旧棉帽，显得很朴素憨实，可那身灰旧的衣着难以掩饰他浑身儒雅的书卷气，给我留下了很好的印象。

在那次报告的三四天之后，出乎我的意料，孙教员又来到北师大登门拜访我，他非常感谢我的邀请，并希望我能帮忙为他收集一些地理教材。我就把手边的一些有关地理的书籍和讲义借给了他。以后他又多次来校找我，有时是来找教材，有时一起探讨地理业务问题，这样一来二去，我们很快就变得很熟悉了。很快孙教员又从先农坛搬来石驸马大街的北师大分校住。不久，孙教员又搬到了北师大本部的数学楼上住，他的住室正好对着我的党支部办公室，我们离得更近了。每天饭后，他总是站在数学楼上，在长廊上扶着栏杆朝我这面观望。有一次我和同学饭后从食堂出来，在回办公室的路上，同学拽了我一下，诡秘地说："嘿！你看，孙教员每天总站在楼上看什么呢？"我没在意，还开玩笑地说："他可能没吃饱，正喝西北风呢。"我俩一顿嘻嘻哈哈之后，我就把这事给忘了。我哪里知道，孙教员那是醉翁之意不在酒，现在回想起来，这个貌似学究的人还是挺浪漫，很痴情的呢。

（二）革命伴侣：志同道合，终成眷属

1950年春末，我北师大毕业前的最后一个学期，有一个星期天，我正在宿舍里看书，孙教员又来看我，恰好同室们都回家了，宿舍里只有我们两人。他坐下后，沉默了好一会儿，才鼓起勇气，十分腼腆又认真地表明了他的真实想法。他说："我第一次看到你，心里就放不下，这可能就是所说的缘分吧，像你这样

受过教育，秀外慧中的女子不多见，我希望和你交个朋友。”他那副窘态和那个在讲台上侃侃而谈的人大不一样。我这才恍然大悟，原来他对我是一见钟情，难怪他老来找我，而且越搬离我越近，还经常在楼上翘首相望，还真是一位执着的有情人。

我才刚刚明白过来，没有等我发问，他就像背书一样，开始一五一十地把自己的情况全盘托出。孙敬之是河北省深泽县后马里村人，地主家庭出身，家境非常富裕，他是孙家的长子，因此十分受宠，但他自幼一直在外读书和工作，和家里很少联系。他年幼时十分聪颖，13岁就考入了著名的保定市育德中学。他先后在保定育德中学、北京师范大学预科和本科学习，并接受了新思想新理念的影响。1933年，他在北师大毕业后，就在河北泊镇师范学校、天津市女中、宣化中学等学校执教。1937年七七卢沟桥事变之后，强烈的爱国之心促使他愤然离校，毅然投身革命，只身来到了河北冀中地区，积极地参加和组织抗日救亡活动，并创办了进步救国的《呼声报》，筹建了抗日中学。他比我更早加入中国共产党。1939年，党组织保送他到太行山抗日革命根据地的华北联合大学任教，在那里，他筹建了华北联合大学的历史地理系，他不光亲自教学，还担任了华北联合大学二部三分部主任。多年以前，他的结发之妻在河北省深泽县的老家因难产而亡，之后他一生追求自由婚姻，但是很不幸，始终未能如愿，现在他依旧是单身一人，他的一双儿女均已在干部子弟学校学习。最后他沉默了一会，然后诚恳地对我说：“你看，我的条件不好，一个穷书生，才疏学浅，请你慎重考虑。”

孙教员一个富家子弟，文弱书生，在残酷的战争时期能够抛弃优裕的生活，投笔从戎，忠心救国，所作所为，真是让我刮目相看，我从心里十分钦佩。可我当时对这突如其来的求爱一点儿心理准备也没有，而且我早就有终生不嫁的思想，所以我就回绝了他。孙教员马上委婉地说："你不要马上决定，考虑考虑再说，共产党人也不是不食人间烟火的呀，如果参加革命的人都像你一样不考虑婚姻问题，那革命岂不是要断代啦，革命事业就后继无人了嘛。"这一年孙教员整40岁，我25岁半。论年龄，我早已是应该谈婚论嫁的时候了。我自认为二十几岁还从没谈过恋爱，一方面是由于自小受传统家庭的严格管教，另一方面是我的学习环境多数是在女校，因而成了一个很传统保守的女孩子，再加上自己最初的终生不嫁的思想，连爱慕别人的感情都没动过。在女生寥寥无几的学校里，我也有过许许多多的追求者，但我都不曾动心，十分清高。可面对着这一个书生气十足的有情人，我却一时不知如何是好了。

谁知道就在我和敬之这次谈话之后，一些北师大的领导闻风就纷纷来找我谈话，他们认为我和孙教员的年龄差得太多，不太合适，为了我的前途和党组织的威信，他们希望我回绝孙教员的请求。他们大概是觉得我们的结合不大符合当时传统的婚姻理念，不大符合我一个党组织成员的形象。这一下可真真地惹火了我，我的犟脾气又上来了，我一向是我行我素的人，过去我能独立地离家上学，自己退掉了包办婚姻，现在我更应该能自由婚姻，何况现在都解放了，婚姻本来就应该自由自主，而且我又不是小孩子，我自己的事，我的人生，我的个人生活，我自己做主。

这事情正让我生闷气呢，那一天，孙教员又不知趣地再次来宿舍找我，这下他可撞到我的枪口上了，我就借机十分委屈地向他发了一通火：“这都是你给惹的事，给我找来这么多的麻烦，真烦人！”孙教员宽厚地笑了，他一点也没生气，而且连连自责道歉，“真抱歉，都是我不好”，他那副样子就差给我鞠躬作揖了。这才让我消了气，我也明白，的确这也不是他的过错，谁都应该有追求爱情的自由嘛。直到我安静了下来，他才喘了口气，接着他也对我诉起苦来了。原来因为这件事儿，他在华北联合大学也受到了许多压力，他的领导也很反对，而且连他的职位和前途都可能受到影响。但他不在乎那些，他不是那种官迷心窍的人，不管怎么样，他要追求自己的幸福，其他的都不重要。我们两人在一起你一句我一句地诉起苦来，像两个老朋友，同病相怜，倒也挺谈得来，我们的想法很相像，都主张婚姻自由，这让我挺高兴，同时我也被他的直率和追求爱情的执着打动了。

1950年，正值暑假期间，北京市委举办了党员学习班，目的是进一步培训老一批的地下党员们，以迎接建国后党的新工作。作为解放前入党的老地下党员，我也参加了学习班。学习班的地点在崇文门内的汇文中学，时间是20天。参加这次学习班的，都是各个学校学生运动时期的年轻的学生党员们和领导者，大约有百十来人，国家十分重视这次党员学习班，彭真和刘仁等国家领导同志还亲自来讲课执教。同学们一起学习讨论，一起搞文艺活动，一起办伙食和会餐。由于我们这些年轻人都有着共同的人生经历和感受，有着共同语言和共同的追求和信仰，在一起的学习和生活非常愉快。

当时流传着人们对各个北京大学学生的评价是："师大穷、北大老、清华燕京的公子哥真不少。"这说的是，上北师大的学生们大多是家境贫穷，北京大学的学生们非常文绉老成，而清华和燕京的同学们则多是风流才子，这说得很是形象。学习班中确实有不少年轻英俊、风度翩翩又才华出众的清华和燕京大学的同学，他们侃侃地演讲讨论，组织大家做游戏或表演节目，各个相貌出众，口才不凡，很是引人注目。我们这些当年的学生运动的活跃分子在一起，玩得十分地开心。但是到了晚上躺在床上，我心里牵挂着的，还是那位大自己15岁的孙教员，不知为什么，我觉得更近他一筹，觉得和他在一起心里更踏实，不浮夸。我认真仔细地考虑了他的条件，他成熟稳重，性格温和，像个老大哥；他诚恳老实，向我说的他的家庭情况、人生经历和婚姻史等都的确属实；他知识渊博，教学经验丰富，专业上我们会有共同语言；论条件他也是共产党党员，同时还是我北师大的校友，会和自己合得来。再者说，他还是我的河北老乡，都说乡音难觅。他的思想和主张很像自己的六叔，也接受过"五四"运动的新思想，主张自由婚姻，但他还是受尽了包办婚姻的折磨，我因此还产生一丝同情。既然非嫁不可，那就是他吧。

这次学习班学习结束后，孙教员又到宿舍里来找我，还是穷追不舍，我心里暗笑，看来真是"英雄难过美人关"，我就爽快地答应了他的求爱，但提出了一个君子协议，我们得先交往一段，等我大学毕业以后才能谈婚论嫁。他听了高兴得笑着连连点头称是，并兴奋地表示要庆祝一下，出去吃一顿。解放初期还都是供给制，敬之没有工资，我是个穷学生，我们两人都穷得叮当响，倾囊所出的一点钱，也只够我们两人在琉璃场口的小饭馆里简单地吃一顿，一人吃了两个烧饼、一碗羊杂碎汤，就算正式“建交”了。我和敬之交往了几个月以后，两人彼此的感觉都更好了，关系也非常融洽，敬之的秉性温文儒雅，睿智幽默，而且知识非常渊博，我们很谈得来，我很喜欢他的好人品、好才学和他浓浓纯纯的书卷气质，和他在一起，我觉得很愉快很充实，也很长知识，大有相见恨晚的感觉。于是，在北师大简朴的宿舍里，我们就决定订婚了。我们没有花前柳下的谈情说爱，彼此没有承诺和许愿，没有交换任何信物，没有许下海誓山盟，也没有父母和领导做主，我就这样自己做主把自己许了出去。我仍然在北师大党总支组织部工作，他仍当他的华北联大二部三分部主任。当时的华北联合大学还没有选定合适的校址，学校校部不断地搬移，一会儿设在棉花胡同，一会儿又迁到铁狮子胡同，一会儿搬到海运仓，一会儿又在财神庙，后来又搬到船板胡同。敬之只好跟着学校迁移不定。我还是住在北师大宿舍，忙着那些党组织的发展工作。

（三）结婚日月：西单区委，审干运动

1950年夏秋之间，中华人民共和国即将迎来第一个生日。在北京生活了这么多年，我最喜欢北京的秋天，初秋的北京正是一年里最美最绚丽的季节，香山是满山的红叶耀眼，群山色彩斑斓，古城是暑气将尽，秋高气爽，天晴云淡，燕鸣声声，一切都让人陶醉。这一年的秋天，不仅天气和风景是美丽如初，而且是一个特殊的沉淀和收获的季节，我揭开了人生的又一页——终于在北京师范大学大学毕业了，拿到了我那张来之不易的大学文凭。按照我的许诺，我和孙敬之结了婚。

我们两个人都是穷书生，一无所有，囊中羞涩。但我不求荣华富贵，也从不求高官显赫，只求两人相亲相爱，天长地久，白头偕老。我们没有发请帖请柬，没有准备嫁衣嫁妆，当然没有聘礼红包，也没有选择良辰吉日，也没有举行任何的仪式。敬之向他的老战友们借了些钱，我们在王府井的萃华楼饭店里请了两桌客，也借着这个机会请敬之的老朋友们聚会一次。我未施脂粉，未着婚纱，敬之也没有西装革履，我们用几杯淡淡的水酒，一番朋友间的相互问候和寒暄，非常简单低调地就把婚事办了。婚后，我们两个“无产阶级”，没有假期蜜月，也没有新房新家，两人无法把被褥搬到一起，因为两人不住在一个学校，每人又只有一床单人被褥，所以我仍然住北师大的宿舍，他仍然住在华北联大在海运仓的宿舍里。星期天两人只好打“城市游击战”，我们或在北师大，或在丈夫学校的住处一起渡过。和丈夫在一起的时间过得很愉快，敬之不仅性格温柔体贴，知书达理，而且知识非常渊博，这也是他最吸引我的地方。我们总是有着没完没了的话题，无论是历史古事、哲学宗教，还是国情地理、诗词书画，他都能滔滔不绝地讲上一番，让我听得很新奇很过瘾。闲有情致的时候，我们还吟诗作句一番。虽然那时物质生活很清贫淡泊，而且居无定所，可我们过得却很充实，精神上很富有。

婚后不久，我回了一次老家，那是1951年，我已经很多年没有回家了。俗话说“未老莫还乡，还乡须断肠”。这次回家，让我又增添了一份心里的忧伤。只见燕山脚下我的家乡，那个小小的赵庄子村还是依山旁水而栖，那四野的青山绿水依旧美丽如画，儿时我曾嬉戏过的小河仍然潺潺地流淌而过，只是村子里现在已是物是人非了。赵庄子村里的街道更窄了，沿街的房子也更矮小破旧了，家里长辈们也都更衰老了。让人更难过的是在土地改革时，主要是因为那套宽大的李家大院子的连累，尽管我们家的生活非常贫困，我家的家庭成分还是被错划成富农，我的父母弟妹们一家人则被迫迁出了大院，李家大院被村委会占了，住进了好几家村民，成了一个大杂院。我的父母弟妹们只好住在村西的三间破草房里，不但非常拥挤，那破草房屋十分破旧简陋，透风漏雨，冬冷夏热，再加上家里的土地和牲畜也没有了，所以一家人的生活更加困难。我的四个弟妹们都正是读书的年龄，但那时家里哪里还有钱供他们出去读书呀，吃饭都发愁，父母是一筹莫展，愁眉苦脸。坐在那漏顶的破草房里，我的心里很难过，左思右想，生活困难点还可以忍受，但孩子们不能不上学学文化呀！我大学毕业后还是供给制，没有工资，但我还是咬了咬牙，从老家赵庄子村带出来了自己的二弟二妹和我四叔家的二妹，我们一起回到了北京。我把四叔家的二妹交给了在北京的四叔照顾，把自己的二妹交给了北师大的好友，我的入党介绍人沈芳，她当时是北京女四十中的校长。又把自己的二弟交给了同是北师大的好友朱学同志，他当时是北京男八中的校长。两位老战友和老同学很重友情，也都很理解我的处境，他们鼎力相助，让弟妹们入了中学。虽然两个弟妹只能靠着一点点助学金生活和读书，但好在他们不再像我上学的时候，不再受战乱的骚扰了，可以专心读书学习了。而刚结婚的我，就不得不开始负起家庭的重担。

婚后不久，我怀孕了，到了1951年的初春，我那时刚刚怀孕数月，早期妊娠反应很大，不能吃不能喝，人瘦了一圈，脸色蜡黄，老是感觉头晕眼花，很虚弱无力，每天只能躺在床上工作，北师大党总支开会时，我也只能躺着参加，很不方便。那时北师大的党总支工作特别多，而且多数组织工作都在晚上加班进行，我的身体实在吃不消了。组织上对我很关心，为了照顾我的身体，就调我到北京西单区的区委组织部去工作，因为区委会隶属北京市级机关，有上下班的制度，一般没有夜班，对于怀孕的我会适应一些。我很感激组织上的关爱，就依依不舍地离开了工作学习了五年多的北京师范大学。我到西单区委组织部报到时，已经是3月初了，天气开始暖和起来，早期的妊娠反应轻了一些，我的身体也逐渐好了起来。

当时西单区委的管辖区是从西四大街到前门、宣武门以北的地区，包含中南海。西单区委会原在教子街，后迁到大木仓胡同。区委会分配我到组织部工作，负责西单区中学的党组织发展和建设工作。当时的西单区组织部长是黎光同志，副部长是侯维城同志。那时基层党组织十分缺人，还有几个同事也是从各个学校调来的。北平解放以后，申请入党的人很多，我每天挺着大肚子，徒步到区里的各个中学去了解情况、找申请人谈话、调查背景、填报申请材料等。每个新发展的党员都要经过区委会审核批准，每月都开一两次新党员审批会。虽然登记表都集中在区委书记那里，但我仅凭借记忆，就能汇报出每个新党员的家庭历史和本人表现情况等。区委会的年轻人都说："老李的脑子真好，这么多的新党员情况，你都记得清清楚楚。"我总是笑着说："这是我的工作呀。"其实这些党组织工作我已经做了几年了，一方面是习惯记住这些发展对象的关键特点和每人的长处，形成了自己独特的记忆方法。另一方面就是不辞劳苦，集中精力，认真负责，多方面了解情况，到各校去找人谈话，对发展对象的一切情况就都会了如指掌的。

1951年5月26日，我临产了，住进了东单的一所市属医院的产房，妇产科大夫是个40多岁的女同志，对工作非常负责，从我进产房后她就陪在我的身边，一会儿听听胎音，一会儿又听听胎音，困了就趴在我的身边睡一会儿。一直到现在，我对那时医生们的敬业精神都念念不忘。直到第二天凌晨，我的第一个胖儿子出生了，他虎头虎脑，十分憨实可爱。我也第一次做了母亲，心里面充满了幸福和满足，我的生活从此也更加充实了。孩子出生后，我们就住在敬之的财神庙华北联大的一间小小宿舍里，敬之非常喜欢孩子，虽然他的工作繁忙，但一下班他就坐在孩子身边，逗着孩子玩，抚摸孩子的小脸蛋，温柔地和孩子说话，他的眼里满是父爱和温存。都说"为母则强"，的确，有了儿子以后，我觉得我更成熟更坚强了。第一个孩子的产假，我只休息了一个月，因为快到"七一"党的生日了，入党的同志很多，正是组织工作最繁忙的时候，我给刚刚满月的儿子请了个保姆，很快就回区委工作了。西单区委专门腾出一间房子，给我们和孩子住，离家二十余载，我们这才总算是有了一个家。

解放后，我遇到的第一次政治运动是"审干运动"，那时我还在北京师范大学工作，审干运动主要是针对地下党员和新发展的党员，进行家庭历史和阅历的全面审查。可能是因为解放前党组织处于地下工作状态，对每个党员的背景没有条件进行认真细致的调查。解放后，要重新整党审干，目的是以保证党组织的纯洁。这次运动的过程是让党员们先以自我交待为主，交代出身、家庭背景、政治倾向等情况，然后由组织逐一进行调查核实。对这次运动，我十分泰然坦荡，我过去所讲的家庭和历史情况都样样属实，没有什么需要隐瞒的，特别是在1945年教小学的时候，我拒绝参加国民党一事，得到在场同事的证实，得到了组织上的信任，比较早地过了这一关。我在北师大发展的一些新党员们，由于当时我的工作细致，也都顺利过关了。可北师大的有一些党员，由于家庭历史问题交待得不清楚，在运动中就遇到了麻烦。现在想起来，只有无奈地摇头苦笑，谁能选择自己的家庭出身呢？家庭出身又怎么一定能决定一个人的信念和行为呢？这样实在太牵强了。丈夫敬之就是出身在地主家庭，可他成为了一个最坚定无私的革命者，血统论真是对人类和人性的亵渎，还是那句话，事在人为，出身不能选择，可人生是可以选择的。

“审干运动”虽然很快过去了，可谁知从那以后，运动就接连不断了。

（四）婚后琐事：“三反五反”，始工资制

我在西单区委组织部工作的时候，遇到的最大的政治运动是1952年初开始的“三反五反”运动。三反是：反贪污、反浪费、反官僚主义。五反是反行贿、反偷税漏税、反盗骗国家财产、反偷工减料、反盗窃国家经济情报，主要是针对私营工商业者的偷工减料、以次充好、以假充真等不法行为进行打击。主要是因为那时解放军出兵朝鲜，从支持抗美援朝的物资中，国家查出一些假冒伪劣产品，影响了战士们的战斗力和生活，因此发动了全社会的打击行动。各个机构单位都成立了“三反五反”运动办公室，处理群众送来的揭发材料。当时，我也抽调到区运动办公室

帮忙，我们每天都收到大量的检举揭发材料，都要一一审查核实，工作量非常大。当时中国最大的贪污分子刘青山和张子善，因为黑心而贪污巨额的救灾物款，就是在这次运动中被政府枪毙正法的。既然是群众运动，总会有人好大喜功，也会有人别有用心，总会有夸张和不属实的情况发生。例如西单区委机关的一个伙食管理员，在群众的批斗压力下，竟然承认贪污了上百万元的公款，这显然是不符合事实的，因为当时全部区委会机关的经费加起来也没有那么多。运动后期，党组织对每个专案都进行了核实，最后证实，区委机关的这位伙食管理员实际上只拿了公家一个疏通下水道的搋子，真是让人哭笑不得。

充满运动的生活中也有一些温馨的插曲，1952年我在北京西单区委工作时，经历的另一件大事，就是那时国家第一次开始施行全国性的工资制。国家对全国每个干部的级别和工资待遇，进行了建国以来的第一次评定。新中国成立时，我们接收的是一个动乱和战乱后一穷二白的国家，蒋介石在逃往台湾时，掠走了国库的财富和故宫的珍宝文物，而留给共产党的是几亿穷苦的人民。所以从1949年解放到1952年间，新中国只能施行供给制，即给每个国家干部发衣服，管吃饭，但没有工资月薪。1952年，国家的经济状况开始好转，国家就实行了第一次工资评定，那时华北联合大学已经正式改名为中国人民大学，丈夫敬之在中国人民大学任地理教研室主任，被评为当时国内寥寥无几的国家三级教授，属于高工资阶层。我和西单区委的同事们一样大都被评为19级国家干部，我的月工资那时是80多元人民币，在那时可是很高薪了。参加工作多年后，我第一次领到工资的心情很是激动和感恩，不管钱多少，拿在手里都是沉甸甸的，那可是国家和人民对自己工作的认可和奖励。

（五）美满婚姻：六口之家，幸福美满

我和敬之婚后有了一个美满幸福的家庭，我和敬之一直相亲相爱，相敬如宾。敬之是个好丈夫和好父亲，他对工作，对家庭都很有责任心和爱心。他不但是我们家里经济上的主要支柱，还是我的精神支撑，他还无私地维护着这个大家庭。从1951到1957年，我们生了四个孩子，1951年大儿子出生，1953年小儿子出生，1955年大女儿出生，1957年小女儿出生，我们一下成了六口之家。解放初期，因为我们俩的工作都太忙，孩子们还年幼，敬之为了减轻我的负担，还把我的父母从河北燕山的农村接来北京，和我们住在一起，也帮忙料理一些家务，我们又变成了八口之家，老人所有的开销和孩子们的吃穿用均由敬之包了。

我们的四个孩子活泼可爱，各个都爱如掌上明珠。热爱地理学的丈夫命名四个儿女为星、河、林、陆。我们的大儿子星憨厚耿直，小儿子河聪明英俊，大女儿林端庄秀丽；而我和敬之的小女儿陆，不仅长得非常像我，就连那倔脾气也和我一模一样，有时我真是感叹基因和遗传的神奇。在小女儿六岁多的时候，她也一语惊人地说“我要上学!”因为不到七岁，小学不能收她，她也哭得像个小泪人，“我就是要上学”。我心里也纳闷，她的两个皮猴哥哥，总是想方设法地逃学，而她小小的年纪，自己要上学，真个别，像我。没有办法，敬之只好去恳求人民大学的附属小学破例地收她入学，她这才破涕为笑。小女儿以她的妈妈为榜样，学习非常主动和用功，从小学到高中的成绩一直是名列前

茅，我们非常看好她，希望她将来也学习地理学，好继承我们的事业。可谁知她长大后，看到她的父亲多半生都受到政治运动和疾病的困扰和折磨，他高大伟岸的身躯在她的眼前渐渐消瘦了，佝偻了，在一天一天老去，女儿很是心痛。当“文革”后大学恢复招生的第一年，她就一声不响地考进了医学院，希望能学成以后，报答她父亲的养育之恩。丈夫去世后，女儿很失落，又决断地只身一人去美国深造，现在在美国加州做内科医生。看到了小女儿的倔强、自信和果敢，总令我恍如昨日，从女儿身上看到了自己年轻时的影子，看到了那个昔日里风华正茂的自己，为我的孩子而骄傲自豪。女儿要悬壶济世，救死扶伤，是好事，我支持她。

1954年中秋之后，季节交替，北京的天气骤然变冷。三岁的大儿子星突然生了急病，病情十分严重，在病床上他高烧昏迷，几天不醒人事。我们夫妇两人在医院里日夜守在孩子的病床旁边，寸步不离，焦虑万分。看着儿子的病情迟迟不见好转，敬之焦虑万分，万不得已，他硬是半夜去把苏联籍的小儿科专家从家里叫起来，来给孩子看病。大夫诊断为食物中毒，已经病危了。她开了药，说也只能试一试，生死难保，让我们做好最坏的准备。这时儿子已经病得脱水休克，血管塌陷，全身找不到一根血管可以输药。我们全家都非常感谢北京海淀医院小儿科的刘大夫，他非常尽心尽责为孩子治疗，绝不放弃，花了很长时间，终于在孩子的额头上找到了一条微细的血管，忙着为儿子输注着苏联专家开的药，那是一种淡紫色的液体，它带着我和丈夫唯一的一线希望，慢慢地输进了孩子的身体。就在儿子昏迷的那几天，窗外，北京深秋的寒风凌厉，知秋的树叶在几天内都落光了，光秃秃的树枝在寒风中瑟瑟抖动，阴冷的天气让人倍加惆怅，我们的心也冰冷如霜。天快亮时，秋天的晨曦破晓，透过窗外稀疏光秃的树梢，给屋子里带来了一丝光亮。这时儿子突然醒来了，他睁开了眼睛，看着窗外光秃秃的树枝奇怪地说："哎，怎么树上的叶子都没了？"我们夫妻俩顿时禁不住都哭了起来，高兴得无语凝噎，因为我们知道高烧退了，孩子被从死亡线上救了回来。

20世纪50年代时，我的四个弟弟妹妹都在北京上学，丈夫敬之不但不嫌弃，还主动要提供他们上大学的费用。敬之说："文化教育最重要，凡是咱们家的孩子，能考上大学的，咱们都供给。为国家培养人才，也是贡献嘛。"我的家里除了自己的四个小孩上托儿所以外，两个敬之的大孩子一个考上了北京师范大学，一个考上了北京工业学院。我的四个弟弟妹妹也分别考上了邮电学院、航空学院和师范学院，我最小的弟弟才学出众，还考上了清华大学。加上敬之侄女考上河北大学，侄子考上北京林学院，我们两人当时一共供养着八个大学生，加上我们八口人，一共16口人。当时每个大学生每个月的伙食和其他费用大致是十几元左右（当时人均月生活消费是8—10元左右）。我们有近一半的工资收入都用来供养这些大学生了，加上我们四个孩子的托儿费，赡养老人，等等，我们一直是"月光族"。星期天，大学生们都要回家来改善一下生活。20世纪50年代末60年代初，人民的生活水平还不高，我们也没有山珍海味，只是一桌家常菜，有时大家一起包包饺子，无论吃什么，全家十几口人都是其乐融融，吃得十分开心。

我们自己的四个年幼孩子受了很大的委屈，他们虽然有一个高工资的爸爸，却从来没有过什么像样的玩具，很少有新衣服穿，弟弟妹妹总是穿着哥哥姐姐的旧衣服，不太合身，而且补丁摞补丁，改一改缝一缝，凑合着穿。孩子们的玩具只是些玻璃弹球、香烟盒、木头枪和他们自己从野外的树上粘来的知了，他们翻墙上树，弹球，拍纸三角，也照样玩得不亦乐乎。孩子们生病时，喝一杯糖水，就是特殊照顾了，孩子们过生日的时候，也只能煮一个鸡蛋，就算庆贺了。看到这些，我的心里总是隐隐发酸，觉得亏欠孩子们太多。但敬之总是安慰我说："咱们家的生活条件比解放前好多了，只要孩子们个个都能受到良好的教育，咱们生活紧一点没关系，这样对咱们自己的孩子们也是个锻炼。"

那几年简单朴实的生活，我们也过得非常甜蜜。那时，我们每天下班回来，全家人在一起度过傍晚，谈天说地，儿女绕膝，我们尽享着天伦之乐。我和丈夫的工作都很忙，只有吃饭的时候全家都在，丈夫就利用这个时间，和孩子们谈天说地，用最通俗的语言，给他们讲历史，说典故，吟诗词，解谜语，等等，借古喻今，给孩子们额外的教育。他讲岳飞、屈原，让孩子们懂得爱国和忠贞，有时讲"负荆请罪"的典故，希望孩子们能明大义，肯认错，讲"孔融让梨"，是让孩子们懂得了相互礼让，"塞翁失马，焉知非福"，是说事物都有两面性，"三人同行，必有我师"，是教育孩子要虚心求教，以人为师，不可妄自为大。丈夫多年教学，口才很好，开口便讲，出口成章，历史典故，信手拈来，总让孩子们听得津津有味。我们规定在饭桌上，只能谈学习，谈工作，和孩子们探讨知识，讲解常识，只能讲高尚的，不能谈其他乌七八糟的，孩子们也都慢慢养成了习惯。饭后之余，年幼孩子们有时还为全家表演节目，常常是哥哥们报幕，妹妹们用红印泥涂上红嘴唇和红脸蛋，披个花枕巾，就粉墨登场，他（她）们匆匆忙忙地跑上跑下，稚气娇语的表演，十分可爱，哥哥们毛糙大意，有时匆匆地跑了上来报幕，"下一个节目，是，是……"，下面就没有词了，妹妹们怯场又羞羞答答，有时扭扭捏捏地上来只能哼哼两句从收音机里学来的唱段，而且牛头不对马尾，最后还唱忘了词儿，也就臊臊地下"台"去了，他们的场场"演出"都让我们不停地捧腹大笑，笑出了眼泪，也忘记了一天的疲劳。

敬之经常高兴地说，有了一个家真好，现在我可以专心致志把精力投入到事业上了。身为中国人民大学地理教研室主任，敬之虽然工作非常繁忙，但他经常抽出点时间来，带孩子们去公园、动物园玩，以增加孩子们的知识和兴趣。回来的路上，他常轮流背着年幼的孩子们。时逢三年自然灾害，丈夫就在窗外栽种了一些玉米，让孩子们早餐能吃到煮老玉米。早上他还常常亲自拉着孩子们的小手，送他们去幼儿园和学校，然后自己再赶去上班，以尽一份父亲的职责。我常常站在家门口，看着他高大的身影和孩子娇小的身影一同走在上学的路上，他常常要弯下腰来，和孩子交谈，那场景和画面真是十分温馨有趣，充满了人情味和父爱之心，让我常常站在那里，久久地凝望着他们一大一小的背影，忍俊不禁，心里充满了幸福。

丈夫办事非常细心认真，对我也非常体贴入微。每次出差或出国，他总是要给我带一点纪念品或礼品，有时是一条漂亮的头巾，有时是一条素雅的裙子，有时他千里迢迢带回来南方的水果，如荔枝、波萝或木瓜，等等。总之，他每次回来，我都有惊喜。那一年，敬之从苏联访问回国，给小女儿带回来一个漂亮的漆木娃娃，打开娃娃，里面一层一层地套着一个比一个更小的娃娃，很有意思，这是女儿小时候唯一的新洋娃娃，她一直视如珍宝。可惜，这些十分有念想的东西，在“文化大革命”抄家之后都丢失了。那时候逢年过节，丈夫还总是要买些衣物和点心来孝敬我的老父母。有一年的冬天，我出差不在家，我母亲心脏病突然发作了，呼吸困难，卧床不能动，当时没有出租车，敬之就跑去借了一辆架子车，亲自拉着，一路跑着，把老人送进了医院抢救，使老人转危为安。当时的敬之已是年近50岁的人了，自己的身体也不好，从医院回来的时候，他厚厚的棉衣都湿透了。

有一个家可真好，那些年里，我生活在爱的漩涡里，享受着父母的爱、弟妹的爱、子女的爱和丈夫的爱，真是很幸福，也觉得自己很幸运，找到了一个好丈夫、好伴侣，我可真是“慧眼识英雄”。

第9章

进新中国的科学院

（1953—1966）

在1952年，将近新中国成立后的第三个年头，年轻的共和国的确是百废待兴，为了加快国家发展建设的需要，那一年，除了开始全国性大规模的扫盲运动，中共中央还提出要让科学专业人员归队的号召，要重建科学研究和文化教育教学的基地。过去由于革命战争时期的需要，许多大学生、学者、老师和教授等大批知识分子和专业人员都中断了自己的学业和所学专业，或者从军或者从政，投入了革命工作，现在他们都在各个层次的政府机关做行政领导管理工作。我就是在那时搁下了自己所学所爱的地理学专业，大学毕业以后一直在从事基层党的组织和发展工作。现在由于新中国发展建设的迫切需要，国家急需各类专业知识人才，如水利、电力、工程、城市规划、建筑、航空、教育、科研，等等，各个领域都是急缺人才。于是，在1953年的春天，在“专业人员归队”政策的感召下，经党组织的批准，我离开了西单区委组织部，调到了中国科学院工作。

新中国的科学院也是于1949年底刚刚成立，是国家最高的科学学术研究殿堂，中国科学院由著名学者郭沫若先生任院长，竺可桢、李四光先生等任副院长，那时已经汇聚了一大批中国老一代的科学研究精英，和许许多多的著名学者，可谓是人才济济，在国内享有盛誉。刚刚29岁的我，初出茅庐，能去那里工作，真是一步登天，梦想成真，我很兴奋。中国科学院院部当时设在文津街，后来在西郊的中关村建立了大批研究所和科研大楼，才形成了科学院的科研城。当时科学院的各个研究所都很需要专业人才，经丈夫敬之推荐，我调入中国科学院的《中华地理志》编辑部工作。

（一）初试锋芒：地理探趣，任职编辑

新组建的《中华地理志》编辑部，当时是中国科学院的直属机构。在解放初期，为了向苏联老大哥学习，全国各大的研究单位，都有苏联派来的专家协助研究工作。在中国科学院工作的苏联专家们建议，中苏合作编写新中国第一套《中华地理志》，包括自然地理与经济地理两个部分，以全面了解中国的地理环境、经济概况、气候条件、自然资源等地理情况，以适应新中国建设中对基本国情了解的需要。中国科学院接受了苏联专家的建议，当即着手组织编辑写作班子。但是国家教育部和中国人民大学的苏联专家指出，中国已有自己的一大批颇有建树的地理学家，中国方面应该可以独自承担这项工作，苏联不必再派地理专家来协助工作，周恩来总理同意了这个意见。于是中国科学院成立了全部由中国地理学家组成的《中华地理志》编辑部，由中国科学院竺可桢副院长主持，研究人员则由南京地理研究所和中国人民大

学抽调的地理学家们组成，并指定南京地理研究所所长黄秉维为《中华自然地理志》主编，我的夫君，中国人民大学地理教研室主任孙敬之为《中华经济地理志》主编。编辑部的办公地点暂时定在干面胡同。竺副院长委派他的秘书李文彦同志负责这项工作的具体事宜，并担任编辑部秘书。我在《中华经济地理志》编辑部担任秘书，兼任党的工作，直接在敬之手下工作。很快,《中华地理志》编辑部搬到了中国科学院在中关村新盖的科研大楼里，与经济研究所、动物研究所为邻。

这时的中国人民大学也迁入西郊的新校址。为了方便我的工作，我和敬之在中关村的中国科学院宿舍区里安了家，在宿舍区36号楼的一层，我们有了一套窄小的三间屋子的宿舍，砖头楼房水泥地，我父母住一间，孩子们住一间，我和丈夫终于有了一间既是卧室，又是书房，又是办公室的屋子。中关村的科学院宿舍区里建有商店、大礼堂、学校和幼儿园，而且附近有很多可去之处。周末时，我们可以带着孩子坐公共汽车去附近的颐和园、动物园、圆明园、紫竹院等地去玩。虽然丈夫要每天从中关村坐几站公共汽车去人民大学上班，但这是我们婚后的第一个像模像样的家，而且孩子们可以就近上学上幼儿园，我们对这个新家还是非常满意。

《中华地理志》编辑部办公室刚成立时，一个大编辑部只有李文彦同志和我两个工作人员。1953年的中国，研究工作的条件也很差，我们没有任何设备和资料，除了几张办公桌，连个打字机也没有，计算机也是二十多年以后的事了。从一无所有开始，我们先徒手做资料卡片、资料汇总、资料汇编等基本工作，建立资料库。然后我们着手帮忙调集编写人员。编辑部从南京地理研究所抽调三位研究人员，即邓静中、孙盘寿、曹宛如。又从人民大学抽调四人，即胡序威、梁仁彩、黄勉、方文等有经验的专业人员，各个都是地理学界的精英人才，我们真可谓是调集了精兵强将，这样，加上李文彦和我共计九个人，再加上两位主编，我们一起开始了编写工作。我们在黄秉维和孙敬之两位教授的领导下，开始了没有苏联专家参与的，新中国成立以来，全部由中国自己的专家来完成的，第一个全国性的地理科研项目。

丈夫敬之作为科学院兼任研究员，又是《中华经济地理志》的主编，马上开始着手筹划中华经济地理志的组织和编写工作。敬之知道，国家急需这第一手资料，以开展全国性的经济发展和建设规划，进而改善经济和民生。这项任务是迫在眉睫，科研质量要求很高，而且因为中国领土疆域广大，幅员辽阔，气候、土壤、水源水质、植物条件等是多种多样，千变万化，编写的工作量非常之大，若不尽快着手开始编写，很难按期完成。可是这又是一件在中国地理研究史上史无前例的工作，是一项空白，大家都没有经验，没有现成数据资料，又无所考证和参照，因此我们必须走出去，要从实际普查和实地调查研究入手，要从零开始，收集最基本的数据材料和信息。于是敬之把大家召集起来，首先研究确定了《中华经济地理志》的区域划分问题，并提出了按现行的10大区域划分编写的方案。因为当时的中国还没有进行经济区域划分，若先搞一个全国的区域划分，至少需要几年的时间，是远水不解近渴。于是我们决定按照当时习惯上的区域划分来编写，即华北区（北京、天津、河北、山东、山西），东北区

（辽宁、吉林、黑龙江），华东区（上海、江苏、浙江、安徽），华中区（河南、湖北、湖南、江西），华南区（广东、广西、福建），西南区（四川、云南、贵州），西北区（陕西、甘肃、宁夏、青海），以及内蒙古自治区、新疆自治区、西藏自治区共10大区。这10个大区的区域地理志，加上总论和工业、农业、运输分册，一共分13个地理志分册编写出版。

《中华经济地理志》的区域编写方案拟定以后，敬之便立即带领着全体编写人员，到河北省南部地区进行了一次实地的科学考察。我们去当地的政府机构、档案馆、图书馆和学校等地，收集历史档案资料，然后再下到农村去，考证核实当地的农业和资源情况。我们长途跋涉，走村穿镇，进山探河，脚踏实地考察了解和记录了当地的地理条件、农业现状和水利资源的情况，收集了各种资料。大家齐心合力，很快我们就率先编写出《冀南地区经济地理志》，并且发表在地理学报上，作为《中华经济地理志》的雏形和样板，向社会及同行们征求意见。结果，《冀南地区经济地理志》得到了地理界同仁们一致肯定和很好的评价。于是，1954年初，《中华经济地理志》的编写工作就正式全面展开。

我们首先进行的是华北地区和内蒙古自治区的实地调查。敬之不仅再次亲自带队到那里去考察，从这两个地区的实际情况调查入手，而且对到哪些区县市调查，如何收集资料，如何编写资料汇编，如何拟定编写提纲等，都做了具体详尽的安排，并和大家讨论后确定了调查计划。完成了华北、内蒙地区的实地考察之后，研究人员们开始汇总资料，编写初稿。写出了初稿后，再发动大家一起讨论修改，讨论的过程也是大家一起学习的过程，大家相互学习，取长补短，边工作边学习，大家都觉得很有收获。华北和内蒙的经济地理志初稿形成后，在主编敬之的主持下，我们大家又进行了逐字逐句的讨论修改，初稿送往国家公安部、国家统计局以及各有关单位分别审查。审查通过后，最后送交科学出版社正式出版印刷。内蒙、华北区经济地理志完稿后，我们九个编写人员分成三组，分头考察和编写其他地区。记得我参加的是华中、华南、东北地区的考察和编写。从1954年到1958年四年之内，我们陆续出版了内蒙、华北、华东、中南、华南、西南、西北、东北、新疆9个大区以及总论部分等，共10个分册的《中华经济地理丛书》，汇集了丰富详细的全国地理、农业和经济信息，为新中国的经济、农业和城乡建设提供了第一手的宝贵资料。

解放初期，我们到各地区省份去考察和调研很不容易，那时的交通很不发达，没有飞机可坐，只能坐火车和卡车，到了乡下农村，我们大部分时间是在卡车上颠簸。由于乡下的道路简陋失修，坑坑洼洼，路途颠簸，晕车就成了家常便饭，在路上我常常是头晕难忍，天旋地转，恶心欲吐，只能在车上昏昏欲睡，一路不敢睁眼。丈夫看着我天天晕车不适，很是心疼，可又没有别的办法，等我们到了目的地，他就抽时间给我补课，逐一讲述一路上我错过的风光景色、地理地质特点和当地的历史以及风土人情，他真是非常温馨体贴。我们不仅要去市镇的各个部门、单位、学校、档案馆、图书馆等地去收集资料，还要去实地考察，下到农村的各个乡镇村落、田野牧场、水库、河流、矿山、企业等，大家经常要徒步长途跋涉，翻山越岭，风雨颠簸，还要背着仪器和资料等，一天下来，大家都是风尘仆仆，腰酸背痛，疲惫不堪。那时的吃住条件都很差，我们常常住简陋民房村舍，睡土炕和地铺，有时住在学校简陋的校舍里，没有暖气炉子，冬冷夏热，男同志基本上都得大家一起睡大通铺，女同志还睡过传达室。经常没有洗澡的地方，卫生条件也很差，蚊虫叮咬不说，晚上常常是带着一身的汗水入睡。每天大家只能到街上的小饭馆小食摊上去吃饭，我们走到哪里，都是有什么吃什么，不吃就得挨饿，因为谁也不知道下一站会不会有饭吃。那真是风餐露宿，生活很艰苦。可最难过的，还是长时间远离家人和年幼的孩子，让我非常想家。

我离开北京家里时，小儿子河还不满2岁，白白胖胖，一头黑发，非常可爱活泼。临走时，他抱着我的腿就是不肯松手，两只俊气的大眼睛憨憨地盯着我，和我难舍难分。可我也只能咬咬牙，一狠心把他留给了我的父母和保姆照看。我们一走就是几个月，那些日子里，想孩子想得我晚上常常梦到他们，高兴得从梦中笑醒。可醒后我又开始担心，出来这么久了，不知道孩子们这么小，没有父母在身边陪伴，该有多伤心孤独，等我们回家时，孩子也许都不认识我了，想到这里，又直掉眼泪。我这才真真地体验到了地理研究的艰苦和付出，女学者们更加不容易，工作和家事之间，儿女情长，很难找到平衡，要有充分思想准备，要有取舍，要做出更多的努力和牺牲。无论工作和生活怎样艰苦，我们大家都能理解，我们的国家还很穷，有很多的难处，这也正需要大家的努力，所以我们仍是尽心尽力地工作，以苦为荣，谁也没有怨言，对事业依旧是乐此不疲。

那一年，我们的考察队北上，到了内蒙古自治区等地区进行实地考察，这里从地理面积上讲，是个很大的考察区域，而且比较闭塞，交通不便，很多地方都没有道路，又要跑很多颠簸的路程，那里天气寒冷多变，饮食习惯不同，生活上可能会很不适应，这是一趟比较艰苦的行程。虽然路途遥远，行路艰难，生活不便，可这里广阔的草原一望无际，天高云淡，富饶的草原，“天苍苍，草茫茫，风吹草低见牛羊”，风光宜人，空气清新，牧民们亲热朴实，让我们还是精神振奋，马不停蹄地进行着我们的考察。当我们风尘仆仆地来到呼和浩特市时，乌兰夫主席指示：“科学院考察队来了，应该招待好。”我们一行人这才第一次住进了自治区的招待所，大家一洗风尘，还好好地睡了两天，让我们一时受宠若惊。那时正逢“五一”国际劳动节，内蒙古自治区政府还邀请考察队全体人员坐上了观礼台，作为特邀贵宾，和自治区的领导们一起观看了自治区的庆祝活动，与内蒙同胞们共同度过了“五一”佳节，很少受到如此殊荣，我们很受鼓励。

“读万卷书，不如行万里路”，千真万确。《中华经济地理志》的考察和编写过程，的确给了我提纲挈领式的地理学基础研究的教育，从科研设计、实地考察、资料收集、汇总编写等，对我来说就是几年研究生的学习过程，我的印象很深，受益很大，这也为我今后的科研工作打下了坚实的基础。1959年，《中华地理志》的大部分丛书陆续完成，尚未出版的只有西藏自治区和总论中的工业、农业三个分册。当时编辑部已经在组织人员编写初稿了。但很不巧，也很可惜，“反右倾”的政治运动来了，《中华地理志》的编写工作被迫中断了。

（二）科学殿堂：进科学院，入地理所

1958年，在“反右倾”的政治运动之前，由于南京地理研究所承担了《中华地理志》《自然地理志》和《经济地理志》的工作，南京地理研究所的大部分研究人员也陆续迁到了北京，在《中华地理志》编辑部的基础上，成立了北京地理研究所。《中华地理志》编辑部自然归并北京地理研究所，所有参加《中华地理志》编写的人员都成为了北京地理所的研究人员，年轻而刚刚涉足地理研究工作的我被评为北京地理研究所的助理研究员，古人云“三十而立”，那年我34岁，风华正茂，踌躇满志，加上几年的科研考察训练，我信心十足，准备要在地理学界做出一番事业。

至此，经过了解放初期的一次又一次政治运动，我一直都还完好无损，仍然担任党的组织工作和业务重任，一方面忙于《外国地理志》的编写筹备工作，一方面做《中华经济地理志》的收尾工作。这时北京地理研究所已经从中关村搬到北沙滩的917大楼，每日有班车接送我们。917大楼的整个7层由地理所和科学考察会共用。这里工作环境宽敞、明亮、洁净，让人心情非常舒畅。就在这个时期，著名学者钱学森先生在国外考察回国后，向中国科学院提出了建议：为了更好地开展各项研究工作，加强业务工作的组织和领导，各个研究所应该选择懂专业的人员担任业务处工作。中国科学院接受了这个建议，各个研究所纷纷行动起来，挑选科研专业人员，从事业务领导工作。

因为我是北京师范大学地理系毕业，又有着业务的组织工作

经验，北京地理研究所想让我去所业务处工作。当领导找我谈话时，我很不情愿，在《中华地理志》编辑部工作的几年里，使我对地理研究工作已经有了极大的兴趣，觉得这才是学有所用，同时《中华经济地理志》的收尾工作还没有结束，特别是最近开始的《外国地理志》的工作才刚刚起步，我都很感兴趣，实在不忍在这个时候丢弃专业，转行做行政工作。一句话，我是学地理专业的，我想搞研究做学问，不想搞行政做后勤。但我是共产党党员，入党时我宣了誓，必须服从党的需要和安排，没有办法，我只好放下难以割舍的地理研究项目，接受了任命，到地理所的业务处去工作了。

1961年我带着任命书去了北京地理研究所的业务处工作，到了业务处后，我边工作边学习，向同事们请教，尽力了解学科内容和发展方向，逐渐摸索出了业务组织工作的规律。研究所业务处负责的工作包括：设定研究所的研究方向、课题确立和审批，鉴定课题执行情况，负责研究人员的调配，物资的调配，研究资金的分配以及围绕研究课题的各项后勤保障等。当时在“大跃进”的狂热心情和形势下，上级命令地理所停止一切研究工作，都去搞公社农业规划，研究所里大部分的研究人员，都被调去人民公社搞实地规划去了，所里的研究工作也没有一个长远的计划。我在工作上是个拼命三郎，既然接受了任命，就一定要干好，不管到了什么岗位，只要是需要的，我都投入全部的精力。我重新调整和恢复了北京地理所的研究任务方向。我们先制定了长远规划，再根据人员实力和资金条件制订年度计划，在年度计划进行中，保证人员和物资的供应，年中要核查进度情况，年末验收成果，然后编写成果报告，总结年度工作，制定下一年的研究计划，步步环扣，有条不紊。

当时中国科学院地理研究所的研究项目大致是这样确定的：未完成的自然区划工作要继续进行，这包括：区域水土流失的考察和盐碱地的治理，地上水的合理利用，区域气候变迁的研究以及地图绘制新技术等项目。所有的项目都是年初有计划，年中有检查，年底有验收，全年有总结。几年的业务处工作，使我深切体会到，钱学森先生的提议是非常正确的，以前由外行管理内行的情况是劳民伤财的办法，而且是对研究人员和研究工作的不尊重。研究人员需要专业内行来组织业务工作，需要懂得他们的长处和需求，与他们有共同语言，能够和他们很好地沟通，有了一个相互协调的管理环境，才能协助他们的研究工作，才能最大限度地发挥研究人员的主动性和创造潜力。

我一边工作，还一边继续自修地理学。地理学是个基础学科，是个高跨度的科学，其分支多、内容广。地理学包括自然地理、经济地理、地图地理学三大部分。地理学是研究地形特征、土壤、气候、植物、水源等，以及人类人口与自然环境相互关系的科学，我已经初步了解了经济地理学，但对自然地理和地图地理学了解比较少，这两个部分的内容繁多，我就给自己制定了学习规划，要尽快熟悉和掌握这两个部分，以帮助自己确定每个研究室的长期规划和每年的研究任务。所以我下班以后，常常自修学习到深夜，以补充自己，更能胜任。可是，就在我的业务组织工作逐渐进入正规的时候，情况又有了变化，敬之突然提出要离开北京，到西北的兰州大学去工作。

（三）命运洗礼："反右倾运动"，三年饥荒

1959—1961年，中国这个原本一穷二白的国家，又不幸经历了三年严重的自然灾害，粮食大面积欠收，国内资源短缺，广大人民的生活普遍受到了严重的影响，发生了全国性的大饥荒。对我们来说，生活清苦一些不要紧，但政治迫害却让人身心俱伤。在以前的历次运动中，我们夫妇总是不以为然，我们从年轻时就离家上学，后来都参加了革命，而且都是老共产党员，这么多年来我们一直勤勤恳恳地为国家工作，光明磊落，心胸坦荡，每次运动我们都是有惊无险。谁料想，在1959年的"反右倾运动"中，丈夫敬之却受到了莫须有的政治迫害，让他身心受到了严重的伤害。敬之虽然自小离家，参加革命工作很多年，是个老共产党员，但地主家庭出身的阴影一直伴随他，加上他受过大学教育，年轻有为，已经是学术有成，在地理界很有名望，被尊为"中国经济地理的创始人"，因此树大招风，他遭受到一些人的妒忌和精神歧视，让他的心情一直很压抑。这一次在"反右倾运动"中受到迫害，就是因为他的家庭出身所引起的。

敬之的地主父亲虽然家境殷实，可他一生务农，以农为本，是个地道的庄稼人，在农业耕种生产方面很有经验。解放以后，虽然孙家的土地资产都被分走了，房产也被占了，但是，出于农家里手的本份，在"大跃进"时，敬之的父亲还是忍不住提出了一些改进农业生产的意见和建议，却被认为是攻击"人民公社"和"大跃进"的言论，被当地政府打成了反革命。因为很少和家里联系，当时敬之并不知道这件事。不久，老人家在河北省深泽

县的老家蒙冤病逝，敬之想到他是家中的长子，母亲去世时，自己就没有回老家去看看，这次应该回家去料理一下。这事我也没有多想，回去料理父亲丧葬之事，这也是人之常情嘛，于是敬之就请假回老家去了几天。可那时正是“反右倾运动”如火如荼的时候，这是一场涉及社会各个阶层的群众性的大型政治运动，当然会有人居心不测。中国人民大学的同僚中有一位是敬之的同乡，他早就对敬之的学术成就很妒忌，于是就趁火打劫，添油加醋地向领导揭发，说敬之回老家是去为地主分子奔丧，是地主老财的“孝子贤孙”，是阶级异己分子。“反右倾运动”的政策是很严酷无情的，于是对孙敬之的批判和打击就接踵而来，他被开除党籍，降职降薪，硬是不让这个国内外知名的大学者去教书，而罚他做教研室的资料员，工资也不发了，每月只给他一点点生活费。那个时候的丈夫不仅是中国人民大学地理教研室主任、清华大学和北京大学的地理学课座教授，而且已经是历届国家科学大会的代表，国家接待外国科学代表团的专家之一，也多次率科学代表团出访苏联、东亚等国，并且担任着亚非地理学会的秘书长，在国内外都享有盛誉。他也是个自尊心非常强，爱荣誉如生命的人。这突如其来的无理伤害和侮辱，让他一时不能接受，精神上受到巨大的刺激和打击，几乎精神失常，不得不在北京医院住院治疗了很长时间。我带着小女儿去医院看望他时，他病得神情恍惚，竟然没认出他最心爱的女儿，让小女儿哭得很伤心，小手紧紧地抓着父亲病榻的床单，久久不愿离去，让我看后心如刀割。我也知道，当时在那场无中生有的“反右倾运动”中，很多无辜的人都受到了牵连，中国人民大学的大部分教授都受到了冲击和迫害，丈夫职高位显，又怎么能幸免呢。在那场“反右倾运动”中，全国成千上万的知识分子被打成右派，很多人还被送去

“劳动教养”，其中很多人最终客死他乡，命运更是悲惨。

当时正是三年自然灾害最严重的时候，就连首都北京的市场也是一样的物资匮乏，市民的口粮定量也减少了，我每月80多元的工资，交了4个孩子的托儿费就所剩无几。敬之的工资被扣发，仅那一点生活费，还要供给在校读书的大学生们，我们真是一时无法支撑，日子过得很艰难。承受着精神和生活的双重压力，如同雪上加霜，敬之已是身心交瘁，精疲力竭，他身材高大，80公斤的体重，很快就消瘦到只有50公斤了，人十分虚弱无力，有时都下不了床。我是心急如焚，柔肠寸断。我很是后悔，我是太单纯了，为什么我没有阻止他回老家呢，他要是不回老家，也许这事就不会发生了。我更是自责，搭了这么大的生活摊子，四个孩子、两个老人、八个大学生，大家的生活都让他一人承担，是我拖累了他。为了帮助维持这个家，为了挽救敬之的生命，我不能也倒下，我必须想办法。我只好下班以后，拿起笔来开始撰写文章，配合当时世界民族解放运动的蓬勃兴起，写些小文章在报刊上发表，主要介绍亚非拉民族解放运动情况和见解，还做过《拉丁美洲的民族解放运动》的报告，因此获得的一些稿费，能让敬之在中关村的福利楼里吃几顿三四块钱一份的晚餐，那简单的一餐，却是在维持他的生命的一餐。真是岁月风霜催人老，这一年，敬之刚过50岁，已经是饱经沧桑，患有高血压和心脏病的多病之躯了，头发花白了，人消瘦得枯槁如柴，背都开始有些驼了。

直到1961年，漫长的几年政治运动和迫害才终于结束了，中共中央领导终于给敬之平反了，恢复了他的党籍和原来的职务及待遇，撤销一切不实之词。虽然我们很感激历史终于还给我们清白，但痛定思痛，无辜受难，这心里的创伤却很难愈合，很多年来一直在隐隐作痛。一直到了1984年，时隔二十多年后，河北省深泽县敬之的老家才来函通知说，敬之的父亲不是反革命，当时他是关心农业生产提出的建议，特此为他父亲平反和恢复名誉。同年，河北省遵化县我的老家也来函通知：土改时我们李家是富裕中农，却错划成富农，特此平反。这些迟迟而来的平反，实在是让人不知是哭还是笑，已经太晚了，我们已经在这阴影里生活了这么久，心里的伤害已经很难忘却了，敬之也已在一年前——1983年，带着未解的委屈去世了，这让我心里更是后悔，更是难过不已。难过之余，想到中央和地方党组织能够认真对待这些事情，勇于改正过去的错误，体现了我们的党改正错误的决心，还是值得称赞的。这也正是，人正不怕影子斜，是非曲直，历史自有评说。

丈夫敬之是个书生气十足的人，他正直单纯，自尊心很强，非常爱荣誉顾脸面，而且他的感情非常细腻。虽然对他的“反右倾”的政治迫害已经得到了平反，但他一生忠贞报国，到头来却反遭无情的迫害，使他心里留下了重重的创伤，而且现在在工作中还要天天面对那些曾经迫害过他、落井下石的人，他感觉很尴尬，心情也不舒畅，人一直郁郁寡欢，他的眼睛里是有着一丝从未有过的忧愁，抹之不掉。而且这时他已经50多岁了，各种各样的政治运动浪费了他很多宝贵的时间，他迫切地感到如果再不拿出点成果来，对不起党和国家对自己的培养。正好这时，他在开一个学术会时，碰到老熟人老领导江隆基同志，他现任兰州大学的校长。江隆基校长治学治校有方，他热爱和重视教学，并且广集四方人才，不断充实教学队伍，把兰州大学办得有声有色。江隆基校长很了解敬之的才学和为人，所以真心实意地邀请敬之去兰州大学地理系工作。敬之是个“士为知己者死”的人，谁都愿意和了解自己的老同志一起工作，而且有志者，志在四方，敬之动心了，开始酝酿起离京西下的计划。但他也很担心，我们在北京生活很多年了，好不容易安了家，已经习惯了这里的生活，从繁华的首都到遥远荒凉的大西北去，千里迢迢，落差很大，孩子们又还小，可能会很不适应，不知自己的爱人和家人是否愿意一同离京去兰州。

1965年的深秋，北京的天气渐冷，秋风萧瑟，树叶凋零，大群的北燕在高空盘旋着，恋恋地唧啾着，开始南飞迁移，凭着它们的本性，寻找着更温暖的地方过冬。

这一天，丈夫下班以后，在我旁边坐下，他显得很疲倦，像什么事情在困扰着他。沉默了一会，他试探地看着我，想说些什么，又有些迟疑。那吞吞吐吐的神情让我想起来年轻时他向我求婚时的腼腆样子，一定是有什么大事要和我商量，我不安地等待着。最后，他终于鼓了鼓勇气对我说：“大西北是地理科学的处女地，是我们可以大有作为的地方，科学研究的潜力很大，兰州在地理上又是中国的中心，可以一览四方，很有意思。江隆基同志在那里工作，邀请我去兰州大学工作。”看到我惊诧的表情，他又赶紧说：“我也想换换环境，能够专心工作，要不然，我一个人先过去工作一段，你和孩子先留在北京？”我听了以后的确很吃惊，觉得很突然，一点思想准备也没有。可是他的表情是认真的，不是在开玩笑，我马上就明白了他的心思，懂了为什么他做出了这个似乎不合情理的决定。我的丈夫不是个苟安的人，他有理想有抱负，他不愿等待着命运的垂青，他要去一个能做事业的地方，就像北燕南飞一样，去寻找自己的一片土地。

最初我还是有心理上的挑战，连鸟儿都知道要去温暖的地方生存过冬，我们却走向寒冷和荒凉，大西北千里迢迢，生活和气候条件艰苦，这么大的生活落差，我年幼柔弱的孩子们会怎么想呢？可是定下心来又一想，这么多年我亲眼目睹着丈夫饱经忧患，受尽了委屈和不平的待遇，才华不得施展，我的确应该以他的事业为重，让他成行。而且结婚以后，我们一直在并肩工作和生活，我们既是伴侣又是同行，我们一起有一个和美的家庭，我们要在一起，要风雨同舟。我考虑了一下，就坚决地对他说："既然你一定要走，那我们就一起走吧，我也是搞地理的，在哪里工作都一样，孩子们也能出出远门，长长见识。"我不在乎舒适的生活，我也不怕吃苦。这次我们要一起西出雁门关，一同领略塞外的风貌地理。古有王昭君，深明大义，出塞安国，独留青冢；也有龙城飞将，出关护国，铁马金戈，抵御匈奴；现在还有江隆基同志和许许多多的有志人士，在西北建校育人，他们能够在那里坚守扎根，我虽然不如古人和名士，但也一定能挺得住那西北的风沙雪雨，我不怕。

听了我的话，敬之这才心里的一块石头落了地，他什么也没说，只是如释重负地看着我笑了，他的眼睛里充满了感激和温情，深锁的眉头展开了，笑得好开心，他已经很久没有这样笑过了。于是我们全家准备离开熟悉的故土北京，迁往千里之外的古城兰州。

第10章

北迁兰州冰川冻土沙漠研究所（1966）

（一）西下兰州：随夫离京，志在四方

在历史上，中国的西北是个偏远荒凉又贫穷闭塞的流放之地，“大西北”的地域大致包括了甘肃、宁夏、青海、新疆、西藏等地区，那里大部分地区地势高险，气候严峻，人烟稀少，生活贫困。所以才有着“春风不度玉门关”的古句。但是作为自然科学家的孙敬之不为此所动，他更喜欢“明月出天山，苍茫云海间，长风几万里，吹度玉门关”的气魄。他知道大西北是一块地域广博的科学处女地，那里有着高原、高山、戈壁、沙漠、盆地、雪山和冰川，蕴育着各种宝藏。那里有很多未开发的区域，等待着科学工作者们的涉足，亟待着地理学工作者去改善农业条件，开发资源，促进交通，那里处处充满了潜力，更有着希望和挑战。他兴冲冲地准备着在大西北大干一场，他没有“西出阳关

无故人”的感叹和伤感，而是有着不干出点成绩，“无颜见江东父老”的情怀和志气，以及“不破楼兰终不还”的决心，他的情绪高昂，我也被他的热情感染了，我们一起开始了搬家的准备。

就在我们决定一起去大西北后，1965年的秋天，搬家的前夕，我离开北京，外出到南方参加了几周的会议。会议结束后，我坐火车返回北京时，意外地看到北京地理所的同志在火车站的站台上接我，我觉得挺奇怪，我经常出差，从未要人接送过，我有一种不祥的预感，出了什么事？在回家的路上我一再地追问，接我的同志才说：“前两天你母亲去世了，给你打电话时，说你已经上火车回来了，没法马上通知你，所以来接你，想让你有些思想准备。”听了这个不幸的消息，我难过得半天说不出话来，情不自禁地默默流下了眼泪。我跟母亲的感情很深，她老人家操劳一生，含辛茹苦地在战乱的年代，把我和五个弟弟妹妹们带大，她在老家的炕头上教会了我识数识礼，还省吃俭用送我去上学。年老后，她不顾年老体弱，还为我带大了我的四个年幼的孩子。可是我还没来得及报答她老人家，让她过上几天安稳的日子，她就悄悄地走了，去世的时候我都没能见上最后一面，这使我痛苦万分，情绪顿时十分低落。养儿方知为母难，我现在做了母亲，才更加体会到母亲的无私奉献，更加感恩，也更加后悔没能尽心尽孝。可是那时我们离京的行期临近，没有多少时间了，我只能擦干眼泪，强忍着悲痛，办完了母亲的后事，按照母亲的遗愿，在父亲的主持和陪送下，把母亲送回燕山的老家安葬，我随后即刻着手准备搬迁事宜。

我们没有多少家产，但由于敬之一生读书、爱书、买书和藏书，家里到处都是书籍满满的书架，我们的确积累了很多的书籍，足足装了四五十个木箱，整理打包的工作十分繁重。我又去为全家转户口和粮食关系，然后我到中国科学院去转我的组织关系。我从1953年到1966年初在中国科学院工作了13年，是科学院创建初期的老同志，这里有许多的熟人朋友要一一辞别，大家都依依不舍，想方设法挽留，但是随夫搬迁，夫唱妇随，谁也没有办法。科学院研究的结果认为，甘肃省兰州市的冰川冻土沙漠研究所，是西北科学院的一个研究所，属于科学院系统，而且研究的专业也与我的专业对口，因此派我去冰川冻土沙漠研究所工作。就这样，我依依不舍地离开了工作13年的中国科学院地理研究所，放下了业务处的工作，准备千里迢迢去大西北开展新的工作，一切从头开始，再开创一片新领域。

我们并不留恋首都繁华和舒适的生活，但北京市毕竟是敬之与我长期学习、生活和工作的地方，我在这里生活将近二十年，这是我们熟悉的第二故乡，有着我们喜爱的数不清的历史名胜和古迹，真还想再去看一眼，去了西北，回来一趟就不容易了。于是我们就利用搬家的间隙，带着四个孩子游览了许多北京的著名景点，我们一家六口，大人孩子，背着抱着，前拉后拽地挤上公共汽车，热热闹闹地又一次全家游览了故宫、颐和园、长城、北海、景山、天坛、北京动物园等，吃了北京的小吃，还有羊肉泡馍，大家一起向北京辞行。我们还带着孩子们第一次坐了火车，去了天津和塘沽，专程去看了大海，因为到了遥远的大西北，就看不到大海了，那里只有海的遗迹，我们这次做了不再回来的准备。真到这临走前的片刻，面对着茫茫的大海，一丝离家的忧郁才重上了我的心头，这一走，离我的老家燕山就更远了，离母亲也更远了。

1966年的春节过后，我们全家向北京的亲戚和朋友们一一告别后，就动身去兰州了，这一年敬之57岁，我42岁，我们年富力强，都是工作的最佳时期，我们夫妇两人决心献身西北高原，要在那里工作一辈子，不打算回来了，我们要马革裹尸，埋骨西域。我们夫妻二人，加上四个孩子，还有我的老父亲，全家七口，乘上去往兰州的火车，离开了北京。在北京火车站的站台上，敬之兴高采烈地向来送别的同事和朋友们说："兰州是瓜果之乡，你们有机会到兰州来，我一定用最好的瓜果招待你们。"火车开动了，看着灯火辉煌的北京城渐渐远去，那万家灯火逐渐消失在远方，我还是动了些难舍难离的感情。我的老父亲年岁大了，本来就不太愿意去遥远的大西北，又逢我的母亲刚刚去世，他的心情很低落。我的四个孩子，年纪9岁到15岁，也正在上小学和中学，得离开熟悉的学校和同学，到一个陌生的地方去，都有些茫然不知所措。我由于新近丧母，加上搬家的劳累，上了火车像一滩泥一样瘫到卧铺上，连说话的力气都没有，感到有些失落。火车上，只有敬之依然兴奋不已，他谈笑风生地给孩子们讲故事、讲典故、说历史、说笑话，活跃着车上的气氛。火车轰轰隆隆地驶到丰台站时，他讲"卢沟桥事变"的历史和抗日战争，到了邯郸站时他讲"回车巷"的历史典故和宽容的民族本性，到了潼关时他又讲"拉马到潼关"的笑话和中国人的幽默。他兴奋乐观的情绪，让我的心情好了起来。

第二天早上，火车继续向西北行进，渐渐进入了黄土高原，窗外景色渐次荒凉起来，没有了高楼大厦，没有了万家灯火，京—兰铁路的两侧，只见黄土高山绵延不断，偶有几个稀稀落落的小村庄一闪而过，人烟稀少，树木罕见了，很少绿色，连只飞鸟也难得看见。火车不断地轰鸣着，钻着长长的山洞隧道，向山里钻去，一个又一个的山洞，没完没了，车厢里忽明忽暗，我的心里也在上上下下地翻腾着。孩子们扒着车窗奇怪地问：“妈，咱们这是到哪里去呀？怎么也看不到个人影呀？这山上怎么没有树和草，光秃秃的呀？”这些出生和成长在北京的孩子们，很是稚嫩，对大西北的严酷环境可能会很难适应，我很担心，也有些内疚，只有暗暗地希望，等他们长大了，会能够理解他们父母为事业所做出的牺牲和付出，会原谅我们的。

（二）西域采风：到冰川所，探祁连山

坐了两天两夜的火车，我们终于到达了坐落在黄河岸边、皋兰山下的西北重镇——兰州市，兰州火车站就在高高的皋兰山脚下，还没有下火车，就让我一睹风采。甘肃省是华夏文明的发祥地，有着古老厚重的历史和丰富的文化根基，“丝绸之路”在这里留下了很多著名的历史遗迹和文化。兰州市是甘肃省的省会，也是古老的丝绸之路上的重要一站，现在是中国主要的铁路枢纽之一，还是个西北的工业重镇。兰州市是个四面环山的河谷盆地，海拔约1500—2000米，中国的第二大河、浩瀚的黄河从山谷里滔滔地穿城而过，城市沿黄河两岸巧妙而建，日夜与汹涌喧嚣的黄河相伴，很有诗的气势和韵味。在地理学家的眼里，这个偏远的城市的确美得婉约如诗，应了王之涣的名句“黄河远上白云间，一片孤城万仞山”。可是由于黄河一路冲刷着黄土高原，这里的水土流失得很厉害，所以黄河的水黄黄的很是浑浊不清，

难怪人们常说“跳到黄河也洗不清”，这里真的是需要大规模的水土治理才行。

兰州大学创建于1909年，也是中国建校最早的大学之一，是西北的重点综合大学之一。江隆基校长1959年从北京大学调到这里，积极办学办校，以教学为重，干得很有成色，为兰州大学的发展起了深远的作用，使得兰州大学很快就名声在外，成为了西北的名校。江校长不仅关爱师生，爱校如家，而且他还一直在邀请着全国各地的著名学者来学校任教，加强教学，所以兰大很欢迎我们的到来，兰州大学副校长亲自到火车站来迎接，并在学校的宿舍区安排了一套三居室的宿舍给我们居住。兰州大学的苏式校园很大很漂亮，有着整齐的青花砖的围墙，高大的教学楼和图书馆、学生宿舍楼、运动场、游泳池，还有生物系的小农场，应有尽有。校园中心是精美的大花园，喷泉水池十分典雅，花草树木茂盛，绿化得很好。宿舍区和校园只是一街之隔，盖着一栋栋三层有阳台的楼房，是老师们住的，宿舍区的三边各是两排平房，是学校的勤杂人员们住的。学校很快任命敬之为兰州大学地质地理系主任，敬之对大家说：“你看，我把一家老小都带来了，我是来安家的，我是准备埋骨黄土高原了。”我们刚刚安排好家小，敬之就雄心勃勃地立即开始了工作，他不顾长途旅行的疲劳，就兴致勃勃地和系里的老师们一起，去甘肃省张掖地区的高台县搞农业区规划去了。我安排了孩子们的入学和户口问题，雇了一个保姆为孩子们做饭，把家里的事情交给老父亲照看，就去冰川冻土沙漠研究所报到上班了。

我拿着中国科学院的介绍信来到兰州冰川冻土沙漠研究所报

到，由于我是中国科学院派来的干部，立即被编入了所里的领导班子，还是主管科研业务工作。从兰州大学的宿舍到冰川所没有顺路的公共汽车，我也不敢骑自行车，只能每天徒步20—30分钟去上班，一走就是好几年。到了所里，我非常高兴地了解到，这个研究所一直在承担着冰川、冻土、沙漠等方面的多项国家级的科研项目，多年来在野外设立了很多的常年实验站，有研究人员长年在那里工作和监测，积累数据和资料，这里的研究工作的确是在地理学研究的前沿。既然是主管业务，我就应该深入到第一线，下去先了解一下研究工作的实际和课题进展情况。我立即动身去河西走廊、新疆等地实验站去体验生活。

在去河西走廊的路上，我特意先去了甘肃省张掖地区的高台县，去探望一下丈夫。张掖地区在河西走廊的中部，因为靠近祁连山，有雪水为水源，还算是甘肃省农业条件比较不错的地区。我在张掖的高台站下车，专门去看看在那里搞农业区划的敬之，他兴冲冲地坐着大卡车来接我。才几个星期的时间，他的脸已被高原的阳光晒得黑黑的，嘴唇干裂，一身的尘土，让我很心疼。可丈夫不在乎，一路上他滔滔不绝地谈着他们农业区划工作的情况，如数家珍，很是兴致勃勃。坐在车上，我看到这里黄沙扑面，地面干涸少水，少有绿色，道路两旁的土地上，到处都有暴露出地面的白骨残骸，让我想起了那首凄凉的“黄尘足今古，白骨乱蓬蒿”的诗句，就奇怪地问丈夫：“这些尸骨为什么不掩埋起来？”敬之脸上的笑容消失了，他摇头叹息着说：“这里的风沙太厉害了，又没有植被和树林带，再孝顺的子孙也保不住老祖宗的坟头，尸骨都被狂暴的风刮出来，埋不胜埋，所以我们正忙着为防风治沙制定规划呢。”我们中国人是忠孝为先，这里的人们却不能让祖先的尸骨入土安眠，我心里有些沉重，这西北的恶劣环境和严峻气候由此可见一斑。我看到敬之的精神很好，兴致勃勃，还能吃到小米粥和馒头，生活也还适应，只住了一天，我就放心地走了，开始了考察冰川冻土沙漠研究所的实验站的行程。

（三）河西走廊：丝绸之路，高原探戈

中国大陆的整体地势是西高东低，大西北地区包括了西部的黄土高原、河西走廊、青藏高原和新疆，以及内蒙的西部。这里海拔很高，水源缺乏，气候寒冷，山高路险，穿行很难。因此甘肃省的河西走廊地区，才成为了中国内地通往新疆的重要通道。它实际上是两个山脉之间的一个狭长山谷，位于“丝绸之路”的东端，东起祁连山分支的乌鞘岭，西至著名的古玉门关，南北侧各有南山（祁连山和阿尔金山）和北山（马鬃山、合黎山和龙首山）相夹，山谷长约900多公里，宽约数公里至近百公里，为一块西北—东南走向的狭长平地，形如走廊，又因位于黄河以西，因此得名。因为河西走廊的大部分在甘肃境内，所以又被称为“甘肃走廊”。由于它是高原上少有的900多公里平川，所以河西走廊在历代都是中国东部通往西域的咽喉要道，是个浑然天成的出度关口。自汉唐以来，河西走廊成为“丝绸之路”的必经之地，这条古老蜿蜒的商路，驼铃声声悠扬，竟带动了当时中原对西方的商贸交流，成为历史的经典。直到15世纪以后，“丝绸之路”才渐渐衰落，没有了驿站和络绎不绝的车马和驼队，昔日的繁荣早已不复存在，这里又恢复了往日的神秘、寂静和荒凉。

目前在地理位置上，河西走廊依旧是沟通中国东部和新疆的

干道，是中国通向中亚和欧洲的重要国际通道，因此这里是中国西北的边防重地。在这里，干旱的浩瀚戈壁由于缺少水源，只有依靠祁连山的雪水灌溉，才形成了仅有的武威、张掖、酒泉三块绿洲，就是著名的“金张掖，银武威，玉酒泉”。所以，甘肃的河西地区也是绿洲农业地区。河西走廊地区由于从西北高原吹来的风力很大，又缺少水源和植被，干燥的地表土层都被吹到东部的黄土高原，所以这里除了几块绿洲以外，到处是草木绝迹的戈壁荒滩，在旷古的天空下，萧瑟空旷而荒凉，人烟绝迹。可就是这片寸草不生的荒野土地，在我们地理学者眼里，依旧有着它自己的独特色彩和魅力，依旧让我兴奋和爱怜。它的广阔，它的苍凉，它的久远古老，它的神秘朦胧，它的变化无穷，它的无边无际，到处都有着引人入胜的地理和历史的因由和故事，如果你了解它，它就像古典音乐一样，让你回想追忆，而且回味无穷。这里独特的地质地貌，是大地的足迹和特征，向你证实着远古地壳变迁的起始和过程；那枯树斜阳古道，见证和记载着元太祖成吉思汗进军西夏的古老故事；那天上盘旋的飞鹰，可以把你带回几千年金戈铁马的历史；而萧萧滚动的飞石流沙，叹息和留恋着“丝绸之路”上往日的繁华；耳边那呜咽委婉的风声，苍凉哀怨，像是在吟颂着那不朽的诗句：

秦时明月汉时关，
万里长征人未还，
但使龙城飞将在，
不教胡马度阴山。

我去考察的第一站是位于甘肃省的西部、河西走廊地区西端的酒泉地区，这里也曾是“丝绸之路”上的重镇。传说当年骠骑将军霍去病西征匈奴，大胜之后，在此将皇帝赐的御酒倾入泉中，与将士们共饮同乐，故此地便有“酒泉“之名。可是今天，那个因“其水如酒”的酒泉已无处寻觅和考证，也许早已干涸消失，只有离这里不远的那个神秘的月牙泉，还在那里泉水新月如旧。和张掖地区相似，酒泉地区近祁连山，有雪水的水源，因此也是甘肃省生态环境比较好的地区，所以都知道“金武威，银张掖，玉酒泉”。研究所在这里设有一个铁路防沙研究站。防沙站设在酒泉地区一个小火车站上，这里是中国第四大沙漠——腾格里大沙漠的边缘，不但没有泉水，由于地形所致，还是个大风口。大风吹得飞沙走石，时常掩埋了兰州到新疆的兰—新铁路的铁轨，因而可能导致火车出轨，发生事故，所以风沙成为这里火车行车的一大隐患。每到大风季节，全体铁路职工，连职工家属们都得拿着扫把、铁锹，到铁路上去帮助清理积沙，但人力能力有限，风力又太强，常常清沙不及，而且非常危险。因为风大沙大时，能见度极差，对面不见人不见灯，火车来时很难躲避，会造成人员伤亡。于是，国家把这段铁路防沙的研究课题交给了兰州冰川冻土沙漠研究所，研究所在这里设了防沙站，全力研究治沙课题。

长年工作在这个铁路防沙研究站的同事们都知道，这里风沙太大太频繁，机械固沙清沙解决不了沙埋路基问题，只有利用生物固沙即植树植草才能解决长期防治沙害问题。但是这里常年干旱，没有水，植物就不能成活。所以研究站设计和修建了一条水渠，引来了祁连山的雪水灌溉，有了水，树木就能生长，有了树木林带，就能定住流沙，保护铁路。我去的时候，水渠已经修成，铁道两旁已有初建规模的，由耐旱的乔木、灌木和草组成的固沙林带，治沙效果已经初见成效，基本能保证这一段的铁路畅通。可是每年同事们还要几次开闸放水，以浇灌林带，估计再用三五年，小树成年，树林带形成以后，就可以完全起到固沙作用了。但如果一年不浇水，树木就会枯死，所有的劳动成果就会前功尽弃，所以这里要有人长年坚持在这里工作，维护树木，不断地浇水和观测固沙效果。

长期生活在这大风口，同事们看上去个个都很消瘦，皮肤黝黑粗糙，口角干裂，眼睛发红，满头沙尘。由于缺水，洗澡洗头是一种奢侈，大风总是把他们的头发刮得蓬乱，习惯了，也就不梳理了。同事们说，这里大风来时可厉害了，昏天黑地，对面不见人，但我们的研究人员却要在刮大风的时候出去观测风速和沙的动向，所以只能趴在地上监测，非常辛苦。这里的风沙厉害得是无孔不入，无论怎样穿戴预防，他们每年大约要吃进肚子里一斤左右的沙子。防沙站的人员日常生活也很艰苦，每个月研究所里的供应车过来一两次，带些饮用水、日用品、罐头、饼干和不怕风干的蔬菜，如包心菜、萝卜、土豆等。因为没有冰箱，肉类只能靠吃罐头，他们笑着说：“过年的时候我们都吃土豆和罐头肉馅的饺子，很少吃到青菜和水果。”看着这些长期在艰苦环境下工作的研究人员，我从心里佩服之至，也很心痛，答应他们以后要经常派人来听取他们的建议，并努力改善生活条件。

我来到酒泉铁路防沙研究站的时候，正值春季，是这里风沙最大的时节。看着外面黄沙滚滚，铺天盖地，我提出要去体验一下，尝尝在这里工作的滋味，于是同事们为我戴上防风帽、眼镜、口罩等，扎紧衣服的领子和袖口，由两人保护着我走了出去。强大的狂风顿时扑面而来，呼啸着似乎要把我撕成碎片，吹到天边。我在昏暗的风沙里，顶着强风，弯着腰，踉踉跄跄地走着，我的每一步都十分艰难，呼吸都很困难，走了不到一个小时，我几次被大风吹倒在地，还得靠同事们把我拉起来。回来的时候，我满身满头满嘴的沙土，脸上暴露的地方，都被风沙打得红肿起来，针扎火烧般地疼痛。这次考察，我亲身体验了研究人员的辛苦和工作条件的艰苦，想到我的同事们没有明亮温暖的办公室，天天在这种条件下工作和生活，长年在这里为国家贡献精力和青春，他们无怨无悔，而且干得有声有色，让我很感动，很受教育，他们才是真正的科学工作者，他们是我的英雄。

我去考察的第二站，是到兰一新铁路上新疆段的“三个泉”站，由于这里严重缺水，沿途一路的站名有“一碗泉”“三滴水”“长流水”，等等，可见这里缺水的严重程度。这些站名的后面，大概都有着一个与水有关的哀怨故事，饱含着人们对水的渴望和期盼。这个站名虽是叫“三个泉”，但现在一个泉都没有了，一眼望去，周围都是荒凉无际的戈壁滩，没有一点绿色。这里是天山山脉最大的一个风口，大风来袭时，狂风肆虐，摧毁力极大，就连停在车站上的货车都可以被吹倒。因为这一段铁路的路基特别高，大风竟可以把路基掏空，路基坍塌就会造成翻车的危险。因此国家把预防风蚀路基的课题，也交给了冰川所来研究解决，这个研究站就设在火车站上。

刚下火车，站长就注意到身材瘦小的我，他就忙对研究站的同志们说：“告诉你们这位新来的领导，刮大风的时候可千万不要出门，关紧门窗，待在屋里。我们前任的站长就在接车的时候被大风刮走了，到现在人还没找到呢。”我听了直伸舌头，乖乖，这风沙也太厉害了，人在大自然面前可真显得渺小，在这里可真是人和老天在抗争，但鹿死谁手，输赢难定。我在站上和同志们座谈了解情况，大家都说，这个防风蚀路基课题难度的确很大，因为在大风口上，这个地方又没有水源，栽种护堤植物树木几乎是不可能的。同事们已经试验了在路基上撒盐水、喷撒沥青等物理固沙固土的方法，但效果都不明显，狂风实在是一时难以驯服。可大家并没有泄气，他们正在进一步研究酝酿新的治沙方案。在这里工作才是英雄有用武之地，我很赞赏他们不屈不挠的勇气，并衷心祝愿他们早出成果。

第三站我去了新疆的哈密地区，考察了这里的防沙治碱实验站。新疆是个典型的绿洲农业区，在无边的戈壁滩上，只有在天山、昆仑山下的地区是可以利用山上冰川雪水灌溉的区域，这里发展成了戈壁滩上大大小小的生机盎然的绿洲，这也验证了千年古则，水是人类的生命源泉。哈密盆地是其中一个较大的绿洲，这里地势很低，海拔仅53米，是利用天山雪水灌溉而成的农业绿洲。在哈密绿洲上，农田密布，绿树成荫，有着一片塞北江南的景色，在高原上像是另外一个世界。哈密地区农业生产很好，城内也很繁荣，农副产品很丰富，是绿洲的商业贸易中枢，维吾尔族的姑娘们非常漂亮，穿着美丽的衣裙，飘飘欲仙，更给绿洲增添了许多妩媚的色彩。由于这里的地理气候条件，哈密是著名的瓜果之乡，哈密瓜也是有名的当地特产，可惜我去时尚是春季，瓜果还没有成熟，没能够一饱口福。虽然这里地理条件好，水源充足，但是由于当地是用雪水灌溉，雪水融化是受季节和气温影响，水源流量很难控制。因为这里夏日酷热，当地人们习惯大水漫灌，尽量多放水，以防止干旱。可是这里地势低洼，又没有排水之便，加之当地夏季阳光充足而炎热，水的蒸发量很大很快，经年累月的盐碱沉积，就造成了一些耕地的盐碱化和由于开荒不当引起的土地沙化。研究站的研究人员常年工作在这里，正在研究新的防沙治碱的方法。有了华北平原治碱的经历，我觉得研究这里的水源分布和合理利用应该是个关键。

第四站我去考察的是新疆自治区的吐鲁番绿洲。我们坐火车到了新疆自治区的乌鲁木齐市后，找到了冰川所设在乌鲁木齐的联络站，这个联络站是为新疆地区的几个实验站提供和运送人员、物资服务的周转站。我们从乌鲁木齐坐上了联络站的大卡车，颠簸了半天多的时间，到了吐鲁番地区。最初上路，沿途一路我们看到的都是荒凉空旷的戈壁滩，满目荒凉，但随着地势越走越低，大地逐渐地有了一些绿色和生机，空气也变得湿润了一些，当我们进入吐鲁番的时候，车外面已是满眼绿色，路旁绿树成荫，遍地的葡萄园，生机盎然，这变化之大，让人惊奇不已。

吐鲁番盆地是全国地势最低的地区，大约在海平面下155米，也是靠天山雪水灌溉的农业绿洲。因为这里夏季炎热，为了防止地表的水分蒸发，人们把引水渠挖在了地下，成为地下河，地上开了竖井往上提水灌溉，即节约了用水，也防止了土壤盐碱化，一举两得。这种竖井叫坎儿井，是当地人民长年与大自然斗争的一种智慧结晶。由于这里地势低洼，又是盆地，夏季气候特别炎热，气温常在摄氏50—60度以上。这种气候和这里的土壤适合种葡萄，所以这里盛产葡萄，到处都是葡萄园，但葡萄不是用来酿酒，多是风干成又大又甜的葡萄干，吐鲁番的葡萄干驰名和畅销全国。吐鲁番还有个知名的景点叫火焰山，整个山体成赭红色，远远看去非常醒目，在炎热的夏天，红色的山体在摄氏60度高温下，如火山般灼热烤人，入山如入火炉，因而得名为火焰山。民间传说，这就是《西游记》里唐僧四人西天取经路上经过的火焰山，这红色灼热的山体的确让人们浮想联翩。实际上这里也是地理上的“丹霞地貌”，由于火焰山的山体是由红色的砂岩构成，加上地理位置和炎热的气候，就形成了个火焰山。火焰山的附近还有个规模很大的古城遗迹，可见这里过去也曾是人口聚集的地方，后来古城消失了，只留下残墙断壁，一片苍凉的废墟。缺水大概是关键性的毁灭因素。

由于水源短缺，在西北的干旱和半干旱地区，当地的人们为了保存土地的水分，想了很多办法，也有许多发明创造，例如甘肃省有些地区，就有用砂石田的办法来保持地表水分。人们把平整的土地施肥翻好，上面盖上一层鹅卵石，种地时，扒开鹅卵石，一颗一颗地下种子。表层的鹅卵石既可以促进水分吸收，又可以减少水分蒸发，进而促进庄稼高产。可这种保持水分的办法，费工费时，年年的产量也不稳定。人们生动地总结为：“先累死老子，然后撑死儿子，最后饿死孙子。”因为这种保水的方法太费事，每隔几年就得把鹅卵石起走，把土地重新翻耕施肥，劳动量很大，所以现在砂田已经很少见了。甘肃省的水窖也是这个地区的一大特点。黄土高原的土质都是疏松的黄土，没有粘土隔水层，所以很难储存地下水，只能用水窖的方法储水。即在黄土地上，挖一个坛子状的深坑，口小肚子大，坑里面糊一层胶泥防止渗水漏水，夏季雨水来的时候，把落入地面的雨水引入窖内，储满后再把浮在水面上的干草羊粪等捞出来，盖好盖子，这就是一家人一年的食用水。窖水有时都不够食用，人们长年都不洗澡。在当地，水窖的多少和大小，也是一家人的财富衡量标准，可见水的珍贵。

第五站我去的是天山一号冰川研究站，位于天山深处的天山冰川下缘。我们先到了新疆自治区的乌鲁木齐市。乌鲁木齐在新疆中部，位于天山的北麓。我们在乌鲁木齐乘坐联络站的汽车，沿着乌鲁木齐的河谷进入了天山山脉，逐渐盘山而上。天山山脉是亚洲中部最大的一条山脉，东南—西北走向，长约2500公里，最高峰在海拔7000米以上，是中国最大的现代冰川区。沿途的穿山公路很窄很险，一边是险峻的岩石峭壁，一边是数丈深渊和湍急的河流，行路非常艰难。但这却是北疆和南疆的重要通道之一。随着沿途山势的逐渐拔高，景观和气温也随海拔升高而发生着明显的变化。初进山时，道路两旁山上的阔叶林还很茂密，山间郁郁葱葱，雾霭飘拂。走了一两个小时之后，山上的阔叶林就逐渐消失了，变成了深绿色的耐寒的针叶林带，气温也变得冷多了。又经过两个多小时候的车程，海拔已达到4000米左右，山上已没有了林木，取而代之的是矮草和青苔，以及厚厚的残雪，外面寒气逼人，我觉得呼吸有些紧迫，头开始微微发痛，司机说这就快到冰川站了。

我们的冰川研究站位于海拔4000米以上的高原，就在著名的天山冰川的边缘。我刚到观测站时，头痛得厉害，觉得心跳气短，四肢无力，就是典型的高山反应。我打起精神，一眼望去，湛蓝的天空衬托着高伟洁白的雪山，玉洁冰清，雍容华贵，皑皑的冰山脚下，蜿蜒而下的冰川则有如玉女的白色长裙拖地，婀娜多姿，四野寂静得似乎可以听到冰凌落地的声音，那景色美丽得摄人魂魄，像童话一般的清新脱俗，高伟空旷得令人遐想。可是这里虽然美丽绝伦，却是一个人类的禁区。这里千年的积雪不化，常年寒冷如冬，空气稀薄，渺无人迹，与世隔绝。在冰川的脚下，冰川研究站建有三间简陋的平房，有几位研究人员终年坚守在这里，他们忍受着荒凉、寒冷和高山病的反应，以及长年与家人分离的孤独，天天观测和记录着冰川面积与厚度的变化情况以及每年融水量的多少，为人类积累冰山冰川的资料。我来了以后就马上与大家座谈，了解情况。研究人员都知道，天山冰川是西北的主要水源之一，冰川现在逐年有面积退缩的现象，但是速度很缓慢，而且冰川的融水量受每年降雪量和大气层气温的影响较大，但需要长期观测才能看出变化的趋势。我们观察冰川变化对研究水利资源、大气候的变化，对地区的农业和建设，以及未来水源的开采和利用，等等，都非常重要。所以这些研究人员长年在这么艰苦的环境中工作和生活，仍旧是非常积极乐观。他们在60年代就注意到气候变暖及冰川面积和积雪量消失的变化和关系，研究工作已具有世界水平，让我十分叹服。

我到冰川站上后，大家都很高兴，因为这里在世界之巅，很少有客人来访，我真算是远道而来的稀客，同志们提出要改善一下生活，不吃罐头了，吃一顿不常吃的面条。结果挂面在锅里煮开了半个多小时，仍然不熟，吃到嘴里又粘又硬，实在难以下咽。因为这里海拔高，气压低，水到了80摄氏度就翻滚开了，可在80度的水里食物煮不熟。那时还是60年代，当时研究站的一切设备都很简陋，连个高压锅都没有，大家只好整年都吃着半生不熟的饭菜，他们几乎个个都有胃病，人人都很消瘦。很难想象在这艰苦的工作和生活条件下，他们是如何度过了这么多年的漫长寂寞寒冷的日月，把生命中最好的时光，奉献给了祖国的冰山和冰川，成为了这冰川的灵魂和精神，我不得不点头佩服。

我去考察天山冰川研究站的时候已经是1966年的晚春了，我的家乡现在已经是春暖花开的春耕季节，可是这里依旧是皑皑的冰天雪地，寒冷难耐，的确是高处不胜寒。很难察觉这时大地已经开始微微回暖，只有仔细看来，才发现偌大的天山冰川确实开始了一点一点的融水，每天的融水量在源头只有点点冰凌滴坠，其悄无声，形成了许多涓涓的细流，晶莹剔透，在四处潺潺地流动着，在阳光下烁烁闪亮，给寒气尚重的天山带来了一丝生气和活力。在这潺潺溪流的下游，沿途有千百个涓涓细流汇入，最终竟汇集成了波涛汹涌的乌鲁木齐河。这条河是供应乌鲁木齐地区的重要水源，春末夏初的时候，由于融雪的水量大而难以预测流量，这个地区年年还要做防汛准备。

就在这1966年的晚春时节，当我正在天山冰川研究站上，观看着这神话般美丽的天山冰川，看着巨大冰山冰川开始一滴一滴地融水，品尝着半生不熟的饭菜，体验着彻骨的寒冷和高山反应的头疼时，一封电报来到了冰川研究站我的手中，我打开一看，上面只有两个字——“速归”。我还不知道，一场更大更持久的政治运动“文化大革命”开始了。

第11章

一段令人难忘的经历（1966—1976）

（一）文革初期：天气骤变，坚持科研

1966年的晚春初夏之季，我从新疆的天山冰川科考站被一份电报匆匆地催回兰州冰川研究所搞运动，敬之也被电报从张掖地区催回了兰州大学，所有的学校和研究所的科研教学人员都被召回单位参加运动，所有的正常教学和科研工作都被完全中断了。在“文革”运动初期，刚到兰州才几个月的我们，不是单位的主要领导，又人生地不熟，没有引起人们的太多注意，所以并未受到很大的冲击。但不幸的是，敬之的老朋友、老战友，兰州大学老校长江隆基同志却未能幸免。但逢国难见英雄，江隆基校长是一个很有学识和正义感的人，而且他爱校如命，因此他不顾个人安危，在运动中勇敢地挺身而出，劝解学生们不要乱闹，希望能制止这场师生互斗的混战，结果在运动初期就首当其冲，被

残酷迫害而含冤致死。可叹他一个难得的学术和领导人才，又正值年富力强，壮志未酬身先去，还落得个家破人亡。那场史无前例的“文化大革命”，就像一场噩梦一样开始了。

一时间，兰州市里满街的红卫兵小将，到处是大标语、字报，漫天飞舞着传单，高音喇叭狂热地叫喊着“革命无罪，造反有理”“破四旧”“反对封资修“”坚持无产阶级专政”，满街是游行队伍，所有的正常秩序都被打乱了。兰州大学停课，校园里大喇叭天天在高唱“大海航行靠舵手”，许许多多一向受人尊敬、学识渊博的教授和教师们都被批斗揪打，戴着高帽子，被拉去游街，脸上被泼墨水，脖子上挂着牌子，站凳子、跪桌子，被拳打脚踢，惨遭人身羞辱和毒打，被囚禁和关押。中国知识分子的自尊心都非常强，大概这是读书人的特点，“士可杀不可辱”，因此很多的学者教授被逼得含冤自杀身亡，几乎天天都可以听到这样的消息。兰州冰川冻土沙漠研究所的所长们也屡遭站台批斗和殴打，甚至被关进了“牛棚”，失去了人身自由。

看到这一切，我们一时不敢相信自己的眼睛，震惊了，心寒了。“文化大革命”开始时，冰川所的全体科研人员都被召回所里搞运动，研究工作全面瘫痪，研究所的领导班子变成了革命委员会。由于所里的领导们大部分都被揪斗罢免了，我是新来乍到，无人知晓，又是从中国科学院来的，远道的和尚会念经，我就成了研究所革命委员会的副主任，仍然主管科研业务。我仍然十分惦记着那些科研实地考察站，因为那里的工作不能间断，我就利用这个副主任的条件，偷偷地把每个实验站都至少留下一个研究人员，继续坚持原来的观测和记录，并尽可能地给予了物资和经费的支持，以保证研究工作不因突然中断而前功尽弃。我还借着主管业务的头衔，继续去第一线考察工作，就去了兰州冰川冻土沙漠研究所沙坡头防沙实验站，是我连续野外考察的第六站。

（二）野外考察：西北探秘，世外桃源

我去野外考察的沙坡头防沙实验站，位于宁夏自治区中卫县境内，是一个冰川研究所建立的铁路防沙实验站。这里是包—兰铁路的必经之地，又是中国最大沙漠之一——腾格里大沙漠的前沿，由于黄河和高山挡住了沙漠的去路。大风来时，飞沙走石，沙埋铁轨，严重地影响了铁路行车的安全。于是国家就把这里防沙治沙的任务交给了冰川冻土沙漠研究所。研究所选择在沙坡头地区的黄河岸边盖了两排房子，已建起了沙坡头治沙站。实验站背依着巨大的金色沙山，低览着浩瀚的九曲黄河，远眺着黄河对岸起伏的群山，层峦叠嶂，风景十分独特迷人。黄昏日落的时候，金色的夕阳透过迤逦的远山，照着宁静的河谷，撒在波光粼粼的河面，一切都显得神秘而朦胧，安静又从容，美丽得令人遐想。这里就像乱世中的一块纯净的土地，和喧嚣躁乱的城市相比，这里像是另外一个世界，美丽又祥和。这里天高皇帝远，我在这里深深地喘了一口气，烦乱的心情好了一些。

沙坡头的治沙条件比河西走廊地区好一些，“天下黄河富宁夏”，因为沙坡头位于黄河边上，有充足的水源，黄河对岸的大山，挡住了沙的去路，流沙在沙坡头附近沉积起许多高大的沙丘。如果不是黄河和山的阻挡，沙漠早就进入甘肃和山西境内

了。“黄河百害，唯富一套”，是指宁夏内蒙等地，利用黄河水开渠灌溉，发展农业，在这里半干旱地区创造出了塞北江南。由西向东的黄河在宁夏地区拐了一个“U”型的大弯，这里是黄河中段，河面宽阔，河流稍缓。宁夏和内蒙地区就在黄河北部拐大弯的地方，巧妙地利用黄河拐弯的离心力开了许多引水渠，灌溉了宁夏和内蒙河套地区的大片土地，黄河无疑是西北地区的重要水源，哺育着这里的一草一木，是这里当之无愧的母亲河。当地人民在沙坡头也同样开了一条引水渠，叫美丽渠，渠口离我们沙坡头防沙实验站不远，设有闸门控制水量，灌溉着宁夏中卫地区的大片土地。

这里治沙的办法是用草方格机械围沙法。把干麦草平铺在沙地上，用铁锹在麦草中间向下一插，干草插入沙地中，两端立起如同一束干草丛，一束一束的干草丛再形成一个2×2尺的方形草方格，一个个小草方格再连成大面积的草方格网，沿着铁路两侧覆盖开来。草方格网的阻力可以把流沙固住，然后在草方格中心种植沙棘等耐旱的固沙植物，进一步加固这个固沙网。这个方法现在已初见成效，已经基本可以保证那一段的包—兰铁路的通行。如果能进一步再把大沙丘都平掉，再植树种草，从黄河抽水灌溉以保证植物的成活，将来就可以把这里的沙漠变成绿洲，这里的确是个可以大有作为的地方。我和防沙站的同志畅谈沙坡头的美好远景，大家都十分兴奋。很多年以后，当我知道现在沙坡头地区真的成为了国家首批5A级旅游景区之一，还在黄河上修起了大桥，我从心里感到高兴，我们的草方格和护路林带还在，我们的工作没有白干。

第七站，青海省木里冻土研究站。“文化大革命”初期，我利用参加西北科学院组织的煤炭考察队，去了一次冰川所的木里冻土研究站。木里是青海省海西蒙古族藏族自治州天峻县的一个区域，位于祁连山深处。祁连山是中国西北的主要山脉之一，位于青藏高原的北缘，河西走廊的南侧。祁连山是多种矿藏的宝库，其中煤炭储量非常丰富。木里位于祁连山深处，海拔高约4000米，地势高峻，气温低冷，生活不易，所以人烟稀少。我和考察队先到了青海省的省会西宁市，然后换了吉普车，翻过绵延的日月山，经过美丽的青海湖，在深山里一路颠簸行进，大约走了两天的时间，才进入了祁连山深处的木里地区。

祁连山的煤碳矿脉果然非常丰富，在木里地区，有些地方的煤矿已经都裸露在地表面，当地的居民可以拿着篮子筐子，在地上随便捡些煤块即可以烧饭取暖，不愁燃料问题，而且煤的质量也是上乘的。但是由于这里常年不化的地表冻土非常坚硬，给开采造成很大困难，运输问题更是困难。冻土一般大致分两种：一种是季节冻土，每年冬季封冻，春季融化，分布于南北纬度40度以上的地区；另一种是多年冻土，也称永久冻土，是第四纪冰川时期留下来的冻土，大约分布于高山高原和南北极地区。在中国，永久冻土分布于东北北部和这里青藏高原的高山地带、祁连山区，包括木里地区。多年冻土的特点是：在季节冻土层的保护下，终年不化。如果表面的季节冻土层在春季融化以后，下面的永久冻土层是很厚的冰冻层，融化的水份无法下渗，就形成了道路翻浆泥泞，土地沼泽化等现象。而这里冬季地表封冻时，季节冻土层冻胀力特别大，使地面变形，地面上的铁轨都可以因之而弯曲扭动，钢管可以冻裂和变形，造成铁路公路的行车危险。这样的路况条件，使煤矿运输出山的行程非常艰难和危险，而且成本也很高，从木里到西宁市都要两天的车程，运往其他地方的运费就会更高了。冰川所的木里冻土站，就是配合青藏公路铁路的建设而研究解决冻土问题而建立的。

这里不仅气候寒冷，偏远闭塞，生活也很不容易。冻土研究站四周的季节性冻土在夏天是一片泥泞，道路翻浆使交通行走都很困难，冬天里翻浆的地表冻胀起一个个的土包包，不仅车辆通行更不容易，连地面上的房子也变形和倾斜了，房门关不上，窗子打不开，屋子的地面也常上凸下陷，家具和炉子常常是有高有低，东倒西歪，生活十分不便。在这种恶劣的气候条件下，冻土研究人员不仅要在站上天天坚持工作，还要经常到铁路公里沿线去考察，实地了解冻土的情况，以研究解决铁路行车安全的问题，考察时他们多住在自己的帐篷里。因为那里人烟稀少，常有野兽出没，当时高原上还有零星的马步芳的散匪，为了研究人员的人身安全，国家给考察队配备了足够装备一个班的枪支弹药。有一次研究人员还真的和匪徒们相遇开了火，虽然没有伤到人，但是在这里暴露了武器是很危险的。于是，同志们只得收起了帐篷，投奔附近的解放军兵站，在兵站的保护下继续工作。我们冻土站的同志们工作生活艰苦不说，还要冒着生命危险在这里坚持工作，真是让我很难想象，他们为事业献身的精神真让我钦佩不已。初到木里的时候，除了彻骨的寒冷之外，我的感觉还好。那一天，我兴冲冲和同来的考察队去查看山里煤碳的矿脉情况，由于这里海拔高，空气稀薄，我走爬几步就气喘吁吁了，经过了一天的攀高跋涉、观察测量，回到研究站时我觉得头晕头痛和恶心，胸闷不适。队里的医生一量我的血压：高压200mmHg，低压100mmHg，是典型的高山反应，看来我的体质不能超过海拔4000米，否则会有生命危险，在医生的劝导下，我只好余兴未尽地踏上归途。

回来的路上，我们还考察了青海北部的茶卡盐池，那里海拔大约3000米，多少个世纪以前这里是海洋，由于地壳的变动，形成了封闭的湖，留下大量的海水，所以湖水富含钠盐。天长日久，海水逐渐消失，经水分蒸发，使湖水近于干涸，而形成了结晶盐田。现在这里盛产大块的结晶盐，可作为工业用盐。千里盐田，白皑皑如雪原，的确是一奇观。此次我们还观光了位于青藏高原东北部的著名的青海湖，这是中国最大的湖泊，也是最大的内陆咸水湖，同样也是海洋的遗迹，由于海洋的退缩，形成了闭塞的咸水湖泊。十分称奇的是，咸水湖里竟盛产着无鳞的裸鱼，这种能在咸水里生存繁衍的罕见鱼种，是研究生态地理的宝贵对象，但愿能在这里永远生息不断。青海湖中还有个美丽的鸟岛，岛上完全是原生态，只有自然和鸟，与世无争，春夏季节，栖息着上万只候鸟，远远地就可以听到百鸟声喧，十分热闹。看着那湖面浩荡无际，水天一色，真是风光无限，让人很难想象这里是“世界屋脊”青藏高原。

经过这几次实地考察，我完全被我所看到的一切征服了。我深深感到敬之说得对，大西北是科学的未开发地，也是个自然资源丰富的宝地，这里有着山湖甸滩川泉，森林戈壁沙漠，有着各种地层地形地貌，而且海拔跨度大，气候万千，这里需要研究解决的问题课题真是太多了，俯拾皆是，真是个地理研究的最佳去处，所以兰州冰川冻土沙漠研究所能承担那么多急需研究解决的国家科研项目，这一切都让人跃跃欲试。我深深地爱上了这大西北的山山水水，爱上了冰川冻土沙漠研究所的多项研究课题。我觉得我来对了，在这里工作，能学有所用，脚踏实地做点能够直接受益于人民的实事，这不是每个研究人员所梦寐以求的事吗。我知道对于地理科学研究，实验站的工作至关重要，是第一手数据的来源，是研究工作的基石和第一线。我也了解到实验站的艰苦生活，需要尽快改善，使研究人员更能专心野外工作。

实地考察之后，我满怀信心地回到研究所，兴致勃勃地准备开始工作。但不幸的是，这时的“文化大革命”运动更加疯狂和残酷了，到处几乎处于无政府状态，社会秩序混乱，打砸抢，血腥的武斗等在不断发生，一切都瘫痪了。冰川所里的研究工作也都停止了，有人在拼命地叫嚣，知识科研无用，是封资修，必须破除，他们还嚷嚷着要把研究所的野外实验站都撤销，说什么冰川所也应该斗、批、改、散。这已经是1968年初了，我还未被“专政”，在一次所里的会议上，我冒着被批斗的危险对大家说：“科学是有用的，冰川所的现在和将来，任何一项考研任务做出的成果，都会对国家对人民有实用，而且我敢说都是世界水平。有人想把所里的实验站撤销，我不同意，实验站是我们的眼睛，没有实验站，数据资料从哪里来，地理研究不就成了无米之炊的无稽之谈了吗?”虽然正处在政治运动中，我仍然顶着压力，尽力和研究人员一起制订了长远规划和年度计划，除了以上各个实验站目前的研究任务要继续之外，还有一些课题，如新疆公路的风吹雪、边疆地区的地图勘测、西北地区的苦水淡化以及泥石流的防治等项目，都列在我们的科研规划内。泥石流在大西北的山区时常发生，这里多山多川，复杂的地质土层，加上气候严峻无常，加上人类对森林和植被的破坏，也加剧了泥石流的发生，所以泥石流对这里的公路、铁路、桥梁和居民安全威胁很大。泥石流防治也是冰川所的研究任务之一，但是这个研究对象的破坏力太大，远远超出了人类的抵御能力，当时还没有立即可行的防治办法，所以我们科研工作的第一步，是探查和找出那些可能发生泥石流的危险山体，进行仔细的地质勘测和观察，并对可涉及的危险区域进行地图标测，向地区有关部门提出建议和参考，警示国家在修建铁路、公路、居住地的建设设施时，要远离和避开那些危险地段，等等。

（三）“牛棚”日月：身陷逆境，信仰如初

我从野外考察回来以后，又不得不面对荒诞和残酷的现实，“文化大革命”那时正以摧枯拉朽之势进行着，整个国家越来越混乱，已经到了无法无天的地步。丈夫敬之在“文化大革命”的运动初期，看到学校里有打人、武斗和抄家等野蛮行为，十分气愤，这个耿直的书呆子竟然不顾个人安危，自己一人跑到甘肃省革委会去提意见，他天真地以为省政府大概不知下情，会知错就改。但那时整个国家已经没有了法律和正常秩序，省委也瘫痪了，当然没人理会他的劝告。投告无门，他十分失望地回到家来，可家里也已是一片狼藉，自己家也被抄了，造反派们用架子车，一车一车地拉走了他一生珍藏多年的宝贵书籍图册、地图和字典，等等，连他的笔记资料也都被抄走了，他最疼爱的小儿子还挨了造反派的打，就是因为十几岁的儿子在练习毛笔字时，写了“子承父志”四个字，就被认为他是要继承他父亲“资本主义学术权威”的衣钵。抄家的时候，敬之与前妻

所生的儿子念慈正好来探望我们，他的母亲因生他时难产而亡，故起名念慈，他的确也是一个心地善良又很有爱心的年轻人，可这个世界对他一点也不仁慈。这个孩子和他爸爸一样，单纯固执，且年轻气盛，他看到抄家很生气，这个文质彬彬，带着眼镜的孩子，就在一旁勇敢地大声朗诵着毛主席语录："毛主席说，我们来自五湖四海，为了一个共同的革命目标走到一起来了……""毛主席说，要文斗不要武斗……"他让那些正在翻箱倒柜的造反派们觉得自己在打自己的脸，有些恼羞成怒。念慈回到北京后，很快就被他所在的研究所打成了"反革命"，还被关进了监狱，很长时间音信皆无，生死不明。这一切一切都让敬之非常愤怒和痛心，他难过得常常夜不能眠，仰天长叹，喃喃自语，不断地重复着"愚昧无知，人性丧尽，天理何在，天理何在?"他在为我们国家的前途和命运而忧心忡忡，可是在那个年月，一个区区学子，已是自身难保，我们是有心护国，却无力回天哪，真是让人痛心啊。

不久，我所在的冰川研究所也别有用心地要批斗孙敬之，丈夫敬之与冰川所从来没有任何学术和行政关系，此举特别牵强，实属无理取闹。在开批斗会那一天，敬之愤然离家出走，以示不满，晚上很晚才回来，让造反派们扑了一空。兰州大学的造反派知道此事后，觉得别人插手了自己的权利范围，很是不光彩，于是就把敬之关入了兰州大学的牛棚，就像把自己的猎物看守起来一样，敬之从此很长一段时间失去了人身自由。孩子们每个星期去给他送一次换洗的衣物，每次都心惊胆战，怕有一天看到慈爱的父亲受罪受辱的样子，心里会承受不了，忍不住泪水。我们最小的女儿才十一二岁，非常想她的爸爸，常常是去之前先哭完了，擦干眼泪，才去牛棚送衣物。可敬之每次都是面带着从容的微笑出现在孩子们面前，他的脸刮得很干净，一副泰然自若的神情，不卑不亢，声音依旧温和平静，这给了年幼的孩子们很大的心灵安慰。在牛棚里，丈夫冷静坦然地面对各种无礼的待遇和屈辱，冷眼观看着这一场闹剧，同时他也做好了永远回不来的思想准备。

兰州冰川冻土沙漠研究所的“文化大革命”运动一样也是很严酷的，一个200多人的研究单位，就有至少5人因残酷的批斗而丧失了生命，还逼得一位所长跳了黄河自尽，幸而遇救。有些研究人员的家属，包括爱人和孩子，不忍面对这残酷非人的现实，一时看不到希望，也有自杀的。大约有十几位研究人员被关进了牛棚。“牛棚”是造反派对关押“牛鬼蛇神”的地方的称呼，被揪斗的对象被他们称作“牛鬼蛇神”，当然，关押“牛鬼蛇神”的地方就是“牛棚”了。1968年，“文革”运动升级，因为我敢说直言，而且坚持科研，被认为和运动唱反调，惹恼了一些人，我也被关进了牛棚。因为我是在解放前加入中国共产党，这也成了问题。冰川所革委会认为我曾经是地下共产党党员，有可能是彭真、刘仁的特务，同时我又曾是吴晗《历史小丛书》的编委之一，于是把我和“三家村”挂上了钩，他们就用这些借口把我也关进了牛棚，真是无中生有。前北京市市长彭真同志和前北京市市委副书记刘仁同志都仅仅在解放初期给我们讲过党员培训课程，而我为历史学家吴晗的《历史小丛书》做过编委，也只是学术之交，仅此而已。

“牛棚”里的日子是不好过的，革命了一生的我，竟然成了革命的对象，心里很难接受。这里完全没有人身自由，小屋子里只有一张床和一个书桌，每天24小时都有人监视，开批斗大会时经常要站台子，还要低头“认罪”，受污辱，晚上还要不断地写交代材料，真是逼人太甚，这里的生活真是让人窒息。可我又实在没有什么可“交代”的，又不会作假撒谎，更不能牵扯别人，我只能选择沉默，不管怎么样，我不能丧失做人的气节，正是“宁可枝头抱香死，不随黄叶舞西风”。毕竟我也是经历了多少次运动的老“运动员”了，虽然身陷囹圄，但我问心无愧，身正不怕影子斜，相信问题总会搞清楚的。但我最放心不下的是家里的情况。丈夫敬之以“反动学术权威”之名关进兰州大学的“牛棚”，生死未卜，他那病弱之身，怎么能经得起这么残酷的批斗呢。那时我们夫妻两人的工资也被“冻结”了，保姆早就不敢雇了，我的老父亲也回了河北老家。大儿子中学毕业，已经上山下乡，到了贫穷偏远的甘肃省会宁县插队劳动，家里只剩下三个小孩子，年龄10—14岁，无人照顾。朋友们现在都是泥菩萨过河，自身难保，亲戚们不敢也不愿来招惹麻烦，再加上社会又动乱不安，街面上无法无天，我担心丈夫和孩子们的安危，真是天天如坐针毡，在“牛棚”里常常吃不下，睡不着，但又无能为力，焦虑得几乎百念俱焚，精神几乎到了崩溃的边缘。直到有一天，女儿来给我送换洗的衣物，带来一个手指大小的纸条，偷偷地给了我。我一看是敬之那熟悉清秀的手笔，“要保重，要相信党”，我心里顿时一阵温暖，知道敬之还健在，他在“牛棚”还惦记着我，而且在这种非人的待遇下，他对我们的国家和政府仍很有信心，相信我们的党一定会拨乱反正，一切都会过去的。我对自己说，不能失去信心和希望，要坚持下去，我们的国家终究会有云开雾散的那一天。

1968年底，我的家庭、历史和过去的工作情况都被调查清楚了，结果是一清二白，没有什么把柄了，我应该被放出“牛棚”了，可是“牛棚”中的另外一个女干部的处境却非常凄惨，为了逃离这残酷的现实，她的丈夫和两个孩子都已自杀身亡了，她现在已经无家可归了。她在“牛棚”里天天静坐无语，眼神呆滞恍惚，神情非常悲戚。恐怕这位女干部再出意外，造反派命令我和另外一个研究人员，在“牛棚”又多住了几个月，以看住这位女干部。又是几个月过去了，实在找不到什么理由再关押我们了，所里的造反派就说：“李慕真不是想保住沙坡头的治沙站，保住沙坡头吗？那就让她们去沙坡头劳动改造好了。”于是，我和“牛棚”里剩下的“牛鬼蛇神”们，坐火车从兰州到了宁夏自治区的沙坡头治沙站去劳动改造。这是我第二次来宁夏沙坡头治沙站。经历了一段黑暗沉闷的生活，我就像从地狱里突然来到了世外桃源，就像小时候去羊须子沟逃避日寇的劫难一样，身心一下轻松了许多。我真高兴。这里远离喧嚣，天高地阔水静，只有宁静的山水和无边的沙漠，让我心旷神怡，顿时觉得精神一振，一扫心里的不快。我们每天在大风里劳动，挖河泥，平沙丘，扎草方格，风吹日晒雨淋，很累很苦也很冷，但和阴暗郁闷的“牛棚”相比，这里的空气和阳光是自由的，干净的，友善的。那静静的沙山，川流不息的黄河，河谷里的冷风，又一次抚慰着我们心里的创伤，我觉得在这里劳动比在所里住牛棚舒畅1000倍，我的心情好多了，我对沙坡头这片土地的感情也更加深厚了。

1969年初，1月份正是沙坡头最冷的时候，屋子里冰冷难耐，屋外西风凛冽，滴水成冰，远山冰雪皑皑，黄河两岸都结了冰。这一天，一个监管我们的造反派上厕所时没有带手纸，就随手撕了一块报纸擦屁股用。当时的报纸到处都有毛主席的头像和主席的最高指示，岂能用来当厕纸。于是被人揭发他侮辱毛主席，造反派们正好闲着没事，于是这个造反派被立即揪出来批斗，也马上关进了“牛棚”。造反派一贯都是趾高气扬地站在人们头上的“人上人”，从没想过一夜之间自己也成了阶下囚，他心里很不适应。于是他在夜里偷偷地逃出牛棚，跳进了黄河想自尽了结。冬天的黄河水冰冷彻骨，深不可测，水流很急很快，河里还漂流着许许多多桌面大的冰块，这个造反派跳进河里就冻得实在受不了，他后悔了，可是人已经被河水冲的身不由己了，绝望之中他只能大声地喊着救命，那声嘶力竭的救命声划破了黑夜的寂静，显得凄惨无比。人们听到起来后，拿着手电、绳子、竹竿等，跑到黄河边去救人，但那人已经被水冲到了河的中流，绳索、竹竿已够不到了。落水人抓着浮冰拼命地挣扎漂浮着，还在不停地喊着救命，有人想下水去救，可刚下到河里，胳膊就被河里流淌过来的冰块划了一道大口子，鲜血直流，只好忍痛爬上岸来。就这样，落水人喊救命的声音越来越小，断断续续地越来越远，最后终于完全消失在黑暗中。第二天天亮以后，人们马上分头沿着黄河岸边往下游寻找尸体，可是找了很久也没有找到一丝踪迹。直到几个月后，春天里河冰都融化了，才在黄河下游十几里处找到那人的遗骸。这次事件发生之后，造反派认为沙坡头治沙站不是安全地带，无产阶级专政的防范措施不够，让“牛鬼蛇神”钻了空子，于是就把这一帮“牛鬼蛇神”们又押回到兰州的研究所里监管。

1969年3月初，大西北的春天来得比较晚，但还是姗姗而来了，干燥寒冷的空气里终于有了一丝温暖和清新，大地也开始返青了。经过一年多的“囚禁”，我最终从“牛棚”被解放回家，敬之也被从“牛棚”里放出来了，两人几乎是一前一后回到家里，久别重逢，我和丈夫两人相对无语，有的只是不尽的苦笑和叹息。从阎王爷面前走了一遭，两个人都是又黑又瘦，身心疲惫。家里显得非常凌乱，书架空空的，书籍和衣物大部分都被抄走了，窗户都被砸破了，白天也挂着窗帘，显得有些黑暗。孩子们见到爸爸妈妈回来了，都高兴得哭了起来，一年多没见了，他们正是长身体的时候，都长大了，也长高了，但是个个又黄又瘦，衣衫不整，手上和耳朵上长满了冻疮，让我看了十分痛心难过。在那艰苦的年代，我年幼的孩子们，一夜之间从红旗下成长起来的“祖国的花朵”“国家的希望”，变成了“走资本主义道路当权派的狗崽子”“臭老九的子女和后代”，他们受尽了人间的屈辱和蔑视，被剥夺了许许多多的权益，也经历了亲人们的悲欢离合，过了多少没了父母、屋空灶冷的日子，人都变得沉默和内向了，但也都变得独立和坚强了，更懂事了。我们一家人终于又团聚了，一家人在一起诉说着分离的苦处和想念，此时我们都十分渴望着未来安稳的家庭生活，我们需要很长的时间去疗养伤痛。不幸的是，孩子们都是上学的年龄，由于学校长期停课，他们耽误了的学业和青春，误一时也就误了一世，这将难以弥补，这也成了他们终身的憾事。但无论生活怎么苦，比起许多人家破人亡，我们还算是幸运的，全家人都熬过了浩劫，应该算是不幸中的大幸。可这段苦涩的人生经历，像一场噩梦，让我既不愿回首，也永远难忘。

自古至今，中国有才学有知识的人士都很知命自尊，忧国忧民，有志向，懂责任，讲良心，出力量。但他们也很命苦，每次政治运动，都是知识和才学给他们带来了不幸和灾难，不仅被不断地审查，清算，批判，改造，打倒，专政，现在他们还要被打翻在地，再踏上一只脚，甚至“永世不得翻身”，这不幸的命运一直翻而复始，颠倒了事实黑白和历史缘由，而且一而再地重演，这个世道怎么就这么不公平呢，中国知识分子究竟有没有出路和希望呢？

（四）干校生活：学工农兵，受再教育

到了1969年，“文化大革命”这场山呼海啸般的政治运动又有了新的花样，还是遵从最高指示，国家政府将所有的干部、教师、教授和研究人员全部下放到农村干校去劳动，中学毕业生们也全部上山下乡，美其名曰“接受再教育”，使这些非“工农兵”的阶层得以改头换面，脱胎换骨，重新做人。这是换汤不换药，照旧折腾知识分子。下放劳动我不怕，可快50岁的人了，怎样脱胎换骨，我就难以知晓了。这次下干校运动，我们刚刚团聚的一家六口人，又不得不分散在四处。敬之的身体不好，由大女儿陪同，去了兰州大学的干校，甘肃省白水县的农村。大儿子仍然在甘肃会宁县下乡插队，我带着小女儿又去了宁夏的沙坡头治沙站。小儿子一个人留在兰州的家里，不到16岁的小儿子不但要自己照顾自己，自己起火做饭，晚上关门闭户，还要负责按月给大家寄粮票、寄钱，不得不独立掌管起一家的财务大权，也真难为他了。

冰川研究所的干校选在了宁夏省的沙坡头治沙站，这是我第三次去沙坡头。我这次去沙坡头的身份不同了，已经不是被监督劳动的“牛鬼蛇神”，而“晋升”为带领全所同志去改造沙坡头的干校副连长了。当时各单位的第一把手，都是军代表，所以我的头衔总是“副”的。研究所的大队人马坐着火车慢车从兰州来到了沙坡头。由于这里人烟稀少，沙坡头是包—兰铁路上的一个小站，连站台都没有，火车到这里只停一分钟，所里的几十号人家，拖家带口的还有许多行李，到站后要忙着互相招呼着赶紧下车。火车开走后，周围是一片旷野沙漠，一片漆黑。好在车站距离治沙站并不远，但要下两个巨大陡峭的大沙坡，没有道路，没有照明，没有标志。我忙着收拾行李，除了被褥之外，还带了一大木箱的衣物和书籍，一共有四件行李。我和小女儿把行李摆在沙坡边上，用脚一踢，行李就滚下沙坡了，再踢几脚，行李就滚进了治沙站。

治沙站盖有几排平房，干校的先遣队早已安排好了大家的住处，每一两家住一间屋子，屋子里只有两张木板床和一个火炉。治沙站上办起了食堂、托儿所，我们打算在这里长住了。三进沙坡头，如同回家一样轻车熟路，觉得亲切，何况我早就喜爱上这个地方了，这里成为我疗伤宁心的地方。从地理学的角度讲，这里也的确是个好地方，有山有水，固住流沙，改变沙漠，变沙漠为绿州，是一个大有作为的地方。安排好生活后，我和大家去平沙丘，再用黄河的水和泥把沙地盖上固住，然后在上面扎草方格，草方格中种上固沙的沙棘等植物，想把这里变成草场和果园。大家常常一边劳动，一边憧憬着改造后的沙坡头的未来，都挺高兴。

小女儿和孩子们在这里过得很开心。治沙站身后的沙山中有一个高大的鸣沙丘，人们从沙丘上滑下，就会产生隆隆的响声，这是由于黄河拐弯处，河谷和远山形成的共鸣效应，孩子们嬉笑着爬上爬下，玩得十分有趣，她们在沙丘里和黄河边游戏，有时她们还能骑一骑老乡们的毛驴，很惬意。治沙站上还养了猪和一群羊，过年时站上还要杀猪宰羊，改善生活，这下让城里的孩子们可开了眼了，围着上跑下跳的好不热闹。春季里黄河鲤鱼上滩，游入美丽渠，很容易捉到成篓的大鲤鱼，这时食堂会有大锅的熬鲤鱼享用。黄河的鲤鱼可是中国驰名的水产，不知现在是不是已经绝迹。可那时那里还是没有青菜，食堂的菜是以土豆为主，土豆丝、土豆片、土豆丁、墩土豆、蒸土豆、土豆卤。星期天，我和小女儿只好到火车站上扒上货车，到附近的中卫镇去改善生活和采购些食物。我们有时还坐羊皮筏子渡过黄河，到对面煤矿小镇的饭馆里买点肉食，开开荤，打打牙祭。说起坐羊皮筏子，至今想起来都有些后怕，那只是由几只吹胀了的羊皮囊系在一起，绑上几根竹竿形成筏子，人们坐在竹竿上，由一个船工划着到黄河对面，这里的黄河河深水急，多暗流漩涡，河水冰冷彻骨，如果羊皮筏子翻了，大家可就都没命了，可这是当时那里唯一能载人过河的工具，方圆几百里地都没有桥梁，人们别无选择。

虽然生活艰苦，但在“文化大革命”中，沙坡头的这段干校生活，比起当时混乱的社会现实，可真算是一段平静的绿洲，让我得以喘息，一掸风尘。生活总是悲中有喜，人们苦中作乐，心灵上得到某些抚慰。沙坡头的确是一个美丽而有为的地方，多少年以后，那难忘的沙山，不息的黄河和金色的落日，还时时地撩拨着我的记忆，让我总想回去再看看那块土地。

当时家里的其他人生活得也是很艰难的。大儿子星在偏远贫穷的甘肃省会宁县下乡插队劳动，那里是甘肃省最穷的一个县，生活非常艰苦。由于在黄土高原上，那个地方也是非常干旱缺水，人们只能靠夏天存些窖水生活。雨水少的时候，窖水不够用，冬季里还要到很远的地方背些冰块回来，放到窖里融水食用。到了春季，窖水已经剩得很少了，维持做饭喝水都有困难，洗脸就成为了奢侈，有时十几个人用一盆水洗脸，用过的洗脸水还要用来喂猪喂羊，人们长年不洗澡。有时一碗米换一碗水，是一点也不夸张。儿子插队劳动很辛苦，早起晚归，种地时人拉手粗肩挑，十分劳累，他也很少能够回家看看。回家一趟要先步行走一天一夜的山路，才能搭上汽车，再坐一天汽车才能到达最近的火车站，然后再坐一天的火车回到兰州，很不容易。孩子们夜间行路都要手拿棍棒，结伴而行，如果遇到狼群，那里的饿狼如虎，就可能没有命了。

丈夫敬之和大女儿在甘肃省白水地区的农村，兰州大学的干校，情况也好不了多少。这里是“克山病”的发病区，那是一种很难治愈的地方性心肌病，可能与水土、稀有元素、营养和病毒感染等有关，他们在那里让我很担心。丈夫和女儿住在老乡的土屋里，轮流在老乡家里派饭，和乡亲们吃的一样，只能吃到小米饭、玉米面，没有蔬菜，也很缺水。那里的乡亲们都很尊重敬之这位年近七旬的大学教授，觉得他眉慈面善，平易近人，又知识渊博，他们就照顾敬之干一些很轻的农活，有什么难事都来找他聊聊唠唠，大家相处得很好。在城市里长大的女儿对农村生活感到很新鲜，特别是对石碾子很觉得稀奇，试着推了以后，才知道有多不容易。那时的农村生活的确很不容易。白水县地处偏远的山区，也很缺水，卫生条件差，交通不便，又缺医少药，敬之的眼角由于风吹而干裂，未得到及时治疗，结果感染成丹毒，整个脸都肿了起来，不得已，他先被送回兰州治病。

1969年底，因为“珍宝岛”事件，中苏关系顿时变得紧张起来，宁夏的沙坡头等地区原来被称作国家的“软沙发”“后宅院”，现在却变成了中苏的边防前线。由于情况突变，为了备战之急，干校必须搬家，另选地址，于是大家又只得打点行装，拖家带口地从沙坡头回到了兰州。就这样歪打正着，1970年的春节我们全家人是在兰州的家里过的，大儿子也风尘仆仆地从会宁农村赶回家来，还给我们带来了一点当时很难买到的食用油，因为当时粮、油、肉等，都稀缺而且定量，这点油真是解决了急用。经过一年颠沛流离的生活，我们对这次团聚都十分珍惜，那时商店里很难买到蔬菜和食物，我只好因陋就简，洗手下厨，烧旺了蜂窝煤炉，做了简单的饭菜，炸丸子、炒土豆丝、面条汤。我的做饭手艺不好，不管吃得好坏，难得的是全家都在，我们高高兴兴地过了一个团圆的春节。

1970年春节刚刚过去，我又不得不去冰川所的新干校，在甘肃省的康乐县。康乐县是甘肃省中南部临夏回族自治州下辖的一个县，是甘肃最好的地区之一，由于临近黄河的几个主要支流，这里水源丰富。清澈的小溪从门前流过，用水非常方便。干校迁来以后，大家分别住在当地学校的两个大教室里，都睡地铺。干校的干部是来劳动改造的，可这里是山区，当地农民的可耕地很少，没有多余的土地让干校耕种，村里只得指定一处山坡，要我们去开荒耕种。这块坡地的坡度大约在40°以上，人们空手爬上去都很吃力，要把这片青草灌木都拔掉，改成裸露的耕地，还要用人拉犁耕种小麦，这有些胡闹，那不是生产，是惩罚，纯粹为劳动而劳动，捎带着破坏植被和环境，破坏原生态。我一边拉犁一边暗想：这哪里是劳动，这是在犯罪。人们天天讲要保持水土，防止水土流失。这不是在制造水土流水吗？这不是自己打自己的脸吗？这是科学工作者该干的事吗？可当时下放劳动是党的伟大号召，我的这些话也只能藏在心里。

1970年的下半年，轰轰烈烈的“文化大革命”到了中期阶段，几年的运动，全国到处停工停产，使整个国家的经济也到了崩溃的边缘，政府这才提出了要“抓革命，促生产”的号召。冰川研究所的“生产”应该是科学研究，改善水土环境，不应该是开荒耕地种麦子。这几年科研都基本停止了，研究人员也都下放劳动去了，研究所里空空如野，要搞科研，必须要把科研人员从干校接回去。于是造反派们忙不迭地亲自开吉普车来康乐县接我们回兰州，为他们去“促生产”。临行前，我觉得敬之和孩子们生活一定很艰苦，就在县里的集上买了两只老母鸡，想回去为敬之改善一下生活。我经常不在家，孩子们又小，没人照顾他，敬之的身体越来越差，经常因气短而不能平躺睡觉，让我十分担心，心里也充满歉疚和无奈。

我回到研究所，很高兴地知道由于科研人员的默默坚持，所里的各项研究任务并没有完全中断，每项科研课题至少有一个人在坚持野外工作和观测。我对各项研究任务进行了调整和加强，又一次下到各个野外工作队和实验站去，帮助研究人员总结和收集科研成果。当我再一次来到河西走廊时，已经时隔五年，我高兴地看到那里防沙林的树已经长到碗口粗了，枝叶茂盛，形成了戈壁荒漠中难得的一道绿色林带。而沙坡头的包—兰铁路两旁，我们的草方格网还在，在平整过的沙丘上，树木也生长起来了，给沙漠带来了一抹亮眼的绿茵，给白金似的沙漠边缘镶上了深绿色的饰带，那景色很是好看。加上看到我们的其他各项研究工作也均有起色，我非常高兴。恰好这时中国科学院在北京召开各研究单位的成果报告会，我赶紧敦促并和大家一起写了：铁路防沙、风吹雪、冻土防治等五项成果总结报告，由造反派们带到北京参加会议。结果我们的研究成果总结得到科学院的同事们给予的一致肯定，获得了不俗的口碑。因为冰川所在“文革”中一直在坚持工作，并交出了几项颇有分量的成果报告，中国科学院决定，将兰州冰川冻土沙漠研究所收归中国科学院直接领导。这对全体研究人员是个莫大的鼓舞，也是对他们长年艰苦的研究和工作的一个奖励和肯定。

（五）始促生产：河西治碱，高原寻水

我记得大概是1972年左右，正当我们在兰州冰川研究所开始深入到各个科研课题，开始制定长远规划和年度计划，采取措施增加投入的时候，甘肃省革命委员会也开始了“抓革命，促生产”，并把“根治河西盐碱地”的项目交到兰州冰川冻土沙漠研究所。在下达任务时，省领导们特别交代指示“最好发明一种药面面，撒在地上后盐碱就消失了”。省革委会纸上谈兵，真把我

们当成神仙了，十分好笑。研究人员们知道后，心里都明白，这是一件实在难以交差的任务。河西走廊地区的地域辽阔，地形复杂，水源和排水都是问题，由于那里地理条件的限制，很难在短期内找到一个“快速根治”盐碱的办法。但省里却很重视这个项目，责令立即解决，并组织了水文地质局、水力局、酒泉地区基层单位等综合队伍，指令我和酒泉地方的领导人员负责，进驻甘肃省酒泉地区的铧尖公社开始搞调研，我又一次离家赴任，再赴河西走廊。

甘肃省的酒泉地区原来是比较富庶的地方，土地广袤，又有祁连山的雪水灌溉，人们广种薄收，口粮是不成问题的。所谓“银酒泉”之说，就是指酒泉土地多，水源丰富。但酒泉地区盐碱土的面积很大，使得可耕种的土地不断减少。形成盐碱土的原因主要是由于这里每年引雪水自流灌溉，雪水的流量很难控制，经常造成大水漫灌，可这里又没有排水的出路，就造成了地下水位升高，在干旱地区的快速蒸发下，年复一年，沉积出了大片的盐碱地。这里到处是疏松的硫酸碱盐，有些地方都没过脚面。有些耕地上白花花的一片，像是下了几十公分的雪。这里人们一般治理盐碱地的办法是挖沟排水，以降低地下水位，或者改用淡水灌溉，以冲淡稀释盐碱的积淀，还有就是播种耐碱的农作物等，但这些效果都不明显。

河西地区位于两座山脉之间，号称“河西走廊”，地域狭长而两面靠山，排水没有出路，虽然有些地方浅层地下水的水位很高，但水质很差，也无法用来洗碱。改用现代的喷灌或滴灌等方法浇地，不用雪水灌溉，可以减缓盐碱化的速度，但是这里的淡水水源太少太远，成本费用实在太高，农民们根本负担不起。总之这里治理盐碱地绝非易事，要因地制宜。至于发明一种药面面，往地上一撒，酸碱中和会使盐碱中和，又不伤害农作物，当时尚无先例，市场上也没有农民能够承担的廉价的酸可用。我们的工作组想到，这种白花花的硫酸盐可作为工业用盐，开工厂生产硫酸盐，可以弥补农业上的损失，但这个计划可能需要很长时间，是远水不解近渴，费用也会很高。大家研究来研究去，还是得去实地多多考察一下。我就从冰川所带了几个研究人员和两个化验员，到酒泉地区去实地考察。

到了酒泉地区，我们先详细地考察了解了当地的地理条件、土壤和水质情况，因为没有多少详细的地下水的资料，我们决定先打一口井，了解一下地下水的水质情况，如果地下有好的淡水，可以先改善一下人们的吃水条件，再考虑用好水浇地淡化盐碱。于是我们带来了锥形的人工打井工具，在驻地附近选择了打井的位置，开始自己动手打井。我们十来个人分班昼夜不停，轮流推动锥形钻，推到十几天时遇到胶泥层，这一般就是隔水层。于是这天夜里全体人员齐上阵推钻，费了好大的劲，终于打穿了胶泥层，突然一股甘甜的清水涌出地面，很快就流成一条小溪。大家十分高兴，原来胶泥层下面有大量世纪冰川留下来的甜水，水质很好，完全可以用来浇地或洗碱。大家研究认为可以先在小范围内做净水洗碱的实验，寻找一些排水出路，或者利用低地的地域暂时储存洗碱水，然后再大面积推广，最起码得先让老乡们喝上甜水。

当我正在高兴地和大家一起制定下一步的工作方案时，一封电报来了:“敬之病重速归。”最害怕的消息突然来了，让我一时慌得六神无主。我已经知道丈夫现在体弱多病，他的身体有一天要出大问题，但没想到这病重的消息来得这么快，这么急。我简单地交代了一下工作，就风急火燎地乘火车赶回兰州的家里。从酒泉出发的火车最快也要一天一夜才能到兰州。我在车上吃不下睡不着，忧心如煎，归心似箭。好不容易到了兰州，我就直奔到家。进屋只见敬之半卧在床上，他面色苍白消瘦，人十分虚弱，连呼吸都很费力，他已经好几天不能平躺了，两条腿都出现了水肿。见到我回来了，丈夫强打起精神，断断续续地说:“那天从学校回来，我就晕倒在院子里，医务室的大夫来了，把我送回了家……你回来就好了，就好了。”我赶紧用三轮车把他送进了医院，检查的结果是高血压性心脏病，心力衰竭，需要住院治疗。自此以后的一段时间，他几次病重病危，几次进出医院抢救，但病情总是不见好转。专家大夫解释说:“病人长期患高血压性心脏病，这里的高原环境和高海拔使他的心脏病不断恶化，这样下去，病情还会加重，预后不太乐观。”当时我忍不住哭了，急切地询问大夫有什么好的治疗方法。医生建议说:“要把病人送到海拔低的地方疗养，或许可以缓解一下病情。”并开了病情的诊断证明书。

看着重病缠身的丈夫，我心里真是很难过，我认真反思着敬之的身体问题，的确，最初来到大西北，我们只考虑了科研和工作的需要，没有想到长期在高原生活对高血压病人的危害，敬之不到50岁就患有高血压，兰州市的海拔在2000米以上，长期的高原生活，再加精神上的折磨，他的身体已经不堪重负。来到兰州以后，我与敬之聚少离多，无暇细致地顾及他的生活，加上“文化大革命”时期，我们的日子十分清贫，兰州的食品供应严重不足，牛奶鸡蛋都很少供应，肉类更难买到，有一段时间，连买酱油都得排大队，生活也把敬之的身体给搞垮了。“文化大革命”以来，他的老领导老校长江隆基同志被迫害至死，使敬之十分伤心和失望，自己也被抄家，珍藏的科研书籍被抄走，小儿子被打被斗，关牛棚使自己失去了做人的尊严，这一切一切，使这个很自尊的人身心不断受到沉重的打击，现在他是身心交瘁。再在这里待下去，他的病情还会继续发展和恶化，生命难保。想当年，我们是雄心勃勃地来到大西北，想在这里干出一番事业，没料想却遇到这样一场漫长而残酷的政治运动，让我们头发都白了，身体也垮了，投身科研的大好时光也白白地流逝了。这场“文化大革命”不仅给国家经济带来严重损害，让传统文化和文明沦亡，而且毁掉了多少科研教学的人才和精英，更不要说教育科研倒退了多少年，想起来，真是让人心痛啊！

当时摆在我面前的是两条路，一是坚持在冰川所继续工作，一是抢敬之的生命，离开这里，回到平原去。虽然在兰州工作不到四年，但我对冰川冻土沙漠研究所的工作却有着深厚的情感，虽然“文革”中我受了伤害，住了牛棚，但我还是喜欢这个所，就是因为它承担着那么多国家急需的研究项目，深深地吸引着我，这里让我饱览了西域风采，更加领略了地理学最有魅力的地方，让我找到了科研工作者的前线，我对它真是一恋难舍。可另一方面，丈夫敬之的身体出现危机，应该回到平原疗养，才可能救他一命。敬之是新中国地理界的一个难得的人才，也是个好丈夫和好父亲，他曾经受到各种运动的迫害，这时已是遍体鳞伤，理应受到更多的照顾。作为他的妻子和知己，我没有别的选择——是该回家的时候了。还是那句话，我是地理工作者，哪里都可以工作。

（六）北燕南飞：身心交瘁，重归故里

1973年，“文革”的中后期，我拿着甘肃省革命委员会的证明书，到兰州冰川所请了假，为联系敬之的疗养地而开始奔走，前前后后竟跑了两三年。敬之和我都是河北人，敬之想去的地方是河北省保定市，因为他上中学是在保定度过的，对那里很熟悉，保定在那时是河北的省会。可是在1973年，河北省省会已经从保定迁到石家庄市了。到了1974年的夏天，我终于凑齐了各种材料和章印及签名，就提着一大包档案材料，带着小女儿去了石家庄。

我到石家庄找到了河北省委组织部，联系敬之到河北保定来看病疗养的事宜。组织部的王进良和郑义二位同志听了情况后，非常热情地对我说：“孙老是河北人，我们欢迎他到河北来疗养。我们建议他就留在石家庄吧，这样可能更方便一些。他一个人来疗养看病，会很不容易，也会不方便，最好你也一起调过来，也好照顾他。”这个问题我事先并未仔细考虑，原来只想先把敬之安顿下来，再给他雇个保姆就行了，我工作的事情以后慢慢再说。组织部同志的建议细心周到，又合情合理，让我十分感动。“文化大革命”中，我们是“牛鬼蛇神”“资产阶级学术权威”，人人都躲得远远的，避之唯恐不及，对我们冷若冰霜。王进良和郑义两位同志让我第一次重新感到了组织的温暖，人与人之间的

温暖，那真是一种久违的感觉，那感觉真好，认我感动得不知说什么好，也让我永远记住了他们两人的名字。

在兰州，丈夫的病情还在不断恶化，人越来越衰弱，不能下床也不能平躺，天天只能坐着过夜。加上这么多年，一家人分多聚少，敬之也过怕了全家分离的生活，所以经过我劝说和商议，他最终同意了全家都迁往石家庄，因此全家面临第二次大搬迁。敬之是带职到石家庄疗养，可以不调动档案。我到石家庄就算是工作调动了。河北省接到我的档案后，同意在河北省安排我的工作。孩子们把敬之的书籍打包，装了箱子，那时他的大批书籍在抄家以后，已经大部分失落了，我们带来的五十几箱书籍，只剩下不到十几箱了。现在的家里，也几乎是空空如也，书架都空了，箱子也空了，我们很多珍贵的收藏品，藏书、藏画、纪念品、地图册、照相机、照片影册，还有丈夫出国穿的西装和大衣，他每次出差带给我的礼品，我们参加国宴时穿的礼服、礼裙和皮鞋等，都被抄家抄走后不知了去向，我们也第二次成为了“无产阶级”。也罢，没有了身外之物，这样更无牵无挂，装箱打包也省了很多时间。

同样是坐了两天两夜的火车，在大女儿和小儿子的陪同下，敬之先到了石家庄市临时住下，我带小女儿在兰州办理最后的清理事宜。我对兰州冰川所的感情非常深厚，我热爱这里，我也曾经鼓励研究人员们，在任何情况下都要坚守研究岗位，不要当逃兵。而今实在是不得已，我先要离开这里了，对这个十分困难的决定，我感到十分内疚，回到所里想和大家一一告别和解释一下。没想到这下可惹了祸，所里的那位官僚的女军代表很不满意，百般阻挠，不让我走。她也许根本不愿知道事情的原由，也许故作不知我的情况，她打着官腔冷冷地说：“运动还没完，工作也没结束，不能中途走人。”我当时心急火燎，因为体弱多病的丈夫已经到了石家庄，等着我回去安家和照顾，寻医求药，可这里又不放人，这怎么办？“文化大革命”的运动要搞多久，谁的心里也没有底，丈夫一个病人，没有人照顾怎么行。我的犟脾气又来了，一咬牙一跺脚，和女军代表理论，我理直气壮地说：“我照顾有病的丈夫，这是人之常情，也是不得已的。你也有家人有丈夫，为什么不能理解呢。现在病人已经在石家庄了，千里之外，人命关天，他一个病人出了问题谁来负责？”经历了好一番的口舌，也许因为我们都是女人，也许是她的良心还没有完全泯灭，军代表最终勉强同意我调走。

就这样，前前后后忙了大约一两年，一直到了1975年冬天，我们这个家才总算是搬完，我们全家在河北省省会石家庄市简单地安了家，我总算松了一口气。我们临时住在招待所的一间屋子里，组织部的同志们还腾出来他们的办公室和库房，把敬之的书籍暂时储放在那里。搬回了河北老家，又听到了满街的乡音，吃到了熟悉的家乡饭菜——小米粥、炖宽粉条，回家的感觉真是很温暖，我很是高兴，但无奈的是，由于条件所限，我们不得不把大儿子一个人留在了遥远的兰州，我的心里充满了歉疚，总觉得对不起儿子。我只能暗暗祈祷，希望有一天，我们全家最终还会再团聚，一个不差。孩子们回到河北省也很开心，受了我们的影响，他们对地理地名也很感兴趣，都快无师自通了，很有疆域面积的概念，他们常调皮地笑着说：“咱们家是越搬地方越小，从‘市’搬到‘州’，又搬到‘庄’，地儿大概是越挪越小，咱家的东西也是越搬越少，人可是越搬越老，不知道下一站又该搬到哪儿了，大概应该是‘屯’了吧。”孩子们的话，令人莞尔，小小年纪就跟随我们搬来搬去的，吃尽了苦头，受尽颠簸，到了陌生的地方，还能苦中作乐，真的长大了，也懂事了。

第12章

重返家乡河北
（1976—1979）

1976年的中国，已是“文革”后期，这场政治运动的热度在逐渐消退，十年的凄风苦雨逐渐息落，可大地乍暖还寒。我们一家人像北燕南飞一样，告别了黄河和高原，带着一身贺兰山的风尘，身心疲惫地从大西北的兰州回到了老家河北省，在省会石家庄市落了脚。当双脚刚刚踏上河北家乡土地的那一瞬间，我的心里充满着“将军百战死，壮士十年归”的感慨和叹息。一别故乡已经整整十年，十年的行途坎坷艰难，征人已是伤痕累累，虽然有幸生还故土，但前途依旧不明晓，现实依旧令人忐忑不安。那一年我52岁。

石家庄市位于河北省的中南部，距离首都北京大约300公里，在太行山和华北平原的接壤之处。西部的太行山地，海拔1000米左右，地势高耸，东部为滹沱河的冲积平原，一马平川。这里是全国粮、菜、肉、蛋、果的主产区之一。早从20世纪初开始，这里就是附近省县地区的农业贸易流通交易中心，那时叫“石门”，随着经济和交通的不断发展，这里逐渐发展成了一座现代化的城市。这里离丈夫敬之的家乡深泽县很近了，我们都很高兴，更有回家之感。当时因为市里的住房十分紧缺，我们一时没有住所，敬之的大量书籍只能临时存放在省组织部的仓库里，我们一家人暂时住在招待所内一间9平米的房子里。床上地上睡了一家5口，虽然拥挤一些，但是经过了十年的动荡生活，经历了一次次的悲欢离合，回到了家乡，一家人终于又团聚在一起了，我们都感到十分温馨，晚上我们躺在床上，有着说不完的话，有不忍回首的心酸往事，也有对未来的兴奋憧憬。可是我在晚上常常难以入睡，因为各种条件限制，把大儿子一人留在了大西北，我的心里总是缺着一块，这真是人有悲欢离合，月有阴晴圆缺，此事古难全，也不知道什么时候这个家才能有真正团圆的一天。

那时高考制度已在1966年被废除，我的小儿子和大女儿，都因为当时求学无路，只好进工厂做了工人。中国人都是望子成龙，望女成凤，我们当然也不例外，希望我们的孩子能有作为。我的小儿子河不仅人长得英俊潇洒，而且聪明过人，记忆力惊人，从小就兴趣广泛，广读他爸爸的藏书，对历史、经济、哲学、语言、伦理、宗教等都感兴趣，还常常和我们一起谈古论今，探讨学习，他年轻博学，知识面很广，常常出口成章，而且多学多才，写得一手非常漂亮的毛笔字，书豪篆隶，样样精通，是个难得的人才，我们对他的期望很高。可惜那个年代，“文化大革命”摧毁了全国的教育系统，大学正常的招生制度在1966年被取消后尚未恢复，命运没有给他这一代人一个深造的机会，命不由人，我感到十分惋惜，可又爱莫能助。

20世纪70年代后期，中国的经济濒临崩溃，生活物资非常匮乏，我们的生活很简单。粮、肉、糖、油、布等都定量，买什么都要票，粮票、油票、肉票、布票。每月要拿着户口本和副食本到居委会去领各种票券。常常是一个人一个月只有半斤肉、半斤鸡蛋、二两油。可是商店、菜店和肉店常常是空空如野，食品、商品短缺，买什么都得排大队。人们常常拿着一大把票券、户口本和副食本跑上一天，也买不到什么东西，天天要为一日三餐、柴米油盐酱醋茶费心费时。那时上街，只要看见商店外的长队就得赶紧排上，排上队以后再打听卖什么。偶尔星期天能排长队买到一斤带皮带骨的猪肉，有时还带着猪毛，轮到哪块肉就得买哪块，还不能挑肥拣瘦，买回来还要自己剔肉剁馅包饺子，要供一家人吃，很不容易了。过年时，市里额外给一人配给一两香油、二两粉丝，我们就感到非常高兴和满足。好在多少年来我们已经习以为常了，我的孩子们都出生在20世纪50年代，又经过了困难时期，大概从来就没有过“锦衣玉食”的概念，丈夫更是从来就不把生活看得很重，能有饭吃就很满足了，所以很少听到丈夫和孩子们抱怨过。

这里的平原气候条件还是比在西北的兰州好了一些，我看到丈夫敬之回到平原后，身体在一点一点地恢复。因为海拔低了，他的血压也稳定多了，呼吸也轻松了，晚上可以躺平一些，两腿的浮肿也渐渐消退，他的精神和身体状态逐渐好了起来，说话也有力气了，逐渐地，他就能够从病榻上起来了，每天可以伏案阅读写作几个小时。渐渐地，在天气好的时候，他还能自己拄着手杖出门慢慢地散散步，我悬着的心才稍稍放下来一些。

（一）重整旗鼓：临危受命，去地理所

河北省组织部接到我的档案后，决定立即给我安排工作，我希望还是从事自己的地理学专业，我很自信，河北省是中国的农业大省，地理学会是大有用武之地。位于石家庄市的河北省地理研究所，过去是北京地理研究所的分所，我在中国科学院地理研究所任业务处长时，曾与该所有很多接触，认识那里的一些同事。我们回到石家庄以后，地理研究所的许多研究人员得知后多次来探望，向我逐一介绍了所里的一些情况。原来在“文化大革命”中，由于所里形成的两个派别相互恶斗，使研究人员无法正常工作，研究工作从此全面瘫痪，多少年来既无课题，也无成果，实际上是名存实亡，所以研究所最近已经自动申请撤销了。但是所里的大多数研究人员在这里工作了多年，对研究所和所学的专业还是很有感情的，他们希望我能去挽回被撤销的局面，帮助大家重整旗鼓，重建这个研究所。

我听了后，真是难以置信，也很生气。我一直坚信地理学研究是国家经济发展中非常重要的一环，地理学是实用科学，是接地气的科学，是能够给国家带来直接经济效益的科学。河北省又是中国的一个农业大省，发展和促进农业，是这个省的重头戏。而地理研究对这里的农业和经济发展是至关重要的，是会对农业生产作出巨大贡献的，怎么能撤销省里这个唯一的地理研究所呢？而且，这些研究人员是国家的宝贵财富，都是难得的有经验的研究人才，轻易地放弃一个研究所，是对科学研究的不负责，对科技人才和研究人员的不负责，也是对国家的不负责。于是，

我立即向省组织部提出去河北省地理研究所工作的意见。组织部的同志听了很诧异，不禁奇怪地问："这个所已经申请撤销了，而且领导已经签字批准了，你去那里干什么？"我开着玩笑说："我去帮你们收摊儿呀。"就这样，在我的坚持下，又一次临危受命，我来到了河北省地理研究所任副所长，下决心要挽救这个要关门大吉的研究所。

我到了研究所后，见到研究人员人心惶惶，无所事事，不知归属。科研书籍和仪器已经装箱打捆，桌椅也已经堆放在一起，等着别的单位来拿走，真是要关门大吉了。我赶紧先召集研究人员座谈，想了解一下申请撤销研究所是为了赌气，还是真的人心所向？在会上，大家纷纷对我说了心里话，其实研究人员对这个研究所是很有感情的，而且河北省的地理研究科研基地广阔，实用的科研课题非常多，但是在"文化大革命"中，全所分裂成对立的两个派别，争斗不断，矛盾很大，而且许多人都被扣上了"反革命""资产阶级知识分子"的帽子，研究人员个个都是人心涣散，身心俱疲，这几年大家都没有做什么正式的研究工作，最后大家一赌气，干脆把研究所撤销算了。可是，当省里真的批准撤销研究所后，大家又感到很茫然和不安，无所适从。干了十多年的研究工作，忽然间学无所用了，以后干什么呢？去教书，那时的中小学还没有恢复地理课，教学无路。以什么为生呢？大家很是发愁。有的研究人员甚至打算买一辆架子车，到火车站去帮旅客拉行李为生，文弱近视的学者从此要靠力气吃饭，要把终身所学付诸东流，真是开玩笑。在这或留或走的一刻，大家都希望我能出面保住这个所，让科研人员重返自己热爱的科研第一线。我认为要挽救这个所，首先要挽回人心，要发现课题，证实地理研究的实用性和有用性，研究所才能有生存的希望。我一边劝大家打开箱子，拿出书籍资料，装起仪器设备，一边开始思考研究课题。

（二）救地理所：开发课题，拯救科研

科研人员是研究所的核心，是我们国家的宝贵财富。我先找科研人员分别谈话，让大家了解国家经济发展的急切需求，强调地理研究在当前的经济和农业发展的重要性，以调动研究人员的工作积极性。这个所自“文革”以来，已经多年没有做具体研究工作了。要挽回这个所，除了要给研究人员落实政策和恢复名誉之外，当务之急，我们要有实际可行而且有益于民生的科研项目，我们不能坐在办公室里盲人摸象，我们需要下到农村第一线去寻找科研课题。于是我和一部分科研业务骨干，马上出发，坐着研究所里唯一的有帆布棚的大卡车，不顾长途颠簸，用很短的时间，很快走遍了位于华北平原的河北省东部、南部和中部的几十个县，开始了科研的第一步工作——省农业地理条件的普查。

20世纪70年代的中国农村十分贫困落后，这部分地区是广袤平原，无山少川，因此县和县的交通距离比较近，有时一天我们能走访2—3个县。坐在车上远远望去，一马平川的地平线上，远远地出现了一两栋孤零零的楼房，有一个水塔，在周围一片零落的平房农舍中，显得鹤立鸡群，那就是一个县城。大部分的县城没有城墙城楼，没有繁华的街道和商店，没有多少楼房，非常简陋。当地人开玩笑说当地的县城就是“一条马路一座楼，一个警察一个猴”，解放都20多年了，我们的农村没有多大改变，还是这么贫穷，让我们感到很难过和惭愧，感到了我们的失职。也

正因为这样贫穷，才更需要我们地理工作者去解决问题，促进农业，改善民生。这更加激发了我们的工作热情，我们恨不得日夜兼程，尽快走遍这里的每一寸土地。

由于河北省是中国的农业大省，这里的广大农民最关心的问题是农业生产条件。我们每到一处，就和农村的基层干部们座谈，了解问题所在。他们提到最多的是旱涝、盐碱等严重影响农业的大问题。河北省东部、南部和中部的几十个县位于华北平原，这里地势低平，多在海拔50米以下，是典型的冲积平原，是由于黄河、海河、淮河、滦河等所带的大量泥沙沉积所致，很多地方的沉积厚达七八百米，便于耕作，加以土质肥沃，夏季炎热多雨，历来是中国重要的农业区，是中国的重要粮棉油产地，是全国小麦、棉花、花生、芝麻等作物种植面积最大的农业区，也是苹果、梨、柿和核桃、板栗、红枣等的主要产区。可是这些地区在明清时期，由于黄河不断泛滥和改道，造成泥沙的淤积，使华北平原形成许多大小不等的浅平洼地和低洼地，低洼地的排水不畅，加重了洪涝威胁。而且低平洼地还容易使土壤盐碱化。因此旱、涝、碱是华北平原的主要治理问题。

我们下去调查时正值春季，这里已是春暖花开，耕牛满地的春耕繁忙时节，一望无际的广袤平原上，风和日丽，阳光温暖，大地萌动，一块块的田野里耕人如织，空气中弥漫着新翻泥土的沁香，大地泛着淡淡的绿色，地头渠边的柳树丝丝低垂，透着嫩嫩的鹅黄，如雾如烟，春天的景色十分清新宜人。可是我们也看到，在河北省东部几个县里，有许多耕地里仍旧泛着白花花的盐碱，仿佛冬季残雪尚未消尽，没有一丝绿色和生机，秋后这里也许会颗粒无收。浪费了这么多的土地，让人看了非常心疼。广大农民靠土地吃饭和生存，他们的需要，就是我们的科研课题，我们决定挑战这里的旱涝和盐碱问题。

水是农业的命脉，我们知道，这里的旱涝、盐碱都与浅层地下水有关。这些地区春季是少雨季节，浅层地下水的水位低，不利于农田抽水灌溉，干旱是农业的主要威胁。而夏季虽然多雨，但由于平原地区排水不畅，很容易形成洪涝灾害，从而提高了浅层水位，可浅层水位接近地表，则蒸发量大，久而久之，盐碱沉积，就形成了可耕地的盐碱化，这样逐渐成为了一个恶性循环，年复一年，使这里的盐碱地面积与日俱增。由于这里的干旱和洪涝两害常常是前后脚而至，因此当地的"抗旱指挥部"和"抗涝指挥部"是同一班人马，同一块牌子，一面写的是"抗旱指挥部"，反面则是"抗涝指挥部"。常常是手忙脚乱地先抗旱，忙着忙着把牌子一翻，接着就抗涝，忙得是人仰马翻，不亦乐乎不说，常常还是亡羊补牢，劳民伤财，被老天爷牵着鼻子走，十分被动。

我们走访的河北省东部的黑龙港流域，包括衡水、邢台、邯郸、沧州、保定、石家庄六市的50多个县（市、区），这里是国家重要的农业种植区。可是这里地势低洼，排水泄水不畅，历来是河北省旱涝灾害最频繁的地区之一，也是盐渍危害最严重的地区之一。要解决平原地区的旱涝盐碱，我们都明白水是关键。我们实地调查发现，黑龙港地区一般的浅层水水质不好，必须寻找好的浅层水，而且要控制浅层地下水位，是解决旱涝盐碱的关键。春季应该尽量抽取好的浅层水灌溉，既解决干旱，又降低浅层水位，还防止盐碱地的形成。夏季多雨季节，应想办法有计划地多储存些地上水，既可以为下一年的春季抗旱所用，又可减少平原地区的洪涝灾害。为此河北省当时已经修建了一些大型的防洪排涝和水库工程，黄河下游1800公里长的大堤，保证了黄河30多年的安全行洪。淮河、海河也得到大规模的治理。

关于水的控制管辖的分工是：地上水由水利部门主管，深层地下水由水文地质部门主管。河北省地理研究所可以抓住浅层地下水这个关键，又是旱涝盐碱灾害的中心环节，作为研究所的主攻方向，发挥所里水文、气候、地貌等多学科的人才进行综合研究，我们还是很有实力的。近期我们可以寻找好的浅层水，以农业生产和生活服务为目标；远期可以寻找和利用地下的古河道、古冲击扇，在夏秋间多引入和储蓄地上水，名为地下水库。这样既可以减轻洪涝灾害，又提高了浅层地下水的水位，为春季灌溉提供了水源，可以大有作为的。有了具体的科研课题，我和全所科研人员一起，确定了研究方向和近期、远期的研究任务。大家纷纷行动起来，进一步调查研究，考察编写资料、绘制地图，一起为恢复河北省地理研究所，做了大量的准备工作。

当时，经过了“文化大革命”派系争斗的折磨而心灰意冷的地理所研究人员，已经全体签名申请撤销研究所，马上想要再向省里申请恢复起来，出尔反尔，很难让人理解和接受，所以恢复研究所这件事在当时有多么困难，是可想而知的。首先我们必须有充分的理由来向省里证明这个研究所存在的必要性，要用事实说明这个研究所有能力，可以让科学为河北省解决农业生产上的难题。所以我们加强宣传，让大家知道河北省地理研究所是面向农村、面向农业的，可以直接为农业生产服务，正是这个农业大省急需的智囊团。我们在各种场合和会议去宣传地理研究的实用性和必要性。在一次省级农业工作会议上，我争取到一次10分钟的发言机会，我就用调查和科研成果说明了地理研究所对河北省的重要性，对农业生产服务的重要作用，有理有据，通俗易懂，给与会者们很深的印象。就这样，经过我们不断地到上级主管部门游说，经过我和同事们一年多的努力，宣传我们实用的科研课题，我们的执着终于感动了上级领导，省里终于下文恢复了河北省地理研究所的建制。

当时河北省地理研究所之所以能够恢复建制，还有全国大环境的时代影响和机遇。20世纪70年代初，已经是“文革”后期，在全国“抓革命，促生产”的大形势下，各级领导对生产和科研已经开始重视，很多科研单位都开始重新一点一点地恢复了工作，这也是地理研究所得以恢复的另一个原因。同时，全所科研工作者积极努力，完成一批研究成果，以事实证明了该所的工作对农业生产是有用的，因此引起各部门对地理研究的认同和重视。这样，一个研究所被保存了下来，一批不知何去何从的研究人员们有了归宿，这一下他们的心里终于踏实了。一批有经验的专业研究人员重新投入了科学研究工作，我坚信他们将给河北省乃至国家带来不可估量的效益。

这一年，我被推选为河北省政协委员和河北省妇联常委。

（三）任职琐事：领导班子，“文革”弊病

河北省地理研究所是保住了，可当时，“文化大革命”的后

遗症是触手可及。这个仅100人的小研究所，一时竟然被任命了书记、副书记、所长、副所长共7个领导。俗话说“三个臭皮匠胜过一个诸葛亮”，人多好办事。可前提是大家需要分工合作又互相协作，才能形成一个好的领导团队。可我们7个领导人是内行、外行、有文化、没文化、军老大、红老二、臭老九，应有尽有，我是其中唯一的女干部，又是唯一一个受了大学教育的，所以很受歧视。对一些领导人来说，研究所可真是个即体面又清闲的差事，朝九晚五，办公室里一坐，喝着茶，看看报，一天一晃就过去了，挺悠闲。可“滥竽充数”就带来了问题，我们之间互相很难沟通，什么具体问题也解决不了。开会讨论业务规划，常常是“对牛弹琴”，怎么解释，也常常是“秀才遇到兵，有理也讲不清”，你解释多了，人家还不高兴，“怎么着，嫌我们是大老粗啦?”现在想起来，真是又好气又好笑。大家都笑话我们那时的地震预报像瞎子算命，口头禅是“今，明，后”，就是因为那时到处都有不懂业务的人在不懂装懂地领导着科学研究工作。那时的知识分子要干点实际工作，可真难哪。记得我还写过一首打油诗：

领导班子皇帝批，
高矮不齐有争议，
禾草不分不碍事，
僧多粥少随你去。

尽管举步维艰，我还是尽己所能，像燕子衔泥筑窝一样，慢慢带动大家的工作热情，发挥着研究人员各自的特点和特长，在全国大环境还没有完全好转的时候，河北省地理研究所已经在为促生产发挥着积极的作用。

因为领导班子参差不齐，我在地理所里，除了做科研搞规划，干得更多的是下乡劳动，因为领导班子中，只有我是大学毕业的高级知识分子，是“白专”，还是受到歧视，“臭老九”就是“臭老九”，理应下去劳动，接受再教育，要彻底脱胎换骨才行。记得那是在1976年夏天，地理所刚刚恢复建制，我才从实地考察回来，还没有来得及一掸风尘，就要到石家庄市郊区的公社去劳动锻炼，年过半百的我吃住在村子里，干的农活有：间苗、除草和收棉花。天天鸡鸣就起身，晚上是日落而息，日日锄禾日当午，风吹日晒，将近有一年的时间在农村劳动，人晒得黑黑的，手也起了厚厚的茧子，我成了一名普普通通的农民。1976年7月28日这一天，白天劳动很累，晚上我睡得很沉，半夜时分我从沉睡中被唤醒，只听生产队长在墙外喊：“老李，地动了，快出来。”我才完全醒过来，赶上唐山大地震了。当时的地震局地震预报领域也是一片空白，常出笑话，连孩子们都知道，对于余震可能性的预报是“今，明，后”，一句话，没准儿。此后的很长一段时间里，大家都不敢在土屋农舍里睡觉，就把床搭在院子里睡，任凭蚊叮虫咬，夜冷露重，下雨时就盖上张塑料布挡雨，阴冷潮湿，时间一长，让我常常浑身关节疼痛难忍。

我从小长在农村，劳动吃苦我不怕，但要作为一种对知识的惩罚，让人心里很难接受。使我最伤心的是，“文革”这场历史的悲剧，破坏的不只是全国的经济发展和科研进程，也破坏了几千年的文明理念和几代人的良心良知，亵渎了中华民族古老纯朴的尊贤敬学的传统美德，破坏了人们对文化、知识和经验的尊重，破坏了人们对知识分子的理解和尊重。那时已经很少有人提到“知识就是力量”了，都知道知识和经验需要积累和沉淀，没有捷径可走，可现在没有知识的人照样可以执掌大权，仕途恒通，可以一步登天，在人之上，这种“文革”的产物和现象，纵容了人们投机取巧的心态和争权谋利的贪婪，对社会文明起了很大的负面作用。“病来如山倒，病去如抽丝”，这样的人文重创要经过多少年才能恢复呢？想起这些，不禁让人惆怅和叹息。

20世纪70年代中期，刚刚恢复建制的河北省地理研究所，是名副其实的“房无一间，地无一垄”的无产阶级。全所的研究人员们借住在河北省电台的一层筒子楼里，一共有十多间单间的屋子，全所人员不论人口多少，级别高低，只够每家一间。研究人员们常常是两代甚至三代人住一间屋子，屋子里挂个帘子就是两间，老老小小就凑合着住了。因为没有食堂，家家门口的走廊里放着个蜂窝煤炉子，就是厨房。做饭的时候，筒子楼里烟雾弥漫，香辣酸腥，五味俱全，呛得人喘不过气来。熏得黑黑的走廊里堆放着蜂窝煤、大白菜垛、酱菜坛、自行车、盆盆碗碗，满满当当。在昏暗的灯光下，走路要十分小心。筒子楼里只有一间共用洗手间和一间厕所，没有热水，十分简陋。因为是个旧楼，没有空调，夏天里闷热难熬，晚上臭虫从墙里爬出来，常常咬得人们不能入睡。我们一家五口，也住在这一间屋内，放了三张木板床，屋子就满满当当的转不开身了，唯一的一张桌子，又是书桌又是饭桌，吃完饭后，收拾了碗筷，丈夫就在这张油渍麻花的桌子上读书写作，孩子们只好在床上看书，可一家人谁也没有抱怨，入乡随俗嘛。可这样的生活条件，研究人员怎么能安心工作呢？即便就是这样艰苦的生活条件，也是借住的，不是长久之计呀。

摆在地理所面前的第二个问题是基建，地理所应该有自己的“家”，研究人员应该有一个家，这才能真正地保住这个研究所。可在那时，这可真真的是一个奢望，一个研究所的基建是要花大笔经费的，在70年代的经济背景下，一个刚刚恢复建制的小研究所，马上向省里市里要钱要房，几乎是不可能的。为了这个研究所的生存，为了未来的科技工作的发展，我们要想办法。因为那时，在全所科研人员的积极努力下，我们已经完成一批很实用的研究成果，证实了这个研究所的科研水平和能力，赢得了同行们的好评，研究所已初步建立起很好的声誉，我们就开始向中国科学院申请援助。因为我们的研究成绩很瞩目，中国科学院很慷慨地拨发了一笔经费，用于我们的基建。地理研究所组成了包括研究人员在内的基建班子，申办土地，落实图纸，用科学院的拨款，终于盖起了一座办公楼，一座实验楼，三栋三层的宿舍楼，形成了一小“科研城”。这样基本满足了全所人员办公和住宿的需要。解决了研究人员的后顾之忧，科研人员们终于可以全力投入工作了。

（四）科学春天：“文革”落幕，梨树逢春

1975年以后，人们已经开始预感到“文化大革命”这场浩劫已经进入尾声，这场毁灭性的政治革命，随着林彪逃跑在蒙古坠机事件的发生，终于要寿终正寝了，人们在期盼和窃窃私语中又过了一年。1976年，我们一家人重归故里的一年，也是河北省地理研究所重生的一年，是中国历史上难忘的一年，一个多事之秋，中国接连发生了一连串的不幸事件。深冬，1月8日，“人民

的好总理”周恩来与世长辞；盛夏，7月6日，开国元勋朱德悄然逝世；7月28日雷雨之中，发生了唐山大地震，几十万人不幸遇难，灾情震惊世界。晚秋，9月9日，毛泽东主席又逝世，全国人民一次又一次处于悲痛和惊叹之中，1976年真是个多风多雨的年头，也恰恰预示着更大的气候变更就要来临。风雨送春归，飞雪迎春到，正如人们所预料的，1976年10月，中共中央一举打倒了为非作歹已久的“四人帮”，邓小平同志终于出山主政，漫漫十年的“文化大革命”才正式宣告结束。

中国历史上这一段血淋淋的人间悲剧，终于谢幕了，饱经忧患的全国人民无不欢欣鼓舞，全国上下，人人一抹愁容，家家举杯庆贺，相互庆祝这期盼已久的一天的到来。那时候到我家来欢聚的朋友们一批又一批，络绎不绝，大家像过年过节一样兴奋，我们互相握手祝贺，朋友们高兴得开怀痛饮，个个捶胸顿足，拍桌称快，连很少饮酒的我和敬之也破戒饮上几杯。可高兴劲过去了，大家泪眼相对，又哽咽沉默了。经历了一场灾难之后，人总是要痛定思痛，谁都知道邪恶不能长久，乌云遮不住太阳，但十年之遥，十年之惨烈，让人不禁生叹，人的一生能有多少个十年呢？

1976年的确是中国历史上的一个里程碑，“文化大革命”正式宣告结束了，全国从此逐渐恢复了正常秩序，特别是邓小平同志主政以后，国家逐渐拨乱反正，纠正了极“左”路线，开放改革，开始了以经济建设为中心的新国策，全国从此出现了一片欣欣向荣的新气象。新的形势和政策，唤起全国人民的工作热情；全国范围内的落实政策、平反冤假错案，解放出大批干部和知识分子，中国的经济逐步恢复，各个部门都开始恢复工作，河北省地理研究所也进入了一个新的发展阶段，没有了“资产阶级知识分子”的帽子，没有了“白专”的后顾之忧，我们要加快研究的广度和进度。

1978年，中国科学院在北京召开了全国科学规划会议，是中国科学研究史上的一个里程碑，象征着一个新的科学世纪的开始，郭沫若院长在大会上做了报告，他激情地高呼：“科学的春天已经来临。”号召广大科学工作者们要在科学战线开始大干一场，一时间会场沸腾，人心振奋，掌声不断，与会的科学家们个个如久旱遇甘霖，摩拳擦掌，跃跃欲试。我参加了这次全国科学规划会议，并努力把河北省地理研究所的研究规划，列入了全国科学院规划之内。真是“忽如一夜春风来，千树万树梨花开”。

在全国科学规划会议上，我遇到中国科学院的老朋友、老同行们，多年不见，大家相见都很激动。我们互相泪眼相视，谁都显得苍老了许多，很多都已双鬓斑白，青春不再。我们除了激动和喜悦，不胜感慨和无奈，人人都有着一种劫后重生的侥幸感觉，更有着难过和叹息。中国科学院是“文革”中的重创单位，那里汇集着大批的像陈景润一样的科研精英、著名学者和有才有志之士，“文革”之中当然是首当其冲，不能幸免。据说中国科学院有近两三百名科学家、学者们在“文革”中被摧残而丧生。环视着在场的同仁们，许许多多熟悉的面孔都不见了，也永远消失了，没有来得及和他们道个别，让人难过唏嘘不已。他们各个都是国家的人才和栋梁，中国科技的希望之星，都有着报国的雄心壮志，正是做事业的年龄，却没能等到春天的来临，真是可惜可叹。想到此时，心中悲痛难忍，不由挥泪自吟一首：

日暖梨花千树雪，
夜寒枝头万络风，
沙尘无情折芳华，
霜雨摧残始凋零。
忽觉一夜春终至，
破蚕苞蕾死又生，
可幸枝头香依旧，
只叹丛中少故人。

（五）故乡探别：燕山依旧，家无觅处

1978年，在北京开完全国科学规划会议，我回到石家庄后，河北省科委也很快召开了一系列的农业工作会议。有一次河北省科委在我的老家遵化县召开农业科研会议，我和敬之都参加了，我们住在了遵化县城的招待所里。既然到了我的家门口，敬之非常贴心地提出一定要去我的家乡看看，看看我出生的地方，拜访一下我娘家的亲人。这也正合我意，无论光阴荏苒，四处奔波，在我心里，燕山是我家乡的山，遵化县的赵庄子村永远是我唯一的家。这是二十多年来，我第一次回遵化县赵庄子村我的老家，可我一不是衣锦还乡，二不是荣归故里，而是天涯沦落，无家可归了。

车出了遵化县城向东行驶了不久，从车窗里远远望去，那熟悉的燕山迎面而来，像敞开胸怀，欢迎我这久违的游子归家。那

起伏巍峨绵延的山峦层层叠叠，满山绿色依旧苍翠可人，山谷里的气息还是清新湿润，静静的河流依然川流不息，绕村而过。丈夫的家乡在华北平原，没有高山和丘陵，所以他对这里的山水地貌非常感兴趣，一路上看得津津有味，赞叹不已。虽然山水依旧，可是毕竟风雨无情，进村之后，我看到赵庄子村的模样已经改变了很多，熟悉的街道更加坑洼泥泞，家家的房舍围墙因年久失修而更加破落残缺。我们李家的人在土改时都已经被赶出了李家大院，宽大的院落已经成了一个大杂院，住着十几户人家，显得十分拥挤和凌乱，大院的大门漆色脱落斑驳，门楼上的荒草凄凄，一切都显得破旧不堪，让人不忍一看。因为院子里家家都养着狗，我们不敢贸然进院，只得爬上后山坡，站在李家大院后坡的高处，搭手遮阳，向下眺望一下这个大院的外貌，这个生我养我的地方。

在南面耀眼的阳光下，这个曾经生机盎然的宽大宅院，轮廓依旧，高墙围绕，房脊林立，虽然破旧沧桑，依然有着一种家的安怡和祥和。特别是又看见了那三进院内的几排砖瓦房，厚厚瓦脊在晌午的阳光下，像山间卧息的巨龙那片片整齐的龙甲，依旧结实厚重，又古朴遥远，一切都是那样的熟悉和亲切，让人不禁遐想不止，不知道那祖母屋里的土炕还暖？母亲房前的窗棱还在？灶房里的炉火还旺？牛圈还是牛儿满棚？想着想着，不知怎的，时间好像一下倒转了回去，我仿佛被遐想和思念带回到了那个温暖又遥远的时光，那个兵荒马乱的年代。模糊的泪眼里，我仿佛依稀可以看到，大院内的灶房上依旧是炊烟袅袅，祖母的房内昏暗的烛光摇曳，家人们在院内走动的身姿影影绰绰；还有那个花样年华的我，在院里欢快地跑上跑下，笑声如铃。耳边这时又听到一阵山风瑟瑟吹来，树林沙沙作响，伴随着这风声，我仿佛还可以隐隐约约地听到家人们的言谈笑语，时高时低；祖母纺车的吱呀声，时隐时现；时而又听见母亲和婶婶们亲昵地呼唤着她们的“大丫头”“大姑娘”，忽近忽远；一切都声声敲心，声声入梦；还有那依稀可闻的河北梆子和皮影戏，悲壮凄婉，如吼如泣的唱吟，在这里依旧绕梁不息；这一切都那样的熟悉温馨，让人留恋，让人流泪，让人想把它紧紧地抓在手里，永远也不离去。许久，当我从深深的回想中醒来，这才意识到，大院里此时一片寂静，没有了家人，我熟悉的这里的一切一切，现在已经都成为了温馨的回忆，这个曾经养育了我的家院，现在已是物是人非了，有房无家，没有了生命和灵魂，李家大院已经永远地走进了历史。想到这里，一时让人百感交集，十分不舍。我和丈夫站在那山坡上向下面看着，想着，两人久久默默无语，一股难言的悲凉之感油然而生。

我们恋恋不舍地离开了李家大院，走下了山坡，去到赵庄子村西我的堂哥家去探望。当时农村还是很穷，家里什么也没有，虽然这是丈夫的第一次来访，堂哥、堂嫂竟一时拿不出像样的饭菜来招待第一次上门的姑爷，急得在灶房里团团转。我只好出面打了圆场说：“我们好多年没吃老玉米了，把院里的老玉米煮几个吃就好了。”于是堂嫂煮了几个玉米，我们吃着就告辞了。然后我们就去了十几里外的山头庄看望我的四姑。四姑比父亲年纪轻许多，可艰难的生活让姑姑也老态龙钟了，她家里正在秋收，满院子堆满了新收的秋粮，晒着玉米，晾着糜子，但是一点也没有待客的准备，家里是没油没肉，只有几个鸡蛋。老太太颤颤巍巍地站在那里一时不知所措，也是我出来解围地说：“给我们煮几个鸡蛋吃就行了。”我们最后一站到了遵化县城外东坝村我的老姨家，这时已经到了傍晚。原来已经说好了到老姨家来吃饺子，可老太太在遵化县城里转了一天，竟然没有买到一斤肉，急得老太太直哭，觉得老脸上实在挂不住。还是我解决了窘境，又说了：“我们晚上就吃高粱米水饭好了，饺子我们在城里常吃，不稀罕。”在遵化县城，我们还回访了我上高小的火神庙和上初中的河北省省立五中，逛了县城。可那时县城里街道冷落，商店空空如野。这里曾是我童年的回忆中最热闹的地方，五天一集，热闹的集市，满街的人们，满街的摊位卖着各种当地的特产和小吃，可惜现在再也找不回来了，我非常惋惜。我们就这样寒酸地回了一趟娘家，丈夫也没能尝到我们遵化的美食。

回家一趟，我们亲眼看到当时公社化了的农村，农民仍然没有翻身，农业生产还很落后，农民的生活依旧困难。守着这好山好水好土地，还是吃不上饭，身为地理学工作者，我们没能尽到责任和力量，也很自责和内疚，以后一定要加倍努力工作，让农民们能够富裕起来。之后的几年里，国家政策变了，放开了，经济逐渐恢复起来，农村才逐渐富裕起来。乡亲们纷纷捎信、捎话来说：“你们现在回来看看吧！我们有东西招待你们了。”光听到这个消息，我们就已经高兴得心花怒放了，比吃了一顿满汉全席还过瘾。

（六）酝酿课题：时光不再，雄图依旧

丈夫敬之从西北回到石家庄以后，生活稳定了些，气候条件

也好了许多，再加“文革”结束了，他的心情舒畅了，身体逐渐有些好转，我如获重释，心里想着，现在可以踏踏实实地做一些工作了。那时，常常有他的学生们慕名从全国各地来看望他，并带来了各方面的科研新信息，人们纷纷邀请他出山工作。“文革”之后，师生们久别重逢，都经历了九死一生，大家都很伤感，又兴奋，一起相谈甚欢。由于来人太多，我常常张冠李戴，丈夫只好解释给我：“凡是叫我孙老师的，那是解放前我教中学时的学生；凡是叫我孙教员的，那是我在解放区华北联合大学教过的学生；凡是叫我孙主任的，那是我解放后在中国人民大学教过的学生。”敬之教书教学四十余年，真可谓是桃李满天下。

这时“文革”结束，国家形势开始好转，科技战线上迎来了科学的春天，丈夫也实在坐不住了，又一次雄心勃勃地开始了新计划。他屡次对我说：“我不能老在家当病号呀。”其实，他一生从未间断过学习研究，就是在病榻前，也是每天书不离手，桌案上永远是浩卷繁册，而且他已经开始了一个新的领域——人口学研究。这让我很佩服他，和丈夫一起生活了这么多年，我真真地了解他，敬之是个好人，他做人儒雅有礼，矜持得体；处世淡泊名利，荣辱不惊；交友倾心真意，坦诚相待；他做工作兢兢业业，一丝不苟；他治学严谨，见解独到，虽然一生饱经顿挫，但什么也不能磨灭他对事业的热情。和他相处多年，我从他的身上学到了很多做人做事做学问的道理和原则，他对事业的热衷和坚持，几十年如一日，总是时时提醒和敦促着我。

人口学是经济地理学的内容之一，敬之早年就对其有所研究和探索，而且还有过著述。他早在1955年就曾经写了一篇论著:《食物来源与人口的增长》，阐述了人口的增长和分布与生产能力与经济水平的微妙关系，并预测到了未来的人口问题。他认为地球上的自然资源、食物来源和生活空间是有限的，为了人类的长期生存，全球和区域性的、有计划的调整和平衡人口发展和资源开采和利用就是至关重要的一步。他的这篇著作当时受到世界经济地理学界的高度关注和好评。可是在当时的中国，因为机械化程度很低，人是最基本的劳动生产力，没有生产力就没有食物来源，而且国家又在一直倡导“有了人就有了一切”，所以，从解放初期，中国舆论界就公开批判了国际人口学家马尔萨斯（Thomas Robert Malthas）的人口论和马寅初的人口论，使人口学一直是中国地理学界的一个冷冻禁区。加上中国自古“多子多福”“无后为大”，重男轻女和传宗接代的传统观念，人们几乎没有控制人口的概念，直到20世纪70年代后期，“文化大革命”结束以后，人们才意识到中国人口的迅猛增长已经突破了警戒线。可是人们对人口问题依然是噤若寒蝉。中国一直就是世界上人口最多的国家，解放以后，仅仅十几年，中国人口就从5.5亿激增到9亿多。中国当时的经济刚刚起步，自然资源有限，而且开发和保护毫无章法，进而导致随之而来的问题重重，国家实在难以负重，因此，20世纪70年代中末期，政府不得不开始解冻人口理论的禁区，开始抓人口研究和计划生育问题。

三十多年来，不顾人口学研究一直封冻的大气候，敬之私下里不但一直对人口学研究热情不减，而且越来越专注和投入。他早就意识到了这个问题，由于目前国家经济水平的限制，加上人口飞速增长，以及人类对自然环境的肆意破坏和污染，我们在毁灭自己的国家和未来，我们是在走着一条十分危险的不归之路。他认为即刻调整人口政策对未来的经济建设和人类生存更有着至关重要的长远影响，是一个迫在眉睫的课题，需要尽快着手解决。他知道中国人口学里还有很多新的领域等待开拓和深究，他明白中国是一个有着56个民族的大国，有着丰富的历史、传统、文化、宗教、信仰的元素，中国的人口学研究应该是很综合全面，独特开拓，又具体细腻，符合中国的国情，因此他有很多的工作要做要学。那时还没有计算机和网络，加上中国信息封闭的现状，收集资料很不容易。在养病期间，敬之广泛阅读书籍刊物，与同仁们探讨交流，积极参加各种人口学方面的学术活动，收集学术资料和信息。他跃跃欲试，决心集中精力开展人口学的研究，想在经济地理和人口研究领域大干一场。

敬之的研究兴趣对我也是一个很大启发，作为地理界的同行，人口学又是经济地理学的一个重要分支，对我并不陌生，加上自己多年四处考察，亲眼目睹了国家经济的疲弱和人口的失控，我当然十分理解这项学科的时代性和紧迫性，我不仅同意支持丈夫的想法和计划，还帮助他收集资料，而且在后来的科研生涯中，由于丈夫的坚持，我也介入了人口学的研究，在新的领域里不断学习和进取，而且一直是丈夫的左膀右臂，我们共同在人口学的研究中做出了一番成绩。从1959年到1978年近20年里，我们在各种各样的政治运动中受着煎熬和束缚，不能踏下心来搞研究做学问，现在他已经快70岁了，岁月不饶人，他十分感叹："大好时光都将耗尽了，再不抓紧时间工作，对不起国家啦!"我想我们这一代知识分子当时大概都有同样的紧迫感，要抓紧工作，把失去的时间补上。我也一样感叹：

岁月催人老，
光阴不留痕，
雄图今何在，
催马快出征。

第13章

重返北京
（1979—2000）

1979年的春末夏初，和煦温暖的阳光照耀着华北平原，都说万物知时节，广袤的大地这时已是生机勃勃。一片绿色，这里正是平原上最美丽动人的时节。那时石家庄市公共汽车的终点站就是市郊的庄稼地了，我们常常去那里踏青。在淡蓝的天空下，四周是一望无际的绿色海洋，一片片的庄稼高高矮矮，深绿淡翠相间，伸向天际，在很远的地方，绿色深处有着掩映错落的村庄农舍，缥缥缈渺，加上田野的芬芳气息，一片宁静温暖的田园景色，赏心悦目，令人遐想。不知为什么，这静怡的景色让人有一种很依恋很想家的伤感，勾起人的一丝淡淡的乡愁。我的家乡燕山这时节也该是满山绿色和果香，浓荫一片了。

（一）孟母三迁：挑战人口，重返首都

——任职北京经济学院，开始人口学研究

就在1979年这个生机盎然的时节，我们迎来了人生中的又一次大的转折，也是一次改变命运的机遇。“文革”结束以后，两年的时间悄然而过，我们的身心都在慢慢复原。丈夫敬之在我们简陋的家中更是全力开始人口学的研究，他废寝忘食地读写，收集资料，使他已经有了一个初步的人口学研究计划。就在这时，北京经济学院（现在的首都经济贸易大学）的同志来到石家庄探望我们，并热情地邀请敬之去北京工作。原来，当时北京经济学院人口研究所的研究人员，多数来自中国人民大学，现在“文革”结束，人民大学已经复校复课，研究人员们又都迁回了人大。北京经济学院想重新组建自己的人口研究所，以丰富和促进研究和教学，所以学校想请敬之过去作为该校的知名教授，并筹办和主持人口研究所的研究工作。这可引起了敬之的极大兴趣，这和他当时研究人口学的所向真有些不谋而合，而且他正觉得一个人势单力薄，资料短缺，需要一班人马。于是他立即决定利用这次机会，回北京集中精力开展人口和经济地理研究工作。他兴奋地对全家人说：“我好久都没工作了，年纪不饶人了，我想这次回北京，再为国家做出点成绩，不然将来怎么去见马克思呀！”

我一开始很犹豫，敬之一生已经历经周折，现在他的身体还未恢复，而且年事已高，不能像解放初期那样去拼命工作了。而且，敬之一生搞教学和研究，已经学术有成，桃李满天下，70岁

的人了，早就过了退休的年龄，完全可以怡享天年了。再者说，当时进北京只能带一个孩子，我觉得全家好不容易团聚了，不愿再家分两地，我十分为难。孩子们也很不情愿，生活刚刚稳定下来，他们看着当年那个高大伟岸的父亲在几十年动乱中日渐衰老憔悴，现在已经拄拐而行了，都十分心痛不忍，也都七嘴八舌地劝他说："老爸，您已经功成名就了，身体又不好，这么大的年龄还要再次出去工作，这是图个什么呀，您还是在家给我们当'管家'吧。"但是很显然，敬之的决心已下，他执意要去，他恳切地对我说："我还有很多的事要做，人活七十古来稀，生命苦短哪，时间已经浪费得太多了，我不能再等了，我要抓紧时间，再发一点余热。"相处近三十年，我知道丈夫是一个以事业为生命的人，虽然命运蹉跎，但他仍不改初心，这让我很敬佩，也和他有着同感。我看他的主意已定，知道拦也拦不住，可是我在河北省地理研究所的工作才刚刚起步，又不忍丢下。于是我就和敬之商量说："要不然你一个人先去北京工作，我把地理所的工作安排一下，过两年再去北京？"丈夫点头同意了。

随后不久，我就借着去北京参加全国妇女代表大会的机会，拜访了在北京朝阳区红庙的北京经济学院，找到了学院领导赵化风同志，和他们一起商量敬之的工作安排，他们非常欢迎敬之的到来。当时赵化风同志认真地劝我说："孙老的岁数大了，身体又不好，你一定得一同来，也好有个照顾，我们也觉得放心。"我听了以后，觉得学院领导很有人情味，考虑得很周全，说得也很有道理，能有这样贴心的领导，我很为丈夫高兴。说实话，让敬之一个70多岁的病人一个人回北京来工作，我也实在不放心，生活和工作上他都需要我的照顾。所以我就打消了晚两年回北京的念头，决定与敬之一起回北京工作。回到石家庄后，我就向河北省科委打了报告，要求随夫搬迁，然后回家开始尽快地收拾东西，又要准备搬家了。为了丈夫和他的事业，我也做个“孟母三迁”吧。

经过了几次搬家和抄家，我们家里的东西所剩无几，几乎没有什么像样的家具衣物，可是都说破家值万贯，我们还是有很多宝贵的书籍和资料，特别是敬之近年来积累的人口学的书籍和资料，都要装箱带往北京。我们这一走，只能带一个孩子进京，要留下两个孩子在石家庄，我真是不舍。一方面，做母亲的，不能不牵肠挂肚，可是又没有办法，事业和家庭大概真的不能两全，生活可真难啊。另一方面，又要离开工作了四年多的河北省地理研究所，那里的工作刚刚开始，研究课题也难以放下，我心里也确实有些不舍。但是作为妻子，我明白，国家现在急缺人口学研究人员，丈夫在这一方面很有研究，而且他有理想有能力，一定能大展身手，我得以他为重，以他的工作为重。我和敬之已经风雨同舟多少年了，还得继续同甘苦，再创业。而且地理所的研究工作那时已经步入正轨，我相信我的同事们在新的形势下会再接再厉的。再者说了，一个小小的地理研究所有七个领导也是绰绰有余啦。

于是，1979年5月3日，挥手撒泪道别了我的孩子们，我和丈夫带着一大旅行车的书籍，带着一个大女儿，迁回了北京。自从1966年全家离开北京，已经是风风雨雨13年了，我们又回到了我们热爱的第二故乡北京，这大概就是命运的安排吧。这一年敬之已经70岁，我55岁，再有几年也该退休了，我们还来得及再干一番事业吗？

1979年的晚春时节，我们回到了北京，一点也不出所料，由于北京市的城市人口快速增长，人口密集得严重超负荷，住房十分紧缺，北京经济学院的校区没有现成的住房，学校只好在垂杨柳区给我们准备了一套两居室，但是离在朝阳区红庙的学校比较远，每天坐公共汽车要花很长时间。敬之谢绝了，他不愿意把时间消耗在路上。他对领导说："我是来工作的，我的年纪大了，所剩的时间不多了，在校内随便给我找个住处就行了，工作方便些。"敬之认为这是他最后一次为国家工作的机会，一定要集中精力，把自己的理想和潜力充分发挥出来，大干一场。于是学校在学生宿舍里挤出两间屋子给我们，还是筒子楼，非常简陋，走廊尽头是公共厕所，在公共洗手间里放下一个煤气罐，就是我们的厨房。小小的屋子里摆下了一张书桌和一张床，两个书架，就没有多少空间了，我们在这里一住就是十几年。敬之的学生们来看望他时，我们只有两把椅子，常常坐不下，他们只好坐在床上。看到我们这个由学生宿舍改的简陋的卧室兼办公室兼客厅，觉得他们资深望重的孙老师有点受委屈了，所以总是问："老师既然会回北京，为什么到这么个单位呢?"敬之总是笑着回答："我是来工作的，不论哪个单位，能工作就好。"当时有一位日本学者非常敬仰敬之的学术成就，他几经周折，特意上门来访问敬之，可看到我们简陋的住所，一时目瞪口呆，不知道说什么好，他怎么也不敢相信，中国一个著名的大学教授竟然住在简陋的学生宿舍里。我们一点办法也没有，这就是当时的条件，丢了国家的脸面，我们也十分尴尬。

简单的安排下住处后，我就到北京市委组织部去转组织关系。一进门，我的眼睛一亮，见办公桌后坐着的正是佘涤清、黎光两位部长，他们都是解放初期时我在组织部的老领导。我本来就是在北京市入党的党员，又参加了解放初期的党的基层工作，所以对两位老部长非常熟悉，他们也都知道我的能力和为人。见到老领导就像见到了亲人，像回到了娘家，感到特别亲切温暖。我十分庆幸他们也活着熬过了十年动乱，一定也很不容易，可因为怕引起伤感，我也没敢细问。我们随便叙谈了些家常之后，佘部长就笑着对我说："我还是你的入党介绍人呢。"因为我入党时是在解放前夕，党的活动都是地下保密状态，我当时只知道我的入党介绍人之一是沈芳，而且解放后不久我就调离了组织部，去了中国科学院，所以我一直不知道我的另一个介绍人是谁，直到今天，入党三十多年后，才知道佘涤清部长竟是我的入党介绍人，我真是十分惊喜。我笑着说："你们的保密工作做得可真好，瞒了我三十多年！放心吧，我没有给你丢过脸。"我们都开心地笑了。我接着向他们介绍了自己的工作经历和"文革"中的遭遇和感受，前后三次不得不放弃工作，随夫迁移，让我十分遗憾，我真的希望这一次能有始有终地干一番事业。大家一番畅谈，最后，两位部长决定要在北京市为我单独安排工作，这样一来，我就可以开辟自己的事业，与丈夫比翼双飞了。

我高兴地回到经济学院，对敬之和院领导说了这个情况，告诉他们北京市委组织部会另外安排我的工作，我还想回中国科学院工作。可是敬之另有计划，他考虑了几天之后，就对我说："我回北京要做很多工作很多事，人口研究所还没有个雏型，人手也不够，你还得帮我一把，你就留在经济学院跟我一起工作吧。"丈夫说的得十分恳切和坦诚，我也明白这个工作机会对他来说有多么重要，他现在白手起家，作为他的另一半，我怎么能说“不”呢。那好吧，要是结婚是“以命相许”的话，我就再一次“舍命陪君子”吧。于是敬之就把自己的意见转告了组织部和经济学院，学院就按照随迁家属的待遇，安排了我的工作，担任了北京经济学院经济研究所的党支部书记。

现在回想起来，我虽然一生三次随夫搬迁，多次工作都中途而弃，这一次，又放弃了组织部安排的工作，放弃了原本可以与丈夫相媲美的事业，放弃了最后一次独创一片天地的机会，从此余生都做了丈夫敬之的配角和陪衬，但是想起我们夫妻重返北京后，齐心协力，共同为国家完成了多件重大的人口学术工程，完成了大量工作和著作，度过了我们充实的第二个青春，我还是很欣慰，再世来生，我也还是会这样做的，没遗憾，不后悔。

（二）艰难起步：筹人口所，办双月刊

——筹建人口研究所，创办《人口与经济》双月刊

在20世纪70年代，中国的人口问题已经成为一个迫在眉睫的大难题。当时的全国人口已接近10亿，并且还在迅猛增长。北京市的人口增长得更快，像全国大部分的大城市一样，市区住房十分紧缺，北京的市区在不断扩大，不断侵蚀和占用着近郊的耕田和绿地，市内到处人满为患，交通越来越拥挤，生活物资紧缺，医院一床难求，急诊室处处爆满，环境和空气污染，生活质量降低，各种问题接踵而来，更严重的是随之而来的能源及水源不足，北京市四周没有自然河流和湖泊，整个城市的供水问题严

重，庞大的城市“一天喝掉一个昆明湖，一天烧掉一个太原矿”的说法一点也不夸张。所以国家和政府这时开始重视人口问题的研究和解决。

丈夫敬之早年就对人口学颇有研究和见解，而且早就意识到未来中国人口问题的重要性和复杂性。但在解放初期，一方面，他的经济地理的教学和研究任务很多很重，所以没有时间另开一章，专下心来研究一下人口问题。另一方面，那时人口学是一个研究禁区，国家也尚未重视人口问题的严重性和紧迫性。总之，那时我们还没有精力和条件专注于从事人口问题研究。随着中国人口问题变得越来越严重，敬之觉得不能再沉默了，他就利用养病的时间重新开始了人口问题的学习和研究，广泛阅读，收集整理资料，逐渐拟定了一个庞大的人口研究计划，从人口学的基础理论理念、发展历史、发展趋势、人口和经济的关系，区域人口学、计划生育的目标和政策等方面的专题研究入手，他决心要为国家解决人口问题提供符合国情的科学依据和方案。

来到北京经济学院后，简单安排下住处，敬之不顾年老体弱，就冒着北京的酷暑和严寒，拄着拐杖到处奔波，为筹建人口研究所四处游说和宣传。那时偌大的北京市，交通十分拥堵，公共汽车人满为患，让敬之的工作十分艰苦，常常是跑了一天，也办不了一件事。由于人口问题日益严重，已经是有目共睹的现实，加上我们的努力，使得建立北京经济学院人口研究所的计划，得到了国家计划生育委员会、北京计划生育委员会、国家和北京市教育部门等单位的大力支持。1980年底，北京经济学院人口研究所终于正式成立了，北京经济学院任命敬之为研究所所长，任命我为副所长。研究所成立后，调进了魏津生、许绍雨、马寿海、张凯娣、郑杨川、盛朗等一批出色的研究人员，我们开始了人口学的初期研究工作。那时我们既没有经费，又没有设备，没图书资料，更没有电脑和网络，研究工作十分基础和辛苦。敬之曾严肃地对我说："研究工作要马上开展，尽快做出成绩来，但不能伸手向学院要一分钱，因为学校也是很穷的单位，比不上中国科学院。"我十分为难地说："现在什么都没有，你这不是让巧妇做无米之炊吗?"敬之笑着说："就是难呀，不然要你这干部做什么?"就这样，我们白手起家，从零开始，像蚂蚁筑巢一样，一点一点地开始了工作。

我在敬之手下工作，名义上是副所长，实际上是他的秘书和帮手，又是他的后勤和总管，从工作安排到日常生活，事无巨细，更不用说所有跑腿的事，我都得做，还得任劳任怨。我们夫妻多年相敬相爱，可在学术研究上，却常常是各执己见，但我们之间有不同意见只能在家里争论，争论的结果，大多还得按照他的意见去办，因为他总是对的。但我们毕竟是夫妻是同行，是知音是挚友，有着同样的理想和信念，所以，我们相互很能理解，工作有着简单的和谐和默契，而且效率很高。敬之每天不知疲倦地工作和奔波着，争分夺秒，晚上他手不释卷地阅读着，废寝忘食，他的案头总是堆着繁书浩卷，常常通宵达旦地阅读和写作，编写着研究计划和人口学的论著。回想起那些年，我常常感叹，敬之病弱的身体里竟蕴藏着那样意想不到的力量和毅力，像一个沉默多年的火山终于喷发了，力量大得惊人。我也明白，他这是在用他的全部力量和心血，去取得一个报效国家的机会，一个姗姗来迟的机会，一个有可能是他人生中最后的一个机会。

当时的中国人口学在国内起步较晚，在地理学界是一个很大的空白，资料缺乏，没有基本数据，研究无前车可鉴。人口规划，在几千年的中国历史上也尚无先例，因为这和中国古老的传统观念大相径庭，因此人们对此很生疏，也不能很快接受，甚至有抵触。所以，在北京经济学院人口研究所成立后，敬之认为研究工作的第一步应该是在全国普及人口教育，扩大研究成果的影响，因此人口研究所应该出版学术专刊，以此带动同行，进而提高国民意识。为此敬之拖着病体又去四处奔走，去宣传和解释，争取到了校外很多单位对刊物的经费支持，终于筹集到了出版刊物的经费。这真像俗话所说：一个篱笆三个桩，一个好汉三个帮。学术刊物的具体编辑工作主要是由魏津生和郑杨川同志负责，他们组织征集稿件，修改校对，落实具体编辑事务。敬之还亲自跑到人民日报出版社，请求出版社的老社长给解决出版问题。1981年，第一期《人口与经济》刊物正式出版，当时为季刊，后改为双月刊。《人口与经济》刊物阐述人口学的基本理论和历史，探讨人口学的新见解和理念，研究人口和人口学的发展方向，在研究和教学中都成为核心刊物，在社会上也起到重要影响，刊物一直出版至今，是首都经济贸易大学的重要学术刊物之一。

（三）雪中送炭：接受援助，加快进度

——接受联合国人口基金会的援助

作为世界上人口最多的国家，中国的人口问题既是个全国性

的问题，也是个世界性的问题。占世界四分之一的中国人口，影响着全球的经济和环境，举足轻重。因此日益严重的中国人口问题，不但引起国家的重视，也一直受到国际人口组织的关注和支持。联合国人口基金会不但义不容辞地援助了1982年的中国全国人口普查，还积极援助了一些高等院校的人口问题研究和研究人员的培训。当时接受联合国人口基金会援助的单位，大多是教育部直属院校，北京经济学院因为成立了人口研究所，创办了研究刊物，工作已经起步，加上敬之在国内外的学术影响，也被列在了国际援助的研究单位之一。那时北京经济学院人口研究所接受的援助器材有：1. 丰田面包车一辆；2. 电子计算机两台；3. 复印机、胶印机三台；4. 小型电子计算器30台；5. 其他研究仪器多件。以上各种仪器均为当时国内紧缺物资，总价值约在200万人民币以上，这在当时真是个天文数字。这些援助的器材和计算机就像及时雨，马上解决了我们研究工作的当务之急，也大大加快了我们研究工作的进程。

此外，联合国人口基金会还出资培训中国人口研究人员出国深造，北京经济学院送出至少6名研究人员，到埃及、菲律宾、日本、美国、英国等国家去深造和考察。联合国人口基金会还出资提供中国人口研究人员短期出国去美国、英国、法国、泰国等国考察访问，以学习和借鉴各个国家的人口政策和方案。联合国人口基金会还在国内多次举行培训班，培训各受援单位干部和研究人员。后来联合国人口基金会还资助了我们《中国人口》丛书英文版的翻译和出版。联合国人口基金会驻京专家默顿斯先生还亲自为敬之的三个研究生讲授了国际人口学课程，全所的研究人员都来听课，以提高人口研究的国际化水平。这一切，对刚刚起步的中国人口学研究，真是雪中送炭。

由于接受了人口基金的援助，为国家和学校节约了大笔资金，对北京经济学院人口研究所的基础建设、人才培训以及研究工作的快速起步起到了不小的作用，让我们受益匪浅。那时我们人口研究所承担的各项研究任务，以及以后的发展，基本上都是我们自筹资金，很少给学院添麻烦。君无戏言，敬之从来都是说到做到，从不食言，他的为人做事，我是十分地佩服。

（四）时代之命：《中国人口》，零的突破

——编写《中国人口》丛书，第一部全国区域性人口学概论

1982年，中国进行了建国以来的第三次全国人口普查，前两次的人口普查是1953年和1964年，时隔了18年之久。这时中国施行计划生育政策已三年有余，人们亟待着普查结果。所以在中国人口普查的第一次机器汇总资料即将出版的时候，大家都很关心和期待，学术各界也是众目睽睽。在国家教育部召开的所有在京受联合国人口基金会援助单位的会议上，教育部提出应该利用这次中国人口普查资料，编写出全国和各省区的区域人口概况。因为中国人口增长很不均衡，有都市化的倾向，因此各省区的区域人口概况可以对国家规划人口增长提供更具体的区域性数据和依据。这项提议受到与会同志们的一致赞成。但是哪个学校或单位能牵头承担这项任务呢？会场内各单位的同仁们都沉默了，面面相觑，无人应承。

大家都清楚，编写全国和各省区的区域人口概况，这是个高、难、大的课题。我国陆地面积约960万平方公里，地大物博，有种类繁多的地貌类型，地上和地下蕴藏了丰富多样的自然资源，地理条件丰富多样，编写31个省市自治区的人口概况分册，实非易事，任务之繁重复杂，工程之浩大，挑大梁的非能人莫属，这时真是“千军易得，一将难求”。这次会议是我替敬之参加的，我想到敬之在解放初期曾承担过《中华经济地理志》丛书的编写工作，干得十分出色，同行们都非常首肯。我知道他的能力、经验和影响力，我相信他能够承担如此重任。与会的同仁们也都同意，认为敬之是最合适的人选不过了。这时教育部也表态，愿意让敬之承担起这项任务。可我一个人不敢做这么大的主呀，没敢马上应承，表示得回去征求了敬之的意见再说。

会后回到北京经济学院，我向敬之汇报了会议的情况，希望他能挑大梁主持编写全国和各省区区域人口概况项目。敬之沉思了好一会儿，觉得课题重大，需要点时间考虑一下。然后他进行了几个星期的大量查阅和思考，才胸有成竹地对我说：“我可以承担这项任务，这其实正是我们现在应该做的项目，但我有三个条件，第一，要由教育部、国家计生委、国务院人口普查办公室联合发一个红头文件，发到各省市自治区，指明这个项目是国家任务，希望能得到地方上的支持；第二，要成立总编委会和各分册编委会，总编委会的顾问、正副主编和编委均要由教育部任命，也好名正言顺；第三，要国家拨一笔研究经费，作为项目专用。”我马上向教育部转达了敬之的意见。敬之的条件提得合情合理而且具体到位，教育部都同意了。很快一份红头文件就下发到各省市自治区，总编委会顾问、编委及主编、副主编的任命书已到手。正如众望所归，敬之被任命为《中国人口》丛书的主编，还有四个副主编，我是四个副主编之一，做编委会的组织工作。总编委会成立，下设编委会办公室，任命魏津生和徐绍雨两同志为编委会办公室正副主任，郑杨川同志为秘书。

君子一言，驷马难追，既然接了重任，敬之马上就着手工作了。他首先在我们简陋的研究所办公室里召集了全体编委会议，从制定总规划入手：1. 拟定《中国人口》的内容，包括丛书总论和31个省市自治区分册共32册；2. 组织建设：成立了总编委会和31个分册编委会；总编委会和各个分册编委会的关系是学术指导关系；3. 设立工作程序：第一次编委扩大会议，促进各区域分册编委会的成立；第二次编委会扩大会议，落实《中国人口》章节内容；4. 召开各章专题讨论会，培训干部；5. 典型引路，全面铺开；6. 具体验收成果，质量把关；7. 稿件最后讨论修改和定稿。为了拟定这个《中国人口》丛书的编写计划（大纲），我们用了很多时间，研究，讨论，反复修改，定稿。这个计划（大纲）完善具体，提纲挈领，对于《中国人口》丛书的顺利完成，起了关键性的引导作用，是个纲领性的文件。即使在敬之去世之后，我们仍然按照这份纲领和原定计划，肩负着敬之的意愿，继续开展工作，并顺利完成全部编写工作。

1982年底，在北京召开《中国人口》丛书第一次编委扩大会议，总编委会和各省市的领导都参加了会议，主编孙敬之，虽然身体不好，但仍然抱病出席了会议。会议文件和计划书是我和敬之共同撰写的，号召各省市自治区要广集人才，尽快成立各分册的编委会，组织开展《中国人口》丛书的编写工作。1983年初，我们召开了第二次《中国人口》丛书编委会扩大会议，各省分册编委会的主编和副主编们参加了会议。大家讨论落实《中国人口》丛书的章节篇目以及具体编写内容。这次会议敬之因病已住进医院，所以多数会议文件，是我在医院病床边和他一起撰写的，会议是我和其他副主编联合主持的。经这次会议讨论确定，《中国人口》丛书是区域人口研究性质，包括人口学的全部内容，共计15章，确定了《中国人口》丛书的编写框架。1983年下半年，在敬之因病去世之后,《中国人口》丛书的编委会开始了分章专题讨论会。分章专题讨论会是由各分册的编委主持召开的，先由编委们和编写人员写出该章节人口概论的初稿，然后由大家充分讨论鉴定，确凿数据，再逐字逐句修改后定稿。《中国人口》丛书的编写工作就这样顺利地开展起来。

1984年,《中国人口》丛书编写工作已全面展开，编写工作在丛书的编写计划（大纲）的引导下，有条不紊地进行。有些省的分册已接近完成。总编委会召开成果验收会，会上推荐了几个完成初稿的分册，如《湖南省人口》分册、《江苏省人口》分册以及《北京市人口》分册等，经过大家的共同讨论修改，最后定稿。我在丛书编写过程中，担任《北京市人口》分册的主编，除了自己担任有关章节的编写任务外，还组织大家共同参与编写，召开会议，充分讨论，认真修改，广纳大家的意见。《中国人口》丛书总论是全书的重点，由总编委会负责编写，我们还邀请国内其他的一些人口学方面的专家共同参加编写。我对总论分册的质量还是十分满意的，提纲挈领，数据精准，作为中国人口学研究的新模式，它起了画龙点睛的作用，的确代表了当时中国人口研究的水平，也凝聚了中国第一代人口学家的心血。那时，电脑还没有普及，这浩浩荡荡几十万字的初稿，都是我们一个字一个字爬格子手写完成的。

因为我过去的组织工作经验，在编写期间，我除了担任与丛书有关的编写任务之外，还担任了《北京市人口》分册的主编，我还负责整理每次编委扩大会议的文件、会议纪要等，我还参加了每次分章专题讨论会和各省市区分册的审稿定稿会议，考察进度和质量，并敦促稿件，因此大家都开玩笑地称我为“催命三郎”。为了与各分册的编写人员们取得联系和交流工作经验，我还编写出100多期《中国人口》丛书的编写简报，发送给总编委会和各分册编委，向大家报告编写进程和动向，使整个编写队伍齐头并进，起到《中国人口》丛书编写信息的交流和推动作用。

《中国人口》丛书这么大的研究编写工程，工作量很大，在没有专职的辅助人员和专用办公室的条件下，所有事务性工作，如编写简报，汇总稿件，发送信件，邮送材料，组织会议，安排车辆，等等，都是我和同事们亲手去做。我的家既是编写办公室，又是仓库，有时还是招待所。各个分册的编委来北京处理稿件问题时，有时就住在我筒子楼的家里，我还要招待他们吃住。虽然我不擅长煮饭烧菜，也没时间出去采买，可又没有其他办法，也罢，兵来将挡，水来土掩，我只有硬着头皮，点起煤气罐，快刀旺火，马马虎虎，凑凑合合地待客，好在我的同仁们都不挑食，谁也没有抱怨过。就这样，只要是工作需要，不管事大事小，我都是来者不拒，兢兢业业，投入了全部的精力，用尽了十八般武艺，为的是让《中国人口》这本经典巨著早日问世，以弥补中国人口学研究的一项空白，以此带动中国人口学研究的丰富和发展。

经历了一番艰苦的工作,《中国人口》丛书这套历史性的丛书，从1982年开始酝酿，终于在1985年出版完成，到1990年底,《中国人口》丛书的31分册也全部出版完成。《中国人口》丛书的出版，一时在国内外引起很大反响。这套丛书是新中国成立以来第一部完整的全国区域性人口学概论，为全国的全面经济建设提供了充实和具体的人口经济学数据，倾注了中国第一代人口学家的心血和汗水，也呈献了佼佼学子们的拳拳报国之心。1988年5月,《中国人口》丛书首发式和新闻发布会在人民大会堂隆重举行，全国各大电视台和报纸及新华社都进行了报道，在国内外引起了很大反响，也表现出整个社会对我们工作的高度关注。《中国人口》丛书成为了中国人口学里程碑式的文献，成为了人口学的经典之作，也标志着中国的人口学研究进入了一个新的阶段。这套丛书获得了全国高等院校首届人文社会科学研究优秀成果二等奖，堪称当之无愧，我们也大战告捷，创造了零的突破。

（五）鸿鹄之志：经济人口，齐头并进

——组织和编写经济地理理论丛书，完善人口学研究

中国经济的发展一直伴随着人口、资源和环境的一系列重大的相关问题，十分复杂。人口规划、资源开发、国土整治、城镇化、产业转移等问题，无一不是与中国经济地理密切相连的。因

此，要认识中国的人口问题，要从经济地理开始，这包括环境、资源、人口、粮食、能源、运输、工业化和城市化等多个领域。

敬之和我都是学地理科学出身，都毕业于北京师范大学地理系，都是大半生从事经济地理学研究工作，虽然1979年返回北京以后，主要集中精力于中国人口学的研究，但是我们对经济地理学的研究也从未放弃。因为人口和经济这两个领域是相辅相成，因果相连，环环相扣的。规划人口和发展经济之间的平衡关系，是国家经济发展至关重要的环节。丈夫孙敬之是中国现代经济地理学的创始人之一，早在解放初期，他就曾经编写了100多万字的中国经济地理学的第一部教材，在中国人民大学地理教研室工作期间，他还开办了多期研究生班，培养了新中国第一批经济地理学人才，他写的经济地理学文章和著作可圈可点，被引用著录。现在虽然在开创人口学研究，但他对经济地理学的关注和兴趣也逐日剧增，他觉得经济地理学研究对进一步理解中国人口问题是必不可少的一部分。

现在有了研究团体，有了国家的重视，我们觉得能力上也游刃有余，于是就一起筹划准备，组织了全国地理学界的同行们对经济地理学的理论进行总结和升华。我们的愿望是总结近年来经济地理学的理论演变和实践经验，编写出一整套新的经济地理学理论丛书，包括《经济地理学导论》《工业地理学》《农业地理学》《运输地理学》《人口地理学》《城市地理学》等多卷本科学论著，以益于地理学的科研和教学。从1979年到1983年，我们忙里偷闲着手完成并出版了《经济地理学导论》和《运输地理学》，其他各卷的稿件也在组织编写之中。但非常不幸的是，这套丛书由于1983年敬之的逝世而搁浅，一直未能完成，至今尚未全部完成。我曾计划于古稀之年着手完成，但由于其他工作纷至沓来，一直未能实现这个计划，这也成为我人生中的一大憾事。

（六）开拓创新：区域人口，交流平台

——编《中国各省区域经济地理》丛书，办中国经济地理科学教育研究会

编写完《中国人口》丛书以后，我们马上想到要更新和重新出版《中华经济地理志》丛书。敬之在解放初期曾经主编了《中华经济地理志》丛书，这套丛书为新中国的经济建设和教学研究起到了很重要的作用。但当时经济地理志是按照大区域的经济地理情况编写出版的，共有十多册。事隔三十余年，国情变迁，人口翻番，经济改善，数据更新，这套丛书里面的资料数据已经陈旧过时了。为了给国家提供最新而且更具体的区域经济地理资源概括，我们决定利用新资料和信息，重新编写《中国各省区域经济地理》丛书，不再按照大区域的编写方式，而改为每个省市自治区一册，包括总论共计32个分册，我们要用现有更新更具体的资料和数据，使丛书充分反映各区域地区最新最详细的资源概况和经济现状，以更适合当前中国经济发展的需要。

编辑《中国各省区域经济地理》丛书，在敬之的倡导下，得到全国各地区经济地理学家们的积极支持和参与，于是《中国各省区域经济地理》编辑部于1982年在北京成立，由敬之任主

编，我是编委。我们都明白这套丛书的实际应用性很强，当时中国的全面经济建设正在起步，各省区域经济地理的概况的确能解当务之急，所以原班人马，大家齐心合力，工作进展得很顺利，《中国各省区域经济地理》丛书32个分册很快由商务印书馆于1985—1989年陆续出版完成，其中由区域经济地理学家刘再兴同志执笔的总论分册，还荣获了全国哲学社会科学成果二等奖，这对全体作者们都是极大的鼓舞，也证明这套丛书受到了国家和科技界的肯定，一定会对国家的经济发展、科研和教学发挥重大作用和影响，是我们的骄傲。

1982年，的确是丰收的一年，动乱已过，经过了科学的春天，犹如十年一剑，我们在人口学和经济地理学领域很快都已初试锋芒，有所收获，这时的中国经济也在全面迅速发展，我们迎来了科学界的盛夏，科研界人人精神焕发，百舸争流。因为那时还没有计算机网络等信息交流手段，为了进一步使全国广大的经济地理工作者们有一个更好的交流和切磋平台，1982年，敬之在《中国各省区域经济地理》丛书编委会的基础上，倡导并成立了中国经济地理科学与教育研究会，敬之担任第一届会长，我一直担任该会的常务理事。研究会一时成为当时全国经济地理学研究的交流和信息中心，每年我们都举办学术会议和交流活动，全国各地区经济地理学者们踊跃参加，大家共同探讨经济地理的发展内容和方向，互相学习，相互启发。敬之在世时的几年里，他每次都亲自参加学术会议，做报告，写论文，出计划，提建议。我也每次都提交自己的学术论文，了解大家的研究进展，得到充实的启发，很有教益。每次学术活动后，研究会都出版会议论文集，丰富了经济地理研究的文库，对经济地理研究和教育起到很好的推动作用。这个研究会一直持续到2000年，开展了整整18年的全国经济地理研究的学术活动。

（七）尽职尽责：组织创新，归纳总结

——创办北京人口研究学会，出版《人口科学论集》

还是在1982年，北京经济学院人口研究所成立以后，在北京市计划生育委员会的支持下，北京市成立了北京人口研究学会，敬之出任第一届会长。当时的计划生育工作，是个全新的理念，是个极富挑战性的课题，在中国是一个史无前例的新观念，在当时也是一个能够尽快解决人口问题从而振兴和平衡发展国家经济的救急办法，可这个课题也面临着巨大的困难和障碍，我们面临着几千年的传统观念和封建意识、厚重的文化习俗、众多的民族差异，以及虔诚的宗教信仰等多种挑战，行路很不容易。自从1979年，中国政府正式推行了“一胎化”的人口政策，已经给中国迅猛的人口增长带来了巨大影响，根据2010年第六次中国人口普查，年增长幅度比解放初期已经明显下降。但在1982年，中国人口正在走向13亿，自然资源也在继续减少，国家经济实在难以负重，这时社会上对人口政策的负面议论也很多，人口政策何去何从，很有争议。敬之就在这时出任北京人口研究学会会长，他的确是临危受命，任务很重。他觉得中国的人口规划无疑应该是建国的长久之策，但具体政策则要视国情而变，随发展而逐步完善，要不断通过人口普查，对人口增长的幅度和结构的观察以及对经济发展现状的了解，来不断考核和更新具体政策，什么时候都不应该一锤定论，过早下结论。因此他积极倡导

开创性的探索和探讨，组织各种学术活动和交流讨论，主张科学制策，广取民意，以促进人口学研究和计划生育工作的不断深入。我们一边学习一边研究，做了大量的考察参见，广读博览，四处借鉴，统计推论，讨论建议，尽力要为人口学研究和中国的计划生育工作和政策提供数据和理论，进一步把理论回归现实，推动普及人口教育的工作，以理服人，提高国民的人口意识。

敬之回北京后，除了承担许多重要的国家级研究任务外，参与各种人口学研究的开拓和组织工作，出于他普通学者的本色，他还陆陆续续撰写了多篇人口研究的论文，包括《解决中国人口问题的根本途径》《从人口地理学看计划生育》《中国人口与国土资源》，等等。1982年底，在魏津生等同志的建议下，我们把这些文章集中起来，和当时国内一些很有学术影响的人口论文一起集成《人口科学论集》出版。《人口科学论集》在魏津生等同志的努力下，很快出版了。文集收录了敬之的多篇论文，为国家的人口规划和计划生育工作提供了理论依据，丰富了人口学研究的资料和文献，也进一步促进了人口学界的学术气氛。这里也深深地感谢魏津生等同志的爱心和厚望。对敬之来讲，是对他近几年研究工作的一个总结和整理，也像是他的一本工作日记，他很喜欢，我们也很高兴他的案头手边又多了一本新书。

1982年底，中国人口学界是喜上加喜，第一次亚洲议员人口会议在北京人民大会堂隆重举行，中国人口问题的研究终于与国际接轨了。亚洲各国的人口学专家们第一次聚会北京，共同探讨人口问题，很显然人口问题已经不只是中国一国的问题了，许多亚洲国家都有着不同的人口问题，期待着与中国交流。这次会议的主要目的是要唤起亚洲各国对人口问题的关注和研究。敬之和我均作为代表出席了这次人口会议。敬之在大会上宣读了《中国人口分布》的论文，他认为由于人口分布和发展的不均衡性，只有了解了区域性的人口分布，国家才能进一步制定出具体因地而宜、符合国情的人口政策，才能与国家的经济发展相帮相符。他的论文引起了大家很好的反响，掌声热烈。当时敬之虽然有病在身，但精神很好，他全程参加了会议，还出席了国务院为招待各国人口议员举行的晚宴。

宴会上，我和敬之坐在一起，他高兴地对我说："你看，现在人口问题研究真正受到了国际和国内的重视，在中国成为了堂堂正正的一门科学，不用再'犹抱琵琶半遮面'地搞研究了，这种感觉真好。"他停了一下又说："现在你就理解了这门科学的实用性有多强，我们应该借着这个新形势，多做工作，让中国的人口政策更加完善合理，也给世界各国做一个好的先例，我们的任务还很重，得要加紧。"私下一向儒雅少语的他，今天的话特别多，参加了几天的会议又做了报告，让他看上去有些疲倦和憔悴，岁月不饶人，70多岁的人看上去又苍老消瘦了许多，脸色有些苍白，他持着杯子的手干枯的青筋暴露，还有些微微颤抖，但是倦意和病态掩不住他的兴奋和开心，他时而若有所思，时而侃侃而谈，眉宇间流露一种我很熟悉的气质，那是他年轻时的那股"欲上青天揽明月"的咄咄英气，而他眼神则坚定而自信，不禁让我回想起我们西下兰州时他的眼神，那种"义士不成不能归"的眼神。他的眼神依旧年轻、热情、睿智、执着和率真，多少年里，我一次又一次被那眼神吸引和打动，从那眼神中找到希望和力量，今天我又一次被他感染了，和他举杯一饮而尽。

就这样，从1979年到1983年9月敬之去世，短短四年时间里，我们做了很多很多事，做了许多过去想做而没能做的事，我们一起开拓了很多个新的研究领域和项目，完成了很多著作和论文，学术上成果累累，事业上取得了大丰收。这些书写、编写、组织、出版和交流工作听上去挺枯燥，可这是国家的需要，未来的需要，是我们的专业，我们的爱好，我们的事业，我们生命的意义所在，我们干得如痴如醉，津津有味。回想起那几年，我和敬之并肩工作，志存高远，又脚踏实地，在工作上相辅相成，携手并进，在学术上相互学习，兴趣无尽，在生活中相互照顾，无怨无悔。那真是我生命中最忙最累的几年，也是最有收获的几年，更是最充实最令人回味的几年，那是我生命中一段最美好的回忆。

第14章

老骥伏枥

（1983—2004）

（一）背水一战：出师未捷，痛失夫君

——将《中国人口》丛书列入国家重点规划，丈夫病逝

1983年的初春时分，四季分明的北京正是一年中最冷的时节，天空阴沉，从西北塞外刮来的寒风长驱直入，呼啸着在北京的天空和地上盘旋，光秃秃的树枝在风中颤抖，地上残雪未化，外面寒气逼人，滴水成冰。我们筒子楼里的住室十分简陋，大门洞口挂着个大门帘也不管用，冷风依旧带着沙尘从走廊里，从门缝和窗户缝里钻了进来，暖气又不足，窗子上结着冰凌，水泥地上泛着潮气，屋子里总是暖和不起来，披着大衣，我的手还总是冷冰冰的，晚上只能躺在被窝里看书写稿。几天的工作劳累，丈夫在夜里又挑灯夜战，长时间地写作过久，他病倒了，咳嗽得很

厉害。我心里暗暗叫苦，他病得可真不是时候，这是我们《中国人口》丛书编写最忙的阶段，大家都在争分夺秒地工作，缺了他这个领军人物怎么行。

敬之他自己也怕因病影响而耽误工作，就到校医室去看病。没想到，74岁的他打了抗菌素庆大霉素针以后，肾功能严重受损，出现了血尿和浮肿，住进了北京朝阳医院，他真的病倒了。他这一病如山倒，他所有的工作都一下压在了我的身上，我有些喘不过气来了。丈夫从事教育和研究近50年，他严谨的工作和治学态度永远也不会改变，就是在病床上，他依旧支撑着虚弱的身体，还在天天认真地检查和敦促着《中国人口》丛书各项编写工作的进展情况，每天提出很多具体要求和指示。我晚上在医院里陪床，只能在椅子上睡三四个小时，白天还要照常工作。我天天在医院和学校之间奔跑，坐着公共汽车来来回回，传递指示，汇报情况，讨论稿件。我已经是近60岁的人了，年纪也不饶人，只能咬着牙拼命地支撑着。我常跟丈夫开玩笑，“我的鞋都跑掉了，腿都跑短了”，我心里还一直在安慰自己，“再坚持一下，再坚持一下，等天气暖和了，等敬之好起来了，一切就会好了”。

1983年的春天终于姗姗而来了。北京的冬天很长很冷，干燥多风，而夏天闷热，春天却很短，像昙花一现，瞬间即过。当和煦的春风一扫沉重的寒气之后，天气会很快地热起来，暖气刚停，人们刚脱掉棉袄后，很快就得换上短袖衫。所以北京人都很珍惜那短短的，不冷不热的一个多月，正是春暖花开，全家携儿带女郊游踏青的日子。尽管外面风和日丽，京城处处柳树新绿满枝，路边花簇含苞欲放，可北京靓丽的春天和那难得的景色与我似乎一点也无缘，我的心情还是迟迟好不起来。天气好了起来，可丈夫的病情似乎更重了，人更加虚弱无力了。我天天为他的病况担心发愁，天天去医院探视，天天失望而归，我心里似乎还生活在萧瑟的冬天里。不知有多少次，一走进医院那长长的走廊，我的心就在一点一点地沉陷，像是走进了无尽头的隧洞，不知道今天等待我的是什么。这里似乎看不到尽头，没有希望和光亮，只有医生那没有表情的脸，打着官腔的声音，以及既无可奈何又无能为力的样子，让我的心一点一点地发紧。走廊里那昏暗的灯光，噪杂的人声，病人们苍白的面孔，到处弥漫着浓重的药味，越发让人感到郁闷和惆怅，我真的很害怕，觉得自己一人孤立无助，这个世界真是很冷酷无情。

这一年的春天，中国社会科学院在北京召开国家科学规划会，挑选和审定国家重点科研项目和规划。这时天气虽然暖和了起来，可敬之的病却加重了，他已经衰弱得不能下病床了，他就命令我代表他去参加国家科学规划会，并提出要我在会上努力争取把《中国人口》丛书和《中国各省区域经济地理》丛书列入国家重点科研规划，因为这样才能得到国家的重视和帮助，才能加快编写和出版的进程。我虽然多次替夫出征，也都能胜任，但这一次我却非常为难。这是全国性的科学审定会议，有成百上千的科研题目待审，我实在是没有把握。我对丈夫说："能不能列入到重点，不能咱们说了算啊。"敬之生气地说："这丛书的重要性，你比谁都清楚，丛书需要加快出版进程，这次要是列不上国家的重点规划，你就别回来见我！"丈夫从来都是军令如山，这次更是有些强人所难，为什么这么急呢。看着他消瘦苍白的脸颊，我心里有些不祥的预感，或许丈夫已经感觉到他的时间不多了？不会的，他是个什么也压不垮的人。我不敢多问，可也不敢多想，心里很乱很酸，只好咬牙忍泪，忍辱负重地去参加了国家科学规划会。无论如何，要想办法争取将《中国人口》丛书和《中国各省区域经济地理》丛书列入国家重点科研规划。

在规划会上会下，我不断地向大家介绍《中国人口》丛书和《中国各省区域经济地理》丛书的重要意义，我见缝插针，见人就讲，说的是口干舌燥。但到底能不能列入重点规划，会议上最初还是有争议的，有人认为编一套丛书，又不是创造原子弹和卫星，不能算是科学创建，不应该列入重点科研项目。我急了，极力争辩着说："这些书与一般书可是不同的，这是中国第一部人口和经济地理方面的专著，而且是全国性人口和经济的经典科学著作，它填补了一项科研空白，这应该就是创建。现在中国人口问题日益严重，这丛书确实具有时代意义和实用价值，国家现在需要这套丛书，不能再等了。"因为当时中国人口问题的严重性已经不容忽略了，已经是大家有目共睹的事实，终于在最后大会总结时，与会的科学家们认同了两套丛书的重要意义，把它们列入了国家科研重点规划，我一直悬着的心才放回肚子里。与会的专家们都跟我开玩笑说："不简单，你是舌战群儒，过关斩将，才取得了胜利。"我只能苦笑以对，他们哪里知道，我这是背水一战，只能进，不能退，不然交不了差，因为在医院里还有一个等待消息的病人呢。我默默地祈祷着，但愿丈夫一高兴，病就会好起来。会议结束后，我急急忙忙奔回医院，兴奋地向敬之报告，两套丛书均被中国社会科学院列入重点科研规划，并解决了出版问题。敬之高兴地笑道："我知道你会办成的，不用激将法，不给你点压力，是怕你不认真地办。"我听了真是哭笑不得，看着他消瘦的脸上那一丝笑容，我的鼻子酸酸的，嗓子有些哽咽。

虽然《中国人口》丛书的编写工作在顺利进行，可是敬之的病情总不见好转，让我心情总是很沉重。当时的中国知识分子都是穷书生，没钱，没势，没权，没有显赫的地位，加上“文化大革命”毁坏了很多的文明理念，使很多人唯利是图。人们看不到知识分子的宝贵价值，“臭老九”之称也彻底毁坏了他们的声誉，所以中国的知识分子那时很不受社会的重视和尊重，从做人的尊严来讲，他们的确在社会的底层，他们的生命当然也不值钱，无所谓。医疗水平和医院治疗条件差且不说，主要是医生们的治疗态度很不积极，一拖再拖，自己治不了，也不愿麻烦请专家会诊，也不愿想办法，就连输血，都得我们自己备车去郊区的血库取血，解放初期医务人员的那种尽职敬业精神已不复存在，这也是“文革”的后遗症之一，我看了觉得可叹可悲，为丈夫的病情担心害怕，我又不懂那些错综复杂的人际关系，是求助无门，十分无奈。

1983年8月18日夜里，由于肾功能衰竭，导致心力衰竭，敬之突然陷入昏迷，就再也没有醒来。在那个漫漫长夜，在他弥留之际，我在他的病床旁绝望得紧紧地握着他冰冷的手，希望能用我的手温把他唤醒，把他留住。看着那张像是在沉睡的熟悉面孔，曾经是神采奕奕的脸庞，此时却是那样的苍白无神，我难过得心如刀割，泪如雨下，可却无能为力。几个小时后，在1983年8月19日凌晨，敬之终止了呼吸，永远地离开了他终身热爱的地理经济和人口学事业，抛下了难以割舍的多项刚刚开始的研究课题，留下了尚未完稿的《中国人口》丛书，骤然与世长辞了，时年73岁。

一夜之间失去了相濡以沫三十余年的丈夫，我伤心欲绝，那深深的痛苦真是用笔墨难以描述，像天塌地陷了，像黑夜间迷路了，像没有了家的孤儿，瞬时变得无依无靠，整个心都塌陷了。真是“出师未捷身先死，长使英雄泪满襟”，我不禁为自己失去了相依相伴的挚友和知音而悲痛，为我们的孩子们失去了慈父严师而难过，为敬之没能够亲自完成他的著书愿望而追悔莫及，也更为中国过早地失去了一位才华卓著的学子而万分可惜。可也就在与丈夫骤然永别的日子里，我瞬时感觉到了自己肩上的担子重了，责任重了。敬之走了，我还在，我不能倒下，更不能意志消沉，要走的路还很长，工作还很重，我没有很多的时间去哭泣，我一定要完成丈夫所承担而尚未完成的所有国家研究项目，这无疑也是他的遗愿，因为丈夫敬之是绝不会半途而废，他是个最有事业心的人，我要对得起他，对得起国家。想到这些，我擦干了眼泪，忍着悲痛和想念，和同志们一起继续着《中国人口》丛书的编写工作。我天天想着丈夫的音容笑貌，记着他的谆谆教诲，全身心地埋头工作。

忙完了一天的工作，晚上我回到家里，小小的屋子显得异常地空荡冷清，书桌前没有了丈夫低头阅读的熟悉身影，屋子里也没有了他翻动书页的动静，显得异常的寂静，真想和他说说话，可再也听不到他温和的声音了，他的老花镜永远静静地搁在了桌上。寂寞难忍，我只好坐在他的书桌前，默默地回想着三十多年我和敬之在一起的那些难忘时光，那些同甘苦共患难的日日夜夜。从北京师范大学研讨会上我们的初次相见，到他不屈不挠的求婚进行曲，到新婚燕尔，我们甜蜜简朴的日子，到儿女绕膝的家庭生活，到野外考察，两人风雨同舟，再到全家一起西下兰州，相互搀扶，一起熬过了血腥的“文化大革命”，之后，又一起携手重返故土，生活一幕一幕在我的脑海里像烁烁的流星般闪过，让人不禁时而微笑，时而垂泪，时而感慨，时而叹息。每个夜晚，都是那不尽的回忆伴着我凄然入睡，睡梦中的丈夫还是那样年轻，高大挺拔，眉宇间充满了书生意气，又稳重老成，从容不迫。他的幽默还是让我发笑，他的讲述依旧让我神往，他的眼神仍然让我温暖，他的声音永远让我感到安全。有时我梦到了书生少年的我们一同并肩走在北平的街头巷尾，有时我们跋涉在塞上的旷野，一起考察着高原沙漠，那滔滔黄河，皑皑雪山，茫茫戈壁，塞上明月，还有古老敦煌神秘的影子，影影绰绰，一起融入了我的梦中。

就这样春去秋来，时光如流，几年的时间在忙忙碌碌中，在对丈夫不尽的回忆中过去了，就像丈夫依旧在天上为我们运筹帷幄，丛书的编写工作在顺利继续，由于两套丛书均被中国社会科学院列入重点科研规划，并解决了出版问题，更如快马加鞭，在我和同事们的齐心努力下,《中国人口》丛书和《中国各省区域经济地理》两套丛书，按照敬之生前制定的编写大纲和计划，终于在1985—1986年间全部陆续完成编写并正式出版了，这项工作为我们国家的经济建设和人口计划提供了及时、精准、宏观和地区性的数据与理论依据，很有分量和时代意义。不出所料，两套丛书都获得了很好的社会和国际反响与效应，也获得了国家的奖励，真是不负众望。

现在,《中国人口》丛书和《中国各省区域经济地理》这两套丛书静静地陈列在我们的书架上，像两枚勋章，它们让我骄傲。抚摸这两套丛书，总是让我百感交集，它们凝集着我们中国第一代人口学工作者的心血，是我们精神的象征，它们对中国未来经济发展的影响无疑是不可估量的。它们是我们献给国家的又一份厚礼，也是对我们人生的一种纪念，更是对敬之的一份崇高的祭奠，现在我终于可以告慰敬之在天之灵，夫君你可以安息了，我们实现了你的愿望，我没有让你失望，也不会让你失望的。

（二）走向世界：中国人口，接口国际

——《新中国人口》一书及其英文版的编写，出版《中国人口》丛书英文版

大概是在1986年，由于《中国人口》丛书的国内和国际影响非常大，美国麦克米伦公司出版社（McMilan Publisher）提出，在美国出版一本《新中国人口》英文版，主要介绍1982年人口普查后中国人口的概况。美国一直就对中国人口和人口研究很关注，早在20世纪80年代初期，就曾想与中国合作写《中国人口》，并派美国夏威夷东西方研究中心的学者来中国找到敬之和我，寻求中方的合作，并邀请我们访问夏威夷，进行学术交流。在当时的政治形势下，中美关系还没完全解冻，中国和美国打交道还要很小心，搞中美合作项目，还得冒点风险。果然，敬之打了报告给北京市，北京市领导回复说：暂时不接受美国的合作。大概也是因为家丑不可外扬的原因，大笔一批，让我们失去了一次让中国人口研究工作走向世界的机会。直到几年以后，80年代中期，对外交流才终于放开了，中国从此接受了联合国人口基金

会资助，这帮助了中国人口普查，并资助了许多院校的人口研究项目。《中国人口》丛书也被列为资助的项目之一，国际性的人口研究在中国才成为可能。

我一直觉得科学研究没有国界，特别是人口问题，因为我们都生活在同一个地球，共同分享着有限的自然资源，因此中国的人口问题无疑也是个世界性的问题。中国目前的人口规划模型和计划生育政策，无论社会上的褒贬质疑，对我们自己和世界各国都可以成为一个借鉴，可以起到抛砖引玉的作用，因此出版《新中国人口》英文版是一个国际学术交流的好机会，对国家对全世界都有好处，会使中国人口科学研究更丰富和成熟。于是我和同事们原班人马，又开始了工作，继续整理和编写工作，以《中国人口》丛书为大的提纲和依据，很快编写出了《新中国人口》中文稿件的初稿，经我和几位老同事审查以后，交由中国财经出版社翻译成英文版，然后交给了美国麦克米伦公司出版社。麦克米伦很快出版了《新中国人口》英文版一书，这也是有史以来第一本由中国人口学家编写的，全面介绍现代中国人口概况的英文版的人口学专著。《新中国人口》英文版的出版，起到了促进国际人口学术交流的作用，也提升了中国人口学研究的世界地位和影响，这让我很欣慰，我希望这仅仅是中国人口研究和世界交流的一个开始，一个窗口，一个平台，也衷心祝愿中国与世界的科技交流源远流长。

《中国人口》丛书中文版在1986年全部出版后，引起各方面的关注和兴趣，社会和国际的反响很好。中国人口问题影响着世界的经济、环境、能源、和平等问题，因此世界各国都很关注。

联合国人口基金会因此向中国提出，愿意进一步投资将《中国人口》丛书的32个分册全部译成英文出版。这个消息让我又一次怦然心动，又是一个好机会。让世界了解中国的全国人口概况，进一步了解中国的区域人口情况，也是顺理成章嘛。机不可失，为了让中国人口学研究再一次走向世界，英文并不娴熟的我咬着牙把任务先接了下来，然后再想办法解决翻译问题，俗话说“车到山前必有路”嘛。我首先请了首都经贸大学外语教研室的两位退休老师，参加《中国人口》丛书的英文翻译工作。两位老师原来都是从新华社调来学校的，英文功底很深，再由他们两位组织邀请新华社退了休的老翻译们一起参加丛书英文翻译工作，从而解决了丛书的翻译问题，这些新华社专业翻译人员很有翻译经验和能力，也保证了翻译的高质量。我和徐绍雨同志负责组织联系工作。联合国拨20万美元作为英文版的翻译和出版工作费用。英文版《中国人口》丛书32个分册终于很快完成出版了，由联合国驻京办事处向各国驻联合国机构发送。到此，我们又完成了一项使命不凡的工作。在这里非常感谢王德华、王聘余、徐绍雨三位退休老师的大力支持和组织，感谢郑杨川同志，挤出时间来管理丛书的财务工作，也感谢各位翻译专家们的努力，保证了《中国人口》丛书英文版的质量，这得到了联合国人口基金会的肯定和赞赏。

《中国人口》丛书英文版全部出版之后，《中国人口》丛书的工作就全部结束了，我支撑着继续做着丛书编写的收尾工作，认真地做了编写出版工作的全面总结，总结报告送交教育部、国家计生委和人口普查办公室，并召开了总结会议，邀请各位主编、各级领导和经济学院的领导参加。我全面地汇报了各项工作和援款的使用情况，以及联合国援助的器材的使用情况，总结了1982—1990年全部《中国人口》丛书的组织、编写和出版工作。这是工作的总结，成果的总结，也是对我和全体研究人员们全部心血的总结，我向他们送上了我由衷的感谢和敬意。

在总结会议做汇报的那天，不知为什么，我有些神情恍惚，想了想，大概是没有丈夫像往常一样坐在我身边，心里有些空落落的，很不是滋味，一起并肩工作了这么多年，我是多么想和他一起分享这个时刻，可惜丈夫没有能等到这一天。难过之余，我静了静心，抬眼望去，透过老花镜，我依稀觉得敬之好像就在那里，那熟悉的身影，高大伟岸，我是不会认错的，他默默地坐在人群里，在那里静静地凝神聆听，专注的眼睛里充满了赞赏和肯定，一丝微笑浮现在脸上。是的，我想是他，我大概也是在等他，因为这总结也是送给他的，是在向他呈上了一谏回师表，一番征战，我们全胜而归，功成愿满，我真的希望他能够满意，为我们骄傲。我深深地吸了一口气，开始了我的汇报。至此，我也总算是代表敬之和全体编写人员向国家交付了一份厚重的答卷。

1988年，丈夫离世已经五个年头了，我也64岁了，头发开始花白，视力和精力也不如从前了。正是夕阳无限好，只是近黄昏。按照规定我正式办理了离休手续。可我从来都是一个工作狂，在丈夫敬之去世后，我更是以拼命工作来排解失去亲人的孤独和痛苦，在工作中找到安慰，实在不想闲置在家，做个空巢老人，从此“寂寞养残生”。所以我退而不休，依旧继续参加各种人口和经济地理方面的学术研究工作，工作量并未减轻。除了努力完成人口学研究方面的各项科研和编写任务以外，我还积极参加经济地理方面的学术活动，如担任《中国各省区域经济地理》丛书的副主编，承担《江西省经济地理》丛书审稿任务，参加《经济地理理论》丛书的经济地理导论、人口地理等稿件编写工作，担任中国经济地理科学教育研究会的常务理事，每年都多次参加研究会的会议和学术活动，每次都力争撰写论文，参加该会的学术会议，尽力为推动经济地理的学术活动作点贡献。在1993年，敬之逝世十周年之际，中国经济地理科学教育研究会召开了纪念孙敬之的学术成就座谈会，以表示对一代杰出学者孙敬之的怀念，感谢他对中国的经济地理学和人口地理学作出的巨大贡献，与会的学者们都对敬之的学术成就给与了很高的评价，让我非常感动。当然这次学术座谈会更主要的是要促进学术交流，延续老一代科学家的研究精神，更希望地理学和人口学永远后继有人。

那一段时间，我几乎每天或外出参加会议，或坐在丈夫的书桌前疾书不停，努力工作，也充实自己。这些活动一直持续到2004年，我年近80，才完全退出工作。我多少年来努力工作，承前启后的精神，受到了同事、同行们的认同、赞赏和鼓励，给了我很大的安慰。1988年，我收到中国国务委员兼国家科委主任宋健同志写来的信，读了以后，让我感动得不禁潸然泪下：

慕真同志：

谢谢你寄来的《中国人口》丛书几个分册，这在中国人口学历史上是一件有重大意义的事。中国需要人口学，至少在今后50年至100年内这种需要是迫切的。《中国人口》丛书的出版，丰富了中国人口学的内容，提高了人口学的地位，为后代积累了资料，为决策提供了宝贵的科学依据。我向编委和编辑部的同行们，向各分册的作者们表示由衷的感谢和问候。

老一代科学家的离去，加重了我们的责任，你还在以前赴后继的气魄奋斗着。深望保重。

敬颂

大安

宋健

1988年3月10日

（三）缅怀同志：人口新书，以书念友

——出版《中国20世纪80年代人口变动分析》一书

1990年的春天，3月的北京似乎显得格外清新靓丽，这时的人口学研究和计划生育工作已初见成效，缓解了中国的人口危机，加上这一年《中华人民共和国环境保护法》的施行，使我们很高兴和宽慰，环境保护终于也有了章法，加上人口规划的实施，看来，我们这个千年古国，这里辽阔富饶的山川土地，这个东方巨人，终于有了新的希望和未来。

1990年初，《中国人口》丛书全部编写完成了，当工作总结会开过之后，已经是1990年3月份了，这时1990年全国第四次人口普查的新资料和数据已经统计出来了，中国的人口增长率明

显下降，已在预料之中。为了更新和补充1982年全国人口普查资料，总结过去几年的人口增长速度和人口分布，更好地了解中国的人口发展动向，动态地分析中国的人口现象，而进一步预测中国人口的未来发展趋势，我决定编写和出版一本《中国20世纪80年代人口变动分析》的书，为我的同事们提供一些人口研究的信息、角度和线索，也是为了纪念我的同仁，为《中国人口》丛书工作和奔波多年，最后因肝病去世的徐绍雨同志。

徐绍雨同志是我和敬之的老朋友和老同仁，他和我们一起为《中国人口》丛书勤勤恳恳地工作了多年。他对工作非常尽心尽意，和我们坦陈相待，人非常质朴和勤恳。在敬之去世后，他对我竭力相帮，尽了朋友和同志之谊，给了我很大的精神安慰。绍雨同志和敬之一样，一生默默工作，脚踏实地，不图回报，不求青史留名，为此我一直想要做一个研究项目来纪念和缅怀他，我希望历史能够记住他。《中国20世纪80年代人口变动分析》的各省人口分析部分仍然由《中国人口》丛书各省分册编委会编写，总论部分由我和有关同志分头写稿。《中国20世纪80年代人口变动分析》，利用1982—1990年人口普查资料，对比分析，动态地研究中国人口增长和变动趋势，内容包括最新数据，资料丰富完整，从发展和动态中了解和理解中国人口性质和现象，对《中国人口》丛书也是新版新资料的补充，全书共超过100万字。该书出版后获得了教育部颁发的科研成果二等奖，我很满意，以此书来缅怀我的同事和朋友，再合适不过了，这是同志和战友之间的敬意和敬礼，愿徐绍雨同志能够满意，永远安息。

到此，整个《中国人口》丛书的编写工作暂时告一段落，我这才长长地出了一口气，略略感到了一些欣慰。看着我桌案上厚厚叠叠的书稿和新书，想着这些年的忙忙碌碌，苦辣酸甜，心里真是百感交集，再仔细品味，这里有着一丝欣慰，一丝自豪，一丝怀念，但也有一丝孤独的失落。自古将士们征战归来，偃旗息鼓之后，当胜利的兴奋淡去之后，回想起鏖战之苦，想起了葬身沙场的弟兄，大概都是这种复杂的心情吧。

（四）缅怀夫君：以书念君，文如其人

——《孙敬之文集》和《孙敬之传》的出版

我和敬之刚刚回到北京时，由于学术成就和影响，国内和国际上的专家们亲自到北京来造访丈夫这位中国著名学者的人很多，丈夫的确是德高望重而且学术有成。我们陆续建立了很多国内国际的学术联系。1983年敬之去世后，国外学者们纷纷发来唁电，前后持续了两年多，让人十分感动，也常常触动着我内心对丈夫深深的怀念，我一直在想着用什么文人学者的方式来纪念一下他。

1992年，在敬之逝世后的第九个年头，敬之的学生和同仁们都建议为他出一本文集和传记，来纪念他们的孙老师，这也正合我意，用一本学术文集来纪念他一个佼佼学子，是再合适不过了。我花了大半年，搜集和整理了敬之的几十篇主要的经济地理和人口学学术论文，并聘请了北京师范大学邬羽光教授、中国人民大学郭振淮教授，我们三人负责编审，慎重地挑选了敬之的33篇学术文章，作为出版《孙敬之文集》的稿件。灯光下，我

又一遍遍阅读了丈夫的文章，又一次和他倾心相见，再一次感受到他儒雅的为人、严谨的治学、独到的见解，他的深思熟虑，字里行间的睿智敏锐，朴素而不浮华，真是文如其人。更难得的是国务委员兼国家科委主任宋健同志亲自为敬之的文集写了长长的序，他注重教育科研和爱护人才的诚意与热情，让我十分感动。丈夫从事教学和科研50余载，他的学术成绩能够被大家认同，被国家和社会重视，是他的骄傲，也是我们的骄傲。

作家王从军先生执笔认真编写了《孙敬之传》，他并不在乎敬之只是一介书生，两袖清风，并非高官达贵、名人政客。敬之的学术成就贯穿和代表着他的一生，他留下了许许多多的学术文章和著述，但没有很多的生平资料，而且与敬之同龄的老战友们，很多人经过十年动乱后也失去了联系，所以王从军先生不得不花了大量时间，仔细阅读敬之的著作，研究理解，归纳总结，他还进行了艰难的采访和搜寻，访问了很多敬之的学生和同事，做了大量的工作，终于完成了《孙敬之传》一书的编写。敬之的好友们、同仁、学生、女儿和我都写了纪念文章，一同编入了《孙敬之传》。

女儿是一边哭一边写完了对爸爸的纪念文章。敬之生前最喜欢这个最小的幺女，中年得女，加上小女儿又聪明伶俐，敬之对她是疼爱有加，百般呵护，把满满的父爱体现得淋漓尽致。小女儿小时候体弱多病，敏感害羞，又多愁善感，爸爸对这个娇弱的“小公主”永远是带着微笑，永远是非常专注，永远是和声细语，永远是有求必应。他常常背着她去公园游玩，稍长大一点后，又天天拉着她的小手送她到小学念书，对她的关爱是无微不至。冬天放学回家，丈夫总是用他的大手捂暖孩子的小手，用手拢拢她被风吹乱的头发，认真地问寒问暖，有时还给她缝补衣服，钉扣子，洗手绢，让孩子处处感到了父爱。坐在爸爸的腿上，女儿也在观察聆听，爸爸做学问认真严谨，他的敬业精神，他的善良正义、为人的修养，他的一语一行，女儿都看在眼里，记在心上，点点滴滴都如春雨润物，伴着女儿长大，是爸爸从小教会了她做人做事要有主见，有信仰，有追求。对父亲，她感恩不舍，文字里充满对爸爸无尽的思念和感激。这也显现了敬之为人的温暖仁爱，为父尽义尽责的一面。

《孙敬之文集》和《孙敬之传》这两本书在1993年分别由中国财经出版社和新华出版社出版。《孙敬之文集》出版后，很受欢迎，它的科学价值，自然是有目共睹，自有公论。《孙敬之传》的反响也非常好。这两本书，从不同的角度，真实反映出丈夫敬之才华横溢又坎坷艰难的一生，表现了中国老一代知识分子献身国家和事业的热忱与追求，以及不屈不挠的精神和毅力。我和全家都深感安慰，由衷地感谢人口学界的同仁们、宋健同志、郭振淮和邬羽光教授，敬之的同事和门生们，王从军先生和两个出版社对敬之的尊重和支持。这两本书永远是我的心爱，自从出版以后，一直都放在我的案头，和我们的其他著作和书籍一起，如众星拱月，朝夕相见。见书如见人，这两本书给了我莫大的精神安慰和鼓励，我想敬之一定也很满意吧，没有什么比这两本书和我们一起编写的著作，更能让丈夫敬之为之骄傲了，历史终于为敬之的一生画上了一个可敬可叹的句点。

（五）老马识途：学者暮年，壮心不已

——承担《北京人口志》主编的工作

2000年前后，中国的人口规划工作依旧是旷日持久，虽然这时中国的经济情况已是日新月异，如日中天，可人们对中国的人口政策依旧各持己见，议论纷纷，很有争议。这一年，当我们人口学界的同仁们正在期盼着即将进行第五次全国人口普查，北京市政府指定我为《北京人口志》的主编，这时我已经76岁了，但是我想都没想，就毅然接受了这项任务。正是“老骥伏枥，志在千里，烈士暮年，壮心不已”。我剩下的时间也不多了，只要身体力行，我要活到老，工作到老，更何况，我们都很清楚，现在和将来的中国人口学研究还会是困难重重，我们还要努力。

当时中国国内地方人口志的编写，是全国各省市的一项重要资料统计工作，主要是为了给予国家关注和研究局部人口动向提供信息和资料。北京市统计局人口处全体人员参加了《北京人口志》的编写和具体事务工作。有了编写《中国人口》丛书的经验，我首先提出了编写提纲，经大家讨论通过后，再具体提出编写班子的人选，除北京市统计局人口处担任《北京人口志》的主要编写工作外，我们还邀请北京市公安局、卫生局、人口学会、北京大学等单位同志参加编写，由北京市统计局人口处具体组织邀请，大家分头编写初稿。我亲自参加《北京人口志》序论和《北京人口分布》稿件的编写。有了几次全国人口普查的数据和资料，有了编写经验，初稿很顺利地完成后，我们召开了多次编写

研讨会议，大家一起讨论初稿，然后由执笔者进一步修改，最后所有稿件交汇到我这里，由我这个主编最后修改定稿。

记得修改定稿的时间正是夏季，多面环山的北京有着盆地气候的特点，夏天十分闷热，这个夏天更是热浪袭人，屋子里热得像个蒸笼，偶然能有一场突如其来的雷阵雨，带来短暂的凉爽，稍微解解暑气。我用了三个月，带着老花镜，扇着蒲扇，关在家里逐字逐句修改着《北京人口志》的稿件，反复核对，一丝不苟。衣服被汗水湿了，眼睛疲倦了，我用凉水洗把脸，腰坐酸了，腿坐麻了，站起来，走一走，然后接着干，晚上常常干到深夜，用干了几瓶墨水，手指磨出了茧子，老花镜的腿也断了一次又一次。

这一年的秋天终于来了，晚秋时分秋高气爽，徐徐的微风一解暑气，令人顿时清爽。秋天是北京最美好的季节，美得像一首田园的诗咏，蓝天白云下，香山又是斑斓的红叶满山，北海公园依旧晚香秋荷满池，古都的天上燕儿缓缓南飞，街旁路边的秋菊含苞待放，空气变得湿润芬芳。这是我最喜欢的季节，是个沉淀收获的季节。就在这个丰厚的季节里，我终于放下了笔，揉揉眼睛，深深地吸了一口气，迎来了又一个丰收的喜悦，终于完成了最后的修改任务，交上了厚厚的定稿。整个《北京人口志》的编写工作，用了不到一年完成。但要等地方志的其他部分完成后一起汇总出版，所以《北京人口志》出版时间大约在2003—2004年。让人更欣喜宽慰的是,《北京人口志》赢得了大家的肯定和赞赏，并荣获了北京市和北京地方志编委会的优秀主编奖。

“最是秋风管闲事，红他枫叶白人头”，尽管我喜欢美丽醉人的秋天，喜欢她丰富斑斓的色调和回味无穷的气息，可是岁月不饶人，又是一年过去了，头发又白了许多。2004年，我已经80岁，满头青丝不再，敬之也走了20年。可是想到我这个年近八旬的“佘老太君”，依旧可以领兵打仗，挂帅出征，而且得胜而归，我很得意，我还不老，至少我的心还年轻，初心和脾气都没改，人老雄心在，全不差当年。高兴之余，我也十分明白，这大概也是我为国家完成的最后一项工作了，心里的确有些恋恋不舍。到此，我终于完成各项国家任务，交出一份人生满意的答卷，我的夙愿已圆，死而无憾了，是该解甲归田的时候了。我想，此时敬之也会非常满意而含笑于九泉了。

晚上，收拾完桌上的纸笔书籍，坐在丈夫的书桌前，有一种卸下甲胄后无所事事的感觉。灯光下，丈夫喜爱的君子兰在窗台上开着簇簇桔红色的花朵，空气中飘荡着一股淡淡的幽香，宽大墨绿的叶子，剑拔弩张，十分茁壮挺拔，刚劲的线条和娇柔美丽的花朵形成了强烈的对比，一刚一柔，一深一浅，配在一起很是好看。丈夫非常喜欢君子兰，不知是因为这花不娇贵，耐寒暑，能长久，还是因为它的名字清高大气，有韵味。丈夫和君子兰，人有风骨，兰有雅韵。抬头看看墙上的遗像，丈夫敬之静静地看着我，“久违了，敬之，你好吗？生命中感谢能有你的相伴，让我有了很多的勇气，少了许多的茫然和犹豫，谢谢了”。丈夫在那里默默无语，继续凝望着我，那善解人意的眼神，熟悉的微笑，若隐若现，十分温和安详，我看到那神情中似有一种认可和满意，一份会心和赞许。我不禁又对他说：“我尽力了，我没让你失望，你看，我也是一言九鼎吧。”一时间兴奋、感慨、悲伤、思念涌上心间，百感交集，我写下五言诗一首，以示庆贺和缅怀：

漫漫人生路，
浩浩人口图。
携手共砥砺，
并肩同承付。
征战惜离别，
回师人影孤。
琼台相见日，
联手著新书。

（六）人生反思：人生多憾，温故知新

80岁我住笔告退之后，脑子仍旧静不下来，每天最多的是人生的反思，回忆我风风雨雨的一生，重温那些与命运相伴的人和故事。人无完人，终有憾事，逝去的岁月是不会再回来了，人生中总有无法弥补的往事！我的心里充满了许多的遗憾。

一生中的愧疚，很多是对我的丈夫和我们的孩子。我总是觉得自己婚后没能在家里相夫教子，上厅堂下厨房，而一生都做了个职业妇女。而且我事业心忒强，总是多分心工作，没能专心地照顾自己的丈夫和孩子们，没能尽到一个好妻子的责任，现在想起来，经常后悔自责，觉得亏欠家人很多。我也常常问自己，如果1958年敬之的父亲去世时，我要是阻止他回老家探望，他还会受到那无情的“反右倾”政治运动迫害吗？我们回到河北省后，如果我不让他返回北京工作，他会过早操劳去世吗？没能做他的一个贤内助，替他遮风挡雨，我的心里总是很内疚，觉得对不起

敬之。我的孩子们也生长在动乱之中，随我们四处奔波，可我没能给他们更多的母爱和关怀，我很是愧疚。

还有，为了外出上学，完成学业，以及参加党的地下工作，我曾得到过许多老师、同学和朋友的无私帮助，倾囊而出，甚至舍命相救。都知道“滴水之恩，当涌泉相报”，更何况那真是情重如山，不能不报。参加工作后，我总想去看望和报答他们，可是忙于工作，报恩的愿望总是一拖再拖。我的父母对我无私的爱，是柔如深水，重如高山，无私无悔，可我只知道埋头工作，很少有时间去照顾他们，去陪陪他们。可惜的是时光不等人，最终这些报恩的愿望都逐一成为了终生的遗憾。当然最大的遗憾还是《中国人口》丛书（英文版）的发行工作没有完全完成，经济地理学的丛书也没有全部完成，等等，人生大概永远充满了不尽的遗憾。

我更多的遗憾，是这个时代和社会对知识分子的不平待遇。我一生亲眼见证了中国知识分子一个世纪的坎坷命运，他们的觉醒、贡献、磨难和牺牲，见证了他们的忠魂义胆和丰功伟绩。无论在最早的教育救国，最早的学生运动、抗日、反内战到中国的解放和建设过程中，中国的知识分子总是最早领悟、最早觉醒、最先站起来、最先加入、最早献身。无论在中国历史中的哪一个时刻，他们都在第一线，是革命的先驱和领军人物。我的六叔、小学邢老师、中学王校长、北京师范学校和北京师范大学的老师和同学们、老系主任黄先生、江龙基同志、我的丈夫……都是“学为人师，行为世范”的典范，懂得教育救国，文化救国，一生兢兢业业为国家育人，是我学会做人做事的人生之师。从五四运动的中国学生、李大钊、孙中山等革命先驱，到“反饥饿”“反内战”中我的同学和老师们、东风读书社我的社友们，从解放战争从军从政，解放后建设新中国我的学友同行们，人口学研究中我的同仁们，我看到中国知识分子总是先人而起，勇于献身，不辱使命，在任何情况下都对祖国怀着希望，有着读书人的忠诚和执着，希望能为国家增光造福，不计较个人得失，不计较条件艰苦，不浮华奢侈，只顾社稷，不在乎青史留名。可是，从秦始皇“焚书坑儒”，到十年浩劫，使千百万文化学者被摧残，无数的古迹庙宇、国宝文物、珍藏书籍……被毁于一旦。中国漫长的历史和现实，不断地重蹈覆辙，从未眷顾过有识人士，这实在是太不公平了，这大大地减缓了中国的文明进步，让人很是失望和遗憾。

我和丈夫的一生以书为伴，从书学做人学做事。我们的人生跌宕起伏，行路艰难。丈夫敬之早先是华北联合大学的教员，抗日战争中他放弃了富裕的生活，投笔从戎，在艰苦的生活和教学环境里，他在太行山一边行军，一边教学，一边写书。他有知识，懂道义，加上戎马生涯，天是房顶地是床，石头当凳腿当桌，打磨出来他这样的特殊人才，生活从来没有让他消沉丧志。我是北平解放前期的中国共产党地下党员，经历了战争的磨难和出生入死，羡慕真理和自由，让我从不迷失方向。我和丈夫敬之都做过亡国奴、“运动员”“走资派”“臭老九”，也都进过“牛棚”，去过干校。命运对我们很不客气，对我们这一代中国知识分子很不公平。所幸的是我们从来没有放弃追求和信仰，对我们来说，生活中有比荣华富贵更重要的，就是精神、信仰和追求。1979年，我和丈夫敬之一起回到北京时，他已经年过70，还多病，完全可以功成身退，我也近退休年龄，而且那时的工作环境和条件并不尽如人意，但是，我们却完成了大量的工作，为国家作出了贡献，完成了生命的最后一搏。和中国老一代知识分子、新中国第一批学者们一样，我们靠的是坚定的信念和精神，以及为国家作出贡献的决心。有了强国的梦想，有了报国的精神，君临乱才能心不移，才能在不平坦的途中坚持下来。

中国知识分子无疑是社会中最进步，最积极，最无私的群体，他们才是"中国的脊梁"，国家的中流砥柱，民族的精神，文明的灵魂，国家进步的动力。他们的社会作用和地位应该被历史、国家和社会承认，被肯定，被发扬光大。可惜的是，一个世纪以来，虽然中国知识分子的所作所为、科学创举、发明发现、奉献牺牲惊天地，泣鬼神，社会价值不可估量，可他们始终是一个默默无闻的群体，甚至鲜为人知，被社会忽视，被人们蔑视。他们不但没有光环，不是热点，不被点赞，而且没有应有的尊严和荣誉。因为他们朴实无华，不富有，不显赫，不浮夸，不爱慕虚荣，不能言善辩，不阿谀逢迎，他们不靠脸吃饭，不在乎包装，他们不上相，不吸睛，不被媒体待见。我们怎么了？古有"人不可貌相，海水不可斗量"，我们连古人都不如了，衣帽取人，以貌取人，我们为什么变得这么肤浅务实，这么鼠目寸光，这么一叶障目，不见泰山？

时代造英雄，战乱让你渴望和平，困苦让你懂得甘甜，艰难让你珍惜宁静，坎坷让你领会平坦，就是那些艰苦经历，成就了新中国前几代知识分子的朴素品格和可贵素质，使他们有信仰、有追求。可惜的是一场"文化大革命"，毁灭了天地伦理，毁灭了几代人的文明理念，知识分子的威信扫地，知识成为了罪过。直到现在，"文革"结束这么多年，我觉得中国社会还是始终没有给与知识分子应有的尊重和承认，他们的待遇往往就是他们的标价。20世纪80年代初，我的小女儿最初学医的时候，上了五年大学毕业以后，她在著名的北京中苏友谊医院做内科大夫，一个星期上六天班，吃住睡都在医院里，一月工资只有46元，那时和一个工人的收入相差无几，买了饭票和公交月票之后，就身无分文了。那时候一个神经外科大夫的收入不如一个理发师，也真不是笑话。一句话，知识不值钱。

同样现在，时过境迁，经济发展了，生活富裕了，贫富不均了，人文精神也变了，人们开始更加务实了。一个著名大学教授的工资仍旧远不如一个三流演员的收入，十年寒窗苦和脑力劳动、台下十年功的苦练，竟然不如爹妈给一张漂亮的脸蛋！人们变得目光短浅了，开始考虑捷径，希望一夜致富，梦想一夜成名，追求一举变红。这使得教育和知识不再是救国救民的途径，而沦落为只是养家糊口的工具，富有已经不再是衡量知识和能力的尺度，而变成了投机取巧和贪污贿赂的代名词，这是非常可耻可悲的。我们的老祖宗在几千年前，就发明了造纸术、火药和指南针，举世闻名，可是在近几十年里，我们又发明了什么？我们的诺贝尔奖获得者在哪里？如果整个社会不尊重文化文明，不奖励发奋图强，不强调积累和沉淀，不就是在纵容投机取巧，鼓励贪赃枉法吗？我们的下一代还会崇尚知识和科学吗？没有教育救国，没有有知识的下一代，中国的未来不就岌岌可危了吗。在中国几千年的历史上，多少代帝王因昏庸贪婪而最终亡国的例子还少吗？所以我觉得这一切都应该改变，一个懂得和尊重知识和思想的国家，才能够不断进步，变得更文明，这个国家才有希望再造辉煌。但不知道要有多少年，多少代，才能改变这个社会现象，也不知我能不能在有生之年亲眼看到这些改变。

我知道人生总是会有些憾事，但至少我们这一代学者不遗余力地尽了我们最大的努力。命运不同，梦想不同，对生活的理解和感悟也会不同。我们的时代，工作不容易，生活清苦，也没有受到应有的尊重，到头来两袖清风，默默无闻。可我们没有抱怨，没有恨过生不逢时，不灰心气馁，我们对事业的执着如痴如醉，内心充实，清贫生活才甘之如饴，艰难的经历可以挥去如风。再想起那些前仆后继，虽死犹生的先驱先烈们，那些在十年动乱中家破人亡的战友和学友同仁们，我们虽然经历过磨难，但有幸在最后看到了祖国的崛起，盼到了祖国的繁荣，能最终为国家作出了贡献，我们仍然是很幸运的，不后悔。现在，我们这一代老科学家已多不在人世了，我们对知识、科学和事业的执着和热爱，这种信念、这种精神，应该被承认和传承下去，中国科学界才能后继有人。

长江后浪推前浪，青出于蓝而胜于蓝，希望我们的后来者，能珍惜和记住历史，能够“温故而知新”，有良心良知，能够汲取过去，深看人生，有做人的底线，不一味追求奢侈，不为金钱所动，懂得玩物丧志，要崇尚精神和信仰。希望他们能够脚踏实地，更加努力，更加得心应手，在今天创造更辉煌的业绩。这样，中国的科学和教育事业才不会“前无古人，后无来者”，国家才会有一个更辉煌的未来。这才是我为什么要写这本书的主要原因。

第15章

篇外篇

（2004—2017）

本来书写到这里，就该结束了，可是退休以后，我又陆陆续续有了一些新的经历和想法，我晚年生活的一些插曲和见闻，想和大家分享和探讨一下，心里也仿佛还有一些国事家事，难以放下，想一吐为快，思路难停就很难住笔，于是就又写了以下零零散散的文字，算是篇外篇吧。

（一）家的怀念：家的温暖，家的内涵

斗转星移，时光如流，转眼之间，我已经从一个豆蔻年华的女孩变成了年逾古稀的老人。虽然早在1988年，我64岁时就办理了离休手续，但是我仍然活跃在科研战线上，又坚持工作和写作了16年，继续读书、写书、编书、组织和编辑，又和笔墨打了16年交道，生活过得很充实。到2004年，我80岁时，才完全放下所有工作，真正从工作岗位上退了下来，开始全心地享受家

的生活。我的四个孩子都长大了，我有了儿媳和女婿，孙子、孙女和外孙女，孩子们十分孝顺，一家11口，其乐融融。我们这一代人对物质生活追求不高，虽然我的孩子们都各自成了家，生活条件也好了，可我的一斗寒室仍然是我们真正的家，虽然是旧屋寒舍，家具陈旧，但这里依旧是家的象征。逢年过节，孩子们都回来在我这里过，大家挤着围坐在饭桌前，是我最高兴的时候，那感觉真好。年纪越大，越享受一家人欢聚一堂的时候。

都说“儿不嫌母丑，狗不嫌家贫”，我自小离家，14岁就开始只身在外闯荡，人总是自然而然地想家，想那个燕山脚下贫穷的小村庄，那个普通的李家大院，淳朴善良的家人，喜欢农家人之间质朴的亲情，想妈妈做的农家饭菜，想家里的那一股熟悉的味道，恋家里的那种安全感，一种归属感。等我结婚有了自己的家以后，就更珍惜家的生活，可惜的是我忙于工作，经常出差和外出考察，很少顾家。“文革”期间，动乱年代，我住“牛棚”去干校，有家不能回，人就变得更加恋家，更加渴望安稳团圆的家庭生活。多少年的人生经历让我明白了家的概念，那是你心里一个圣神的地方，家不只是一个能遮风避雨，能有温饱的地方，这里有你可以倾心依赖的人，这里有人与人之间最近的血肉情谊，有着最简单最质朴的信赖和依恋。如果没有了这种成分，没有了人与人之间的关爱关心，你纵然是住在皇宫豪宅，尽管屋内堆满黄金珠宝，你仍旧孤独可怜，无所依靠，精神上穷如乞丐。家应该是情感的源泉，精神的依托，应该是心灵的归宿，这里有你的根，这里可以让你重新领悟你的初心和归宿。

2017年，我已经93岁了，鹤寿松龄，虽然身体状况已经大不如前，但我的精神仍然很好，生活都能自理。晚年以后，我去美国加州探望女儿，在那里住了一段，有了个新家。每天种花种草，读书看报。原本想从此安度晚年，可谁知江山易改，本性难移，我虽然身在大洋彼岸，可中国这方神奇的土地，赋予了我生命和精神，总是让我魂牵梦绕——我的心仍然留在了东方的家里，因为我的人生经历让我懂得一个人的命运永远和她的国家连在一起。生活虽然好了，可我还是喜欢粗茶淡饭，喜欢小米粥，煮老玉米。不爱喝咖啡，只喜欢喝中国的茉莉花茶。电视是我日常生活的一部分，看的主要内容是中央电视台的电视新闻和戏曲节目，使我对国家大事了如指掌。我天天都关注着中国的变化和成就，脉搏伴随国家的崛起而跳动着。我尤其喜欢京剧和河北梆子，喜欢中国戏曲中的历史典故和故事，寓意深长，令人回味。每年我一定要看了春节联欢晚会，才算过了年，最喜欢那些批评社会不良现象又风趣易懂的相声和小品，一首《常回家看看》让我听得老泪长流。我还是个足球迷，虽然最崇拜西班牙、巴西、阿根廷等一流球队，可心里总是盼望着，在我的有生之年，中国足球队有一天能冲出亚州，为炎黄子孙赢得足球世界杯，不为别的，只是为国人家人争口气。我是很爱我的家，与它荣辱与共。

我争取每年回国一次，2008年我还专程回国看奥运会。每次回国我都是归心似箭，回家是恨不得“千里江陵一日还”。回到北京的第二天早上，我就迫不及待去逛附近的农贸早市，吃碗豆腐脑，吃块烤白薯，好好过过回家的瘾。看看满市的兴隆，听听满街的京腔，看看《北京晚报》，一解乡愁。人老了，归属感就更强烈，更能体会到家的内涵，自己的小家和我们的国家从来都是我的家，在我的概念里，两个家从来没有分开过。我的人生阅历使我永远成为了一个坚定的爱国者，爱国是我做人的准则，因为做过“亡国奴”，受过国弱人贱的耻辱，才能真正懂得“国家”的含义和神圣，因为国家国家，“国”和“家”是一体，相互唇齿依存，有国才有家，国强家才富，国昌人才尊，我是有亲身体会的。早年华人移民到美国，因为自己的国家落后和贫穷，受尽了蔑视、屈辱、欺凌和种族歧视，只能干最辛苦最低贱的工作。可是如今，我们中国人到哪里都可以挺胸抬头，就是因为我们身后是一个强盛的中华大国。有一个正确的家的观念，人才能站稳脚跟，才会尽心尽力地工作，不图私利，不斤斤计较，不贪婪无度，鼠目寸光，不做祸国败家的事情。希望年轻的一代能明白这个道理。

不管走到哪里，我都很恋家想家，想我自己的家和我的国家，我是中国人，有着一颗中国心，我懂得有了一个强大的国家，个人才能有希望和前途，有尊严。无论到了哪里，中国总是站在我的身后，中国的威望和强盛，让我在哪里都是昂首抬头，脸上有光。我对女儿说，我永远不会放弃中国国籍，我一定会落叶归根的，因为那里才是生我养我的家，有我的事业，是我的归宿。

（二）海外生活：蓝天可鉴，取长补短

出于地理学学者的本能，我对美国的经济、地理和环境情况很感兴趣，对这里清新的空气和整洁的环境很感叹和欣赏。一下飞机，我就注意到了久违的蓝天白云和晚霞，这里满眼绿色，空气清新，阳光也明亮许多，和北京的雾霾天气成了明显的对比，

使我的眼睛一亮，在北京我已经很久没有看到这样蓝的天空，这样绚丽的晚霞了。位于西半球的美国，从地理学的角度讲和中国有些相像，它的领土面积和中国相近，整体地形也是东低西高，但人口仅有中国的四分之一。这个国家很强大，经济非常繁荣，人种包罗万象，文化五颜六色，社会光怪陆离，是一个一直为世人所追逐的地方。美国还是一个很注重教育的国家，它的人口比中国少，大学却比中国多。3400多所大学，吸引了全世界的学子们前来求学。可是由于职业习惯，我注意的主要是这里的自然地理环境和经济情况。

看来美国这个国家对生态平衡很有研究，美国是世界上最早开始重视环境保护的国家，有着世界上最早的国家公园——著名的黄石公园，建于1872年。由于这个国家很早就有计划地利用自然资源，如森林采伐和水源利用，加上人口稳定，生态环境保持得很好，而且很早就开始在全国建立了众多的国家和州立公园，现在美国有将近60个国家公园和许许多多生物自然保护区。我有幸游览了许多公园，我先后游览了优胜美地（Yosemite National Park）、太浩湖（Lake Tahoe）、死亡峡谷（Death Valley）、大峡谷（Grand Canyon）、蒙特雷的海洋博物馆（Monterey Aquarian）、纳帕葡萄沟（Napa Valley）的温泉酒乡、帝王峡谷（Kings Canyon）、火山湖（Crate Lake）、拉森火山公园（Larson National Park）、红木公园（Avenue of Giant）等国家公园，还去了夏威夷，看了著名的活火山。像年轻时去野外实地考察一样，每到一处，我都仔细观察地形地貌、树木岩石、土质和水源、气候湿度、生物植被。这里的每个公园都是个独特的地质公园，我印象最深的还是大峡谷和夏威夷的火山公园，是地理考察和教学的好去处，那里山脉多变，层岩裸露，火山依旧烟雾弥漫，喷发不断，充满了活力，到处都是大自然留下的历史痕迹，到处都展示着大自然惊人的力量和地球地壳历史变迁的漫长过程。抚摸着斑驳岩石和大树的层层年轮，让我很羡慕，在这里，人人都可以这样近距离地接触大自然和历史，真好。

无论在哪一个美国的国家公园，你都会感到保护自然的定律，那里的险山峻岭、溪水瀑布、岩石朽木、花草植被，一切一切都被尽力保持着原生态，那里的一草一木都不得动用，一花一石都有着历史故事的内涵，一切都属于国家和自然。这里永远欢迎你来观看欣赏，登山望远，漫步观赏，感受着鸟语花香，可走的时候，不能留下任何垃圾，你带走的只有美好的记忆，明信片一般的照片和两袖轻轻的山风。也是因为这样，这里保留下了许许多多著名的地理名胜，在一望无尽的原始森林里，百年沧桑的红杉树，巨大身躯让人惊叹，大得可以开车从树心中穿过，依旧静静地屹立在深山里。漫长的高险峡谷，依旧绵延百里，两侧如切，层岩裸露，让人既感到了历史轴卷的漫长和延续，也看到了它的真实性和可触可及性。在这里，人类和自然的相互并存依存和所属关系，被展现得淋漓尽致，我们人类都是历史的过客，大自然才是永恒的历史，才是历史的主角，人类要学会尊重和保护大自然才对。这里的自然保护公园是人们和孩子们度假旅游、学习写生的地方，他们喜爱这里的树林、岩石、河流、花草、飞鸟、蝴蝶、松鼠、蜥蜴，一切一切。每当你在这里看到一群一群的孩子从高高的红杉树下走过，看到孩子们惊讶又兴奋的表情，听到他们的串串欢声笑语，你就知道环境保护这件事是做对了，的确是一件对子孙后代造福的好事，教育和环保，相得益彰，一举两得，是一件对全人类有益的事。

这里从国家政府到居民百姓，大家的环境保护意识都很强，城市里很少有裸露的土地，到处都是青草盖地，特别是住宅区，户户种花种草，乐于绿化，这里处处花树茂密，绿草如茵，环境优美，居民区的小公园更是打理得十分漂亮整洁，花草茂盛。居民们家家垃圾分类，废物回收。女儿家里有三个垃圾桶，绿色的桶是装绿色废物，如食余菜叶、树枝树叶等，都可以回收造肥沤土；黄色的垃圾桶是装可回收的垃圾，如报纸书刊、空瓶和纸盒等，都可以回收利用的；灰色的桶才是用来装真正的垃圾，一点也不能含糊。大家对社区的大环境都很关注，如果你门前的草坪花丛很久没有剪理，就会有人提意见提醒你，甚至出示黄牌警告，因为环境是大家共享的，是社会共享的，这已经成了天经地义的事。

离我们家很近，也就大约20多分钟的车程，就有一个加州的自然保护区。下了高速公路不久，有一条木头栈道蜿蜒伸进大片苇草茂密的湿洼地里，让人们马上走进了自然，走进了另一个世界。开阔的水面上有大群大群的野鸭子、美丽的鸳鸯、优雅的白鹭、加拿大的白鹅，在水中悠闲自得，与世无争，天上树上，偶尔有鹰燕的啾啾声，除此之外，一片宁静，这里让我想起了家乡美丽的白洋淀，也是这样天水一片，浑然天成。苇草延深的幽静之处，一群鸭子在岸上打盹，眯着眼睛享受着暖暖的阳光，通向那里的小径被封住，大大的牌子上写着“请勿打扰”，只差没有写上我们中国的“肃静”和“回避”二牌，人们走到这里不敢越过雷池一步，都是屏声静气，生怕影响了鸭子们的休息。鸭子们悠闲地闭目养神，很是目中无人，很显然对这种待遇已是习以为常了，本来嘛，我们和鸭子，所有的野生生物动物共同分享着一个世界一个地球，我们应该是朋友，应该相互不扰。每到初冬乍冷时，圣诞节前，大群的丹顶灰鹤南飞过冬，在这里停息歇脚，它们体型较大，头顶红冠，细颈高雅，长腿美丽，遍野都是，而且飞姿优闲，成为当地的一景，吸引了人们远道来观鸟。我们常常去那里野外探趣，带着望远镜，看看鸭鹅鸟鹰，天光水色，让生活增添许多趣味。这里也是摄影师们和孩子们写生的地方，让他们流连忘返。这里没有城市的噪音和污染，没有来往的车辆和熙熙攘攘的人群，没有高楼大厦，只有大自然，只有风声鸟声和寂静的水面与你相守，简单，清新，安逸，这给我们的生活带来很多额外的趣味，我很喜欢去那里享受一下久违的大自然，体会珍爱自然的重要，生活本来就应该是这样。

美国人重视环境，除了保护森林山川，建立国家公园以外，还体现在他们很重视保护各种野生生物和动物，以及海洋生物等的物种保护和繁殖，使得稀有动物和食用野生动物和鱼类不会断子绝孙。国家政府禁止猎捕稀有动物鸟类，对狩猎的地区和时节都有严格的规定，还要有注册执照。国家还禁止捕捞小鱼小虾、母螃蟹，等等。政府对鱼类的捕捞时间、大小和数量都有很严格的规定，这是很科学的做法，除此之外，还设立了很多野生动物保护饲养的机构。加利福尼亚州西面临着大海，有着长长的海岸线，所以设有很多野生鱼类保护和繁殖中心。我们家附近有一个野生三文鱼（鲑鱼）繁殖保护中心，为野生三文鱼每年回归产地产卵提供方便。因为三文鱼产卵时要从大海里逆向返游回它们出生的内陆河床，在这些平稳清澈的浅河床里产卵，这些河流就是它们得以繁衍不息的命脉，鱼类繁殖中心就在一条蜿蜒河流的源头，建有许多养鱼池。这里的工作人员要保证河水清洁畅流，水量适中，适合鲑鱼产卵，还建立孵化场，可以人工帮助孵化鱼卵，鱼苗在养鱼池成活后再放生回河流，让它们游回大海继续生长，就这样循环往复，使这个营养丰富的野生鱼种多年来在这里和人类同息共存，繁衍不断。

吃是为了生存，可生存不是为了吃。在美国吃受保护的野生动物是一种耻辱，也是一种犯罪，没有人会特意炫耀自己吃了稀有的某种山珍海味，那是一种无知，会让人们恶心。虽然在餐馆里吃不到母螃蟹，在中国餐馆里已经吃不到鱼翅汤，这里也从来不容许烧制燕窝、熊掌等所谓的珍肴美味，可生活依旧很丰富、很美好。你爱护自然，就会得到自然慷慨的回报，由于对各种生物物种的保护，这里的野生鱼虾、螃蟹、鲑鱼、鲍鱼和龙虾等，依旧代代野生繁殖，市场商店到处随时可以买到吃到。更有意思的是，有很多美国人不为美食所惑，他们刻意不吃动物蛋白，只吃蔬菜、豆类、玉米、坚果、水果和植物粮食等。一来是为了增进身体健康，减少心血管病的危险，二来是为了减少人类对食用动物的需求和捕杀，进而保护环境，保护自然，这种做法很有创意，也很有爱心，我很欣赏。

看到这里的青山绿水，环境优雅，生物繁息，也从生活中的这点点滴滴中，让我自然而然地想到了自己的祖国，看到了我们的不足。在美国到处是蓝天白云、绿地清池，政府对汽车尾气有严格的控制，这里也看不到乌烟瘴气的化学和塑化工厂，因为他们把这些工厂建在别的国家或者直接从别的国家买来成品。在这里的廉价商店，塑料和玻璃制品比比皆是，几乎都是中国制造，都是舶来品。还有从印度、巴基斯坦、泰国、越南等国家制作的各种商品，样样都是价廉物美。“Made in China”成了一个廉价产品的代名词，这让我很难过和害臊，为了一个九毛九的塑料盆，我们为什么宁愿污染我们自己国家的一条河流，一片天空，甚至一代人呢？钱是永远也赚不够的，可环境污染了，就很难再还原，毒害了下一代，是要断子绝孙，是伤天害理的事情。我们是不是太糊涂、太利欲熏心、太短见识了呢？

我们的国家领土疆域广阔，资源丰富，是得天独厚的，自然条件比任何国家都不逊色，可我们的环境保护起步太晚了，人口的剧增又加剧了环境的破坏。现在国土上有多少因严重砍伐而光秃秃的山头，破坏了植被，造成更加严重的水土流失；因狂捕滥捞和猎取，加上环境和河流的污染，祖国美丽的山河已受到很大破坏，雾霾笼罩，让人触目惊心。现在很多野生物种已销声匿迹，或数量明显减少了。上学的时候我去过白洋淀，吃过那里美味的螃蟹，见到过绮丽的水上风光，可现在大概都不复存在了，螃蟹也成了奢侈品。中国人以食为天，爱吃无罪，也是一种享受，但是吃无止境，要吃出极致，又光吃不养，一味追求嘴的享受，捕光吃尽，杀鸡取卵，不考虑生态平衡，不考虑子孙后代，就要把老祖宗的本都吃光了，我们真的要成为败家子了。现在人们只顾赚钱，不在乎空气和环境污染，不治理废气废水和垃圾，这必然要造成各种疾病的发病率上升，害人害已，祸国殃民，害了我们的子孙后代，难道我们不知道“只有一个地球”的道理吗？

多年长住在北京，因为空气质量差，我已经患上了严重的慢性鼻咽炎，也是因为大都市的噪杂喧闹，我的听力也很差了。有时想去郊外踏踏春，也要先坐地铁，再坐公交，还要坐出租，要花很多时间才能走出城市，而且到处人山人海，拥挤不堪，太麻烦了，也就不怎么去了。我觉得生活越来越工业化、商业化，大自然就离我越来越远了，像生活在一个封闭的象牙塔内，少了很多趣味和灵感，生活如同嚼蜡，很难喘气。我是个环保主义者，我热爱大自然，追求人类和大自然的平衡、互助和互利。应该是前人栽树，后人乘凉，人人都应为人类的长远利益着想。可我们现在在砍前人种的树，寅吃卯粮，如果我们现在不竭力倡导环境保护、计划人口，用不了多久，不要说让黄河变清，我们给孩子和孙子们留下的就只能是疾病、垃圾和贫穷了。

中国的人口政策虽然给中国的人口暴涨带来了缓解，使中国经济在一段时期进一步崛起成为可能，的确取得了翻天覆地的巨大成就，也已被全世界认可，但是直到现在还是得不到很多国人的理解，至今人们对中国的人口问题还是议论纷纷，褒贬不一。虽然人口问题不是经济发展的唯一问题，但在一定的社会和历史时期，人口问题不可质疑的是至关重要的问题，对一个国家的进步发展和繁荣，的确举足轻重。中国的人口问题非常不简单，不只是个数字问题，还有人口结构和地理分布的问题、人口流动性和现实经济的协调性问题，以及根据人口和经济情况而不断调整的问题。20世纪70年代，中国的人口出生率高达5.8%，政府强化计划生育政策，是势在必行。直到今天，中国人口依旧还是居世界之首，预计还会继续上升许多年。一个国家的强大并不完全取决于超值的人口，而是依靠国家的治国政策、发展计划、国家经济和文化水平、国民素质，等等，等等。美国就是一个很好的例子，这个国家的人口只有中国的四分之一，却是世界上最强大的国家之一。把“人口老龄化”，完全归罪于计划生育也太片面，人口老龄化这种现象在很多发达国家也很常见。由于生活水平和医疗水平的上升，使人们的平均寿命延长，也是人口老龄化的原因之一。中国自古传宗接代的理念根深蒂固，老话常说多子多福，无后为大，养儿防老，等等，成为了人口研究和规划的负面压力。中国国大民众，加上多民族多宗教信仰，所以中国的计划生育工作真的很不容易，挑战几千年的传统和理念，真是起步艰难，而且很难十全十美。尽管如此，我们还是可以拍着胸脯说，我们以国家之急为己任，在那样的历史条件下，为国家解决燃眉之急做了很多研究工作，我们是尽力而为了。不管别人怎样看，我为中国人口学界的同仁们骄傲。

我越想越觉得还有很多事要做，还要继续学习和研究人口学的问题，回国以后，我可以进行宣传和教育，帮助大家提高环境保护的理念。回国以后，如果身体还行，我还可以再为解决北京的空气污染作些贡献。建立城市市郊的自然保护区，建立绿色森林带，控制工业污染，减少汽车流量，减少农耕田地的占用，促进人口分布均衡化，等等，可能会对大城市的空气污染有帮助。

（三）老年丧子：人生多难，凄雨之秋

写我的一生，就不能不写写我的孩子们，他们是我的五颜六色一生中最绚烂的一笔。养儿方知父母恩，当我做了母亲以后，

是我的孩子们让我懂得了父母对我的爱和无私的付出，也让我为人更加坚强，他们是我生命中最宝贵的一部分、我的精神支柱，是他们支撑着我、安慰着我，使我在失去丈夫以后，能够坚持走完我该走的一段路。我的四个孩子，性格爱好各有千秋，但个个都非常孝顺体贴。虽然在他们小的时候，我没有天天陪伴着他们，但我知道他们会一直伴陪在我的左右，扶持我一程，直到我姗姗老去。可谁想就在2008年，在中年丧夫二十多年之后，我经历了人生又一次沉重的打击，我最钟爱的小儿子，在新西兰为我的孙子伴读时，因心脏病突然去世了，年仅55岁。桑榆之年，骤失爱子，白发人送黑发人，人生最大的悲哀也莫过于此了。儿子的骤然离世，让我心碎难持，不由感叹命运的无情和生命的脆弱，在那些悲伤的日子里，每天晚上，我看着儿子的相册，老泪横流，伤心得夜夜难以入睡。记得那是在1953年6月13日，小儿子河在北京刚刚出生时，头发乌黑，皮肤白皙，眉清目秀，那清澈无邪的大眼睛，像北京初夏的天空一样清亮，他非常的端正俊美。在产房里，大家都争相来看他，称赞不已，让我这个年轻的母亲心里充满了幸福和骄傲。

儿子河儿长大后，不但更加的英俊轩昂，而且异常聪明，善解人意。都说“近朱者赤，近墨者黑”，大概是因为生在书香门第，从小耳濡目染，他的兴趣很广，从小就广读众书，并长于笔墨，写得一手好毛笔字。还在上中学的时候，他就开始通读爸爸的历史和哲学藏书，读了《中国近代史》和《中国通史》之后，他的兴趣便越发一罢不能了，他几乎读遍了我们书架上的众多书籍。他很喜欢历史，喜欢典故哲学，对宗教也感兴趣，他特别喜欢和爸爸谈古论今，咬文嚼字，也得到指点。他以父母为荣，决心要学有建树，曾挥笔写下“子承父志”，以句明志。他不仅才学出众，也十分懂事，非常孝顺父母，是个德孝兼备、品学兼优的孩子。小小年纪，他就常常陪父亲去看病，挂号拿药，雇三轮车，跑前跑后。他还常常扶着父亲去洗澡，为父亲擦澡搓背。人们看到后，都赞不绝口，夸他是个孝顺的孩子，我们都很为他骄傲。我和丈夫都坚信他将来会做出一番事业，成为一名历史学家或哲学家，或者一个书法家或作家。

我的内心也矛盾过，我和孩子的爸爸做了一辈子的“臭知识分子”“臭老九”，不为人尊重，我的孩子也要走这条不归之路，不知道他将来的命运会怎样呢？他的确生不逢时，“文化大革命”夺走了他本应幸福的童年。在“文革”抄家时，他小小的年纪却毫不畏惧，他横眉怒目，冷眼对着造反派的无法行径，为此他还遭到造反派的殴打。也是一句“子承父志”，让他一个才十几岁的中学生成了“反动学生”，在学校里被批斗和关押，让他小小的年纪就饱尝了世间的不平和磨难。多少年来，“臭老九”后代的阴影，给他造成了很大的心灵创伤，也因此失去了继续深造的机会，但他从来没有放弃过学习，生活从来没有磨平他的棱角。小儿子进工厂做了很多年的工人，后来靠自己的努力，他终于进了大学，学习汽车制造专业，尽管不是他最喜欢的专业，但他依旧干得很出色。大学毕业不久，他就翻译著书，学业很专。他人生很清高，洁身自好，从不谄媚奉承，决不为斗米折腰。他耿直的脾气，就像他的名字，像大河一样一泻千里，决不回头。他如痴的学风和志高的人品，与平庸琐碎的生活，与现实社会苟且肮脏的一面，常常互不相容，也很难让凡夫俗子们理解，这让他一生吃了很多苦，也让他英年早逝。

无论怎样，我很欣赏儿子出污泥而不染的人格和德行贤孝兼备的好人品；无论怎样，他是我的骄傲，我生命中的瑰宝，他让我成为了世界上最幸福的母亲，我对他的爱永远不会陨灭。我们此生有幸能够母子一场，在人生路上相伴一程，扶持一段，相互慰藉，也是我们的缘分，在我心里，儿子从来没有离我而去，他永远会和我朝夕相伴，一起走完我的人生旅程。人生的三大不幸之中，中年丧夫，老年丧子，我都经历了，现在这个世界上，再也没有什么我过不去的关坎了，人生就是这样，永远是有得有失，总是与苦相伴。

（四）老而弥坚：行路艰难，信仰如初

总以为心轻千事如烟过，退休万事不关心。可闲下来以后，我想得却更多了。每当入夜以后，躺在床上，我那些风风雨雨的人生经历，就常常入梦而来，让人心绪不宁。我是个中国近代历史的见证人，华夏大地自从推翻封建王朝开始，经历了不尽的磨难，我亲身经历过军阀混战到日本侵略，然后是全国内战一直到全国解放。新中国成立后，我又经历了各种各样运动的洗礼，十年动乱，在劫难逃，我是身经百战，也看透了世间百态和炎凉。20世纪80年代中国才开始经济复苏，我们的国家很快就取得了骄人的成绩，我也能有机会在有生之年为国家作出了一点贡献，终于一偿心愿。正是“莫道桑榆晚，为霞尚满天”。每当我回想起这些逝去的岁月，坎坷的经历，常常不胜唏嘘，这经历成就了我，这人生的经验，也许会对下一代有帮助，有分享，有提醒，有借鉴。可这记忆也在慢慢被人遗忘，有时连我自己也记不清年份了。

可我知道，有对比才能知分晓，吃尽苦中苦，才知甜上甜。只有在黑暗中才能看清星辰，只有亲身经历了苦难，才能感激和领悟生活的可贵和回馈，才能理解和原谅。现在中国年轻的一代人，特别是“文化大革命”以后出生的年轻人们，吃的苦很少，没有苦的阅历，就容易身在福中不知福，会多抱怨，少付出，多享受，少理想。加上经过多次政治运动和“文革”的十年浩劫，人们对科学和文明的尊重大不如前，向钱看的人多了，脚踏实地做研究的人就会少了，投机取巧者多了，勇于奉献的人就会少了。可是知识永远是力量和财富，是一个国家进步的动力。我希望今天人们能够懂得教育是救国建国和富国强国之本，我希望国家和社会以及年轻的一代能够注意到这个问题。也希望国家、社会和媒介改变焦点，鼓励和奖励那些勤勤恳恳的科学家们，承认和赞赏他们的社会作用，使年轻人不会放弃科学，使中国科技和教育后继有人。

我也希望年轻人，能够通过我的人生经历，懂得大千世界，良莠不齐，危机四伏，人生的旅途不可能是一路顺畅，生活中会永远充满坎坷和困难，遇到不尽如人意的困境，与其悲伤自怜，自暴自弃，或怨天尤人，不如正面应对，否则不进则退，会变得中庸和消极。艰难的时代和处境，可以毁灭希望，也可以造就斗士、成就英雄，都取决于你自己。虽然过去的时代和环境不尽如人意，但是老一代科学工作者不怨天尤人，不恨生不逢时，他们有抱负，只为奉献。他们的认真、严谨、持续的顽强精神是应该传承的。但愿中国的沧桑历史和人文精神，不会因为我们这老一代人的离去而被人们遗忘。但愿中国的年轻一代能够温故知新，成为强国富民的一带，改变世界的一代，创作新历史的一代。

中国是有十几亿人口的大国，占世界人口的四分之一。中国科学和经济的崛起是受到世界瞩目的，因为十几亿人口的社会安定，生活稳定，是世界安定的基础之一。我呼吁年轻的一代人，多献身自然科学的研究，献身国家自然环境的保护、水源资源的研究和能源的利用、水土流失的治理、土壤的改良、森林和野生动物的保护、空气污染的治理、农业科学研究，等等，我坚信我们的国家也会有蓝天白云的一天，黄河也会有清澈的一天，天山上的冰川不再消退，华北平原不会再有盐碱地，雾霾的天气也会成为历史。我们的祖国将永远是山清水秀，富饶昌盛，强大稳定，永远屹立在世界之巅。我坚信一个稳定的中国必定能够给世界经济带来贡献，也必定能够给全世界的和平昌盛带来贡献。

“春蚕到死丝方尽，蜡炬成灰泪始干”，写到这里，方觉心事一吐为快。但愿老一辈科学家的敬业精神，他们对事业的执着，他们的高风亮节，能够与我们祖国的山河共存，同日月争辉。

结束语

好了，啰啰嗦嗦写了这么多，也该住笔了，就用一首诗概括我的一生，与年轻人共勉：

不堪往事既如烟，蹉跎岁月忆华年，
风雨一过九十载，扬帆一路过重山。
少小离家靠北斗，有志奉国做木兰，
烽火连天无晴日，国破家亡愁不眠。

师大园里慕真理，北平街头似涅槃，
救国救民效女娲，热心热血只少年。
书中识得人生伴，相见如故平生晚，
相敬相惜人长久，富贵高尊淡如烟。

兰州西去故乡远，黄沙残月照雁关，
青山四处埋忠骨，不到楼兰终不还。
运动不断催人老，“老九”不知何日安，
牛棚日月人消瘦，空有壮志泪满衫。

春去秋来鬓发染，终见春风抚人面，
春蚕吐丝终不悔，科技之春写浩篇。
功成未就君先去，只叹征战人不还，
回师把酒无觅处，桌前空开君子兰。

是龙焉能惧风雨，为人都苦世严寒，
酸甜苦辣都应有，美丑善恶皆自然。
金钱奢侈身外物，维有义骨才轩翰，
不学唐皇丢天下，应效莺燕慕春天。

回首一梦天将晓，只愿疾书笔不倦，
鹤鸣如君道珍重，且托雁讯报平安。

后　记

回忆我的母亲李慕真

母亲走了，像暮色里的一阵轻轻的晚风，像深夜里的一颗静静的流星，悄悄地消失在了天边，没有留下耀眼的痕迹。我身边那无可替代的温暖，爱怜和伴陪，从此再也无处寻觅。母亲轻轻地一挥手，带走了她色彩斑斓的人生经历和跌宕起伏的记忆瞬间，也带走了93年漫长的一段中国历史，实实地让我叹息和不舍。和我的父亲一样，我的母亲是对我的人生影响最大的人，从1924年到2017年，母亲一生经历和见证了将近一个世纪的坎坎坷坷，风风雨雨，她始终坦然面对，微笑着走完了她真诚、善良、美丽的一生。她的经历，她的胆识，她的自尊，她的大度豁达，她的人格魅力，她对爱的理解，她对事业的执着，她的学术精神，都是我人生的借鉴，帮我立志做人，在生活旅途中为我指点迷津，解除困惑。母亲是我的人生之师，她在我心里是永恒，她的精神永远与我同在。

我小的时候对年轻母亲的印象已经是朦朦胧胧的了，只记得她人很漂亮，瓜子脸，精巧的五官，非常清秀端庄，人生得小巧玲珑，一头乌黑整齐的短发，总是面带着温柔的笑容，加上她身上总是有一种雪花膏的淡淡香味，和她在一起让人感到很愉快。20世纪60年代我上学以后，发现班里的同学们中很少有谁有一个在中国科学院工作的科学家妈妈，她不只是敬之夫人，而且是个真正的科学工作者，我很惊讶，也深深地为她骄傲和自豪，从此我就十分自命不凡，深信女孩子也可以做一番事业。都说将门出虎子，出身在这样的书香门第，绝不能给父母丢脸，我的压力很大，学习自然就很用功，更何况“书山有路勤为径，学海无涯苦作舟”，是母亲常常吟咏的座右铭。20世纪60年代的中国，书籍少得可怜，可我们家里就像一个图书馆，到处是书架和书，母亲和父亲都是以书为伴，下班以后常常是一个伏案书写，一个挑灯夜读，我们孩子们自然也认为生活中“唯有读书高”，书也自然而然地成为了我们生活的一部分，扩展了我们的精神世界。作为那时中国寥寥无几的女科学家，母亲对我们的期望自然很高，但她绝不威严厉色，而是用幽默巧妙的方法教育我们。记得有一次我得意洋洋地给母亲看我的全优的学校成绩单，满以为会得到母亲的大大赞赏。可母亲看了看，淡淡地笑着说“等你拿了诺贝尔奖，再拿给我看吧”，那口吻一点也不像开玩笑。没有侃侃而谈，没有高深莫测的说教，可母亲让我尝到了“井底之蛙”的尴尬，懵懂无知的我从那以后再也没敢轻易喜形于色，牢牢记住了父母的教导，“要专心做学问”“三人行，必有我师”“要夹着尾巴做人”。

我长大懂事以后，才真正了解了母亲，理解了她的不平凡，她的确很不简单。在20世纪20—30年代旧中国的农村，14岁的女孩子是缠足蓄发，听凭媒妁之言，待嫁闺中的年龄；对现在的年轻人来讲，14岁还是跟妈妈撒娇要钱的年龄，母亲就勇敢地一个人走出了温暖的李家大院，走出了偏远封闭的农村，义无反顾地去上学读书，而且一口气上到了北京的京师大学堂。在那落后封建的社会，贫困的家境，男尊女卑的现实，“女子无才便是德”的社会习俗，兵荒马乱的世道，都没有能吓倒她，文弱瘦小的她毫不示弱地与世道抗争，从而彻底改变了自己的命运，她对自己的梦想是那样执着，不是每个同龄人都可以做到的。母亲很是不同凡响，是个女中人杰。

很难想象，就是这个单薄的女子，在如花似玉的年龄，在动荡的乱世之中，在大学的书堂教室里，竟成长为了一个坚定的革命者。有着贫困的家世，经历了动荡的生活，看透了腐败的政府，加上有了文化、知识和新思想，就这样水到渠成，母亲逐渐领悟出了生命的真谛和历史的责任，做出了她的选择，成为了一名学生中国共产党党员，也是时代的选择。她有头脑有理想，仰慕真理，有志报国。虽然只是一介书生，但救国救民，她身体力行，甚至出生入死。她从没有想过出人头地，青史留名，从没有过堂皇的表白，只有一个朴朴实实的愿望和顺理成章的决定，她的成长过程的确是那个时代中国知识分子寻求真理，先知先觉，奋斗救国的历史缩影。

也就是在那个时期，20世纪40年代的中国，年轻美丽又受过大学教育的女子是少之又少，以稀为贵。娴雅睿智的母亲会有很多的生活选择。大学里才子如云，社会上高官达贵，名人政客，都可能拜倒在其石榴裙下。可母亲全不为所动，她勇敢地打

我和母亲李慕真（右）在美国夏威夷，身后是活跃的Mauna Loa火山口（2005年摄）。

我和母亲李慕真（右）在美国纳帕酒乡品尝美酒（2007年摄）。

我和母亲李慕真（左）在美国穿越死亡峡谷（2008年摄）。

我和母亲李慕真（左）在美国大峡谷（2010年摄）。

我和母亲李慕真（左）在美国大峡谷看日落（2010年摄）。

破了世袭尘俗，义无反顾地选择了我的父亲，一个两袖清风，又十分木讷的穷书生，而且她对父亲一生一世都相爱如初，甚至为了我的父亲放弃了一切，不仅放弃了荣华富贵，还放弃了大都市的生活，甚至几次放弃了自己钟爱的事业。她在事业的巅峰时候，竟毅然随从我的父亲离开了繁华的首都北京，去了荒凉的大西北，而且在多年的动荡生活中，与父亲不离不弃，相依为命。在事业上，他们志同道合，携手并进，倾心相帮，后来又一起联手著述，填补了中国人口学中的很多空白，堪称珠联璧合。在父亲过世后的三十多年里，弱小的母亲只身一人，踯躅独行，但对不尽人意的生活和经历，她无怨无悔，矢志不渝，依旧为着一圆她和父亲的理想和愿望而拼命工作着，支撑着，对工作的热情一丝不减，一直工作到80岁的高龄。母亲说过，“人生一世，草木一秋，我要对得起良心，对得起你的父亲，要对得起国家，对得起历史”。她声音温柔，话却掷地有声。母亲的人生让我十分叹服，她的确很传奇。看来我秀外慧中的母亲不爱慕虚荣，非常重视人品、教养和才学，爱的大胆，爱的明智，爱的执着，她很有主见和胆识，有着我们中国老一代知识分子共同的精神和骨气。

母亲的一生跌宕起伏，历经了不同的历史时期，各种各样的政治运动，除了天天要面对社会对妇女的歧视，还当过“走资派”“臭老九”，住过“牛棚”，去过“干校”，等等，等等。艰苦的生活、不公平的待遇和人生侮辱，始终没有改变她开朗的性格，她从不愁眉苦脸，也很少听到她怨天尤人。母亲的为人和做事、言行举止和品行，也让我很敬仰。母亲是个乐天派，不拘小节，积极乐观。凡是认识她的人，都会记住她的笑容，总是笑得坦率，单纯，开心。对母亲艰难的一生，我问过她很多的问题，不公平的生活给了她很多的磨难，为什么她没有过消沉和颓废？她总是淡淡地说，“过去的事就过去了，谁能不犯错误，谁能不摔跤呢，谁都有坎坷，谁都有难言之苦，老盯着过去，就走不动了”。母亲就是这样从容淡定，她的答案就是这样简单。我相信，无论在什么情况下，永远能够保持尊严和信念的人，才是真正懂得人生的人。我还问过母亲，为什么不公正的生活，从来没有动摇过她对正义的信念，对事业的追求和对国家的忠诚？她总是说，“眼见为实嘛，我的亲身经历教会了我做人，没当过‘东亚病夫’、亡国奴，就不会有这骨子里的爱国情怀”。的确，历史因为走过才动人清晰，人生因为经历才美满充实，如果你能从历史的长河尽头，动观和宏观地看这个世界，看风起云涌，潮起潮落，你就会更好地理解每一件事情后面的原因和来龙去脉，就能看得更清楚，理解得更深远。

母亲对物质生活看得很淡，她一生素衣粗食，生活节俭。在北平市立高等师范学校读书时，她大概很少在意家政课程，很少用心地学过烧菜做饭，她的厨艺不好。但我们儿女们并不在乎，父母的人生启示很清楚，事业第一，精神生活第一，物质生活不可强求。在这种环境里长大，我们都懂得世界上没有不劳而获的事情，都能够抵挡住物质的诱惑。大概对工作事业和家庭生活的取舍，是母亲生命中最大的难题，也是她人生的最大遗憾。在我的印象中，母亲总是很忙，对她的工作很专注和投入，她不是上班就是出差，外出考察，早走晚归，很少在家。我出生后才八九个月大的时候，她又出远门去了，走了很久，等她回来的时候，我已经会走了，摇摇晃晃地站在走廊的尽头，怯生生地看着风尘仆仆的她。没有看到幺女迈出人生的第一步，让坚强过人的母亲也一时红了眼眶，不知说什么才好。这件事让母亲十分感叹和内疚，久久难以忘怀。可是很快她又是工作依旧，忙忙碌碌，进进出出，像一阵清风。我们兄妹四人自然而然都在托儿所长大，都是“挂着钥匙的孩子”，常常是蓬头垢面，每天都想知道“妈妈在哪儿?”每当说起这些涩涩的往事，母亲总是自我掩饰地说，“那也是没有办法的选择，工作的时机一瞬即逝。爱也不只是儿女情长，溺爱厮守。爱是相互理解，对自己的儿女来说，以身作则也是一种爱，言传身教也是一种爱，让你们吃点苦，你会更独立，不娇气，也许对你们今后的人生会更有益”。她把对儿女的爱化成一种责任，十分难能可贵，我一生从中的确非常收益。自己一路走来，能够独立，自强，不强求物质生活，懂得知足感恩，这都是受了父母的影响。不知道现在的父母们，能不能领悟出其中的道理，不再一味地宠爱娇惯下一代，中国也就不会再有奢侈纨绔的“富二代”，会垮掉的一代。

桑榆之年，母亲依然志在百里，决定写书圆梦，她的字里行间满是对生活的兴趣，留恋和感激，没有抱怨生不逢时，没有斤斤计较，还想着中国的人口和环境问题，还想着为中国知识分子讨一个公道，为中国的未来担心。她知道，中国是个人口大国，当时的人口政策是个解国家燃眉之急的措施，迫不得已，别无选择，势在必行。她明白，由于国大人众民族多，传统、文化及信仰丰富，所以当时以及今后的人口政策都很难十全十美。但她清楚，勇敢的尝试，全力的拼搏，比事后的品头论足要强100倍、1000倍。更何况中国人口的调整已经使中国经济迅速的发展和国家的繁荣成为现实，不可否认。尽管如此，多年来，母亲还一直在想为进一步完善人口策略再尽力。不管别人怎样理解和看待中国人口问题和人口政策，我想母亲作为她那个时代的人口经济科学工作者，为了中国的人口和经济研究，已经尽责尽力了，问心无愧，我为她自豪和骄傲。

中秋将近，天高气爽，北京香山的红叶依旧又是层林尽染，满目斑斓如画，又是北京最美丽的季节了，也是母亲最喜欢的时节，仅以此文祭祀最疼爱我的母亲，我最崇拜的母亲，我朴素又不平凡的母亲，您让我明白了，在这个成败论英雄的社会，普通人也可以有不平凡的人生和生活，有不平凡的作为和业绩；您让我懂得了历史可以借鉴，可以原谅，但不能被遗忘；您让我理解了，精神可以崇高无尚，可以质朴简单，但一定要有；您让我领略了爱的博大内涵，可以细腻多情，可以深远回味，但要爱得大义理智。母亲，您的一生让我懂了很多很多做人的道理，有您的精神与我同在，我永远不会怯懦孤独，不会利欲熏心，不会踌躇迷茫，为此我永远感激您。有朝一日，琼台月下，母女相逢，女儿再谢谢您了。

女儿　孙晓陆

图书在版编目（CIP）数据

生于山野　绽于风雨——我90年的人生历程 / 李慕真著．—北京：世界知识出版社，2020.6

ISBN 978-7-5012-6237-3

Ⅰ．①生…　Ⅱ．①李…　Ⅲ．①李慕真—自传

Ⅳ．①K825.1

中国版本图书馆CIP数据核字（2020）第073627号

责任编辑　袁路明
责任出版　赵　玥
责任校对　张　琨
封面设计　小　月

书　　名　**生于山野　绽于风雨——我90年的人生历程**
Shengyu Shanye Zhanyu Fengyu — Wo 90 Nian de Rensheng Licheng

作　　者　李慕真　著

出版发行　世界知识出版社
地址邮编　北京市东城区干面胡同51号（100010）
网　　址　www.ishizhi.cn
电　　话　010-65265923（发行）　010-85119023（邮购）
经　　销　新华书店
印　　刷　彩虹伟业印刷有限公司
开本印张　980×680毫米　1/16　24印张
字　　数　300千字　37幅图
版次印次　2020年6月第一版　2020年6月第一次印刷
标准书号　ISBN 978-7-5012-6237-3
定　　价　148.00元